财政部规划教材

基础会计实务

吕翠萍　康　莉　主　编
张海霞　张改清　刘心怡　副主编

中国财经出版传媒集团
经济科学出版社
Economic Science Press

图书在版编目（CIP）数据

基础会计实务 / 吕翠萍，康莉主编．—北京：经济科学出版社，2020.7

财政部规划教材

ISBN 978 - 7 - 5218 - 1580 - 1

Ⅰ．①基… Ⅱ．①吕… ②康… Ⅲ．①会计学 - 高等学校 - 教材 Ⅳ．①F230

中国版本图书馆 CIP 数据核字（2020）第 080420 号

责任编辑：刘殿和
责任校对：靳玉环
责任印制：李　鹏

基础会计实务

吕翠萍　康　莉　主　编
张海霞　张改清　刘心怡　副主编
经济科学出版社出版、发行　新华书店经销
社址：北京市海淀区阜成路甲 28 号　邮编：100142
教材分社电话：010 - 88191355　发行部电话：010 - 88191522
网址：www.esp.com.cn
电子邮箱：bailiujie518@126.com
天猫网店：经济科学出版社旗舰店
网址：http://jjkxcbs.tmall.com
北京密兴印刷有限公司印装
787 × 1092　16 开　24 印张　540000 字
2020 年 7 月第 1 版　2020 年 7 月第 1 次印刷
ISBN 978 - 7 - 5218 - 1580 - 1　定价：85.00 元
（图书出现印装问题，本社负责调换。电话：010 - 88191510）

前言

基础会计是管理类和经济类等学科的一门专业基础课，是会计学专业的入门课程。《基础会计实务》主要介绍会计的基本理论、基本核算方法和基本操作技能，为后续《财务会计》《成本会计》等会计专业课程奠定理论基础。

本教材以财政部最新发布的企业会计准则及其应用指南为依据，结合教育部对我国会计专业人才培养模式的要求，编写组教师本着“理论必需、够用”，突出实践操作能力的指导思想，结合多年的教学经验，编写了本教材。

本教材突出职业教育特色，具有以下特点：

1. 实用性强。按照会计应用人才的目标安排内容体系，知识结构适合财会教学的需要。教材中所述理论知识详细准确，所有例题贴近实务，按最新增值税税率编写，体现与时俱进。

2. 针对性强。将学历教育与会计资格证考试相结合，在突出实践操作的同时，教材内容融入初级会计职称考试科目《初级会计实务》大纲中会计概述部分，与会计资格考试内容紧密结合。

3. 实践性强。坚持理论与实践结合，以介绍复式记账法为基础和主线，以会计核算方法为重点，强化实例分析，注重培养学生的实践操作能力。

另外，每章设计了知识链接，可以增强学习过程中的趣味性，拓展学生的知识面。每章最后一节为实训部分，能更好地进行理实一体化的教与学。

本教材由内蒙古财经大学吕翠萍、康莉担任主编，负责全书的修改和统撰，张海霞、张改清、刘心怡担任副主编。具体分工如下：第一章、第二章、第四章由吕翠萍编写，第三章、第十章由康莉编写，第五章、第六章由张海霞编写，第七章、第八章由张改清编写，第九章由刘心怡编写，第十一章由吕翠萍编写。

由于编者水平有限，疏漏之处在所难免，恳请读者和同行海涵，多提宝贵意见。

本教材既可作为会计、财务管理类专业的基础教材，也可作为相关人员的自学参考用书，是一本融理论性、实践性、业务性和技术性于一体的教科书。

编　者

2020 年 3 月

目录

第一章 总论

知识目标

识记会计的基本职能，明确会计的目标和对象，理解会计核算的基本前提，了解会计信息质量要求，熟悉会计核算的基本方法，能运用案例对比分析权责发生制和收付实现制。

课前思考

什么是会计？有的学生说会计就是企业中算账、记账的人员；有的学生说会计是指一项工作；有的学生说会计就是一个部门、一个机构；有的学生说会计是指一门学科。

你认为哪个说法正确呢？会计究竟是什么？让我们一起学习吧！

第一节 会计的基本概念

一、会计的产生与发展

会计是人类社会生产经营活动发展的必然产物。人类的生产活动一方面创造物质财富，取得一定的劳动成果；另一方面要发生劳动耗费，消耗一定的人力、物力。为了提高生产效率，以尽可能少的劳动耗费取得尽可能多的劳动成果，产生了对劳动成果和劳动耗费进行记录、计算和比较的需要。

在人类社会发展初期，社会生产力极其低下，对生产活动的记录也极为简单。原始社会末期，出现了“结绳记事”“刻契记事”，仅仅是由生产者在生产之余附带地记录收入、支出等事项，此时会计尚处于萌芽阶段。

随着生产力的不断发展，剩余产品出现，人们对生产活动的记录、计算日益迫切，会计的管理职能逐渐从生产职能中分离出来，形成了专门从事记录、计算和考核收支工作的专职人员。会计成为一项独立的活动，标志着会计的诞生。

在历史的长河中，会计的发展大致经历了古代会计、近代会计和现代会计三个主要阶段。

（一）古代会计

从会计的产生到15世纪以前的会计称为古代会计。它是以官厅会计为主，主要服务于奴隶主和封建皇（王）室赋税征收、财政支出以及财产保管。采用单式记账方法，以实物、工时和货币作为计量单位。

（二）近代会计

近代会计是从运用复式记账法开始的。1494年，意大利数学家卢卡·帕乔利出版了《算术、几何及比例概要》一书，其中的一章“簿记论”较为系统地介绍和阐述了威尼斯复式记账法的原理和方法，“簿记论”的问世标志着近代会计的产生，使会计界在关注会计实务的同时开始致力于会计理论的研究。复式记账法的产生是会计发展史上的里程碑。

1853年，英国在英格兰成立了世界上第一个会计师协会——“爱丁堡会计师公会”，标志着会计师开始成为一种专门的职业，会计的服务对象扩大了，会计核算的内容扩展了，会计的作用获得社会的广泛承认。

（三）现代会计

进入20世纪50年代，随着生产社会化程度的提高，市场竞争日趋激烈，会计工作的内容也由最初的记录、核算逐步拓展到经济预测、参与决策、控制与评价等经济活动方面。会计逐渐分化出两大分支：其一是财务会计，主要为企业外部提供会计信息服务，便于使用者作出决策；其二是管理会计，主要为企业内部管理决策服务，提高经济效益。会计正式划分为财务会计和管理会计两大领域，标志着现代会计的形成。

经济全球化促进了会计国际化，随着计算机、网络、通信等先进信息技术与传统会计工作的融合，会计信息化不断发展。以会计电算化的出现和国际会计接轨为标志，现代会计为企业的经营管理、控制决策及经济运行提供了实时和全方位的信息。

知识链接

我国会计的产生与发展

我国最早有关会计事项记载的文字，始见于商朝的“甲骨书契”（甲骨文）。西周时，国家设立“司会”一职，对财务收支活动进行“月计岁会”，形成文字叙述式的“单式记账法”。

唐宋时期，官厅会计运用“四柱清册法”。“四柱”是指“旧管”（期初结存）、“新收”（本期收入）、“开除”（本期支出）、“实在”（本期结存）。四柱之间的关系为“旧管+新收=开除+实在”。“四柱清册法”为我国会计收付记账法奠定了理论基础。

明末清初，随着资本主义生产关系的萌芽，出现了“龙门账”，将账目划分为“进”（各项收入）、“缴”（各项支出）、“存”（各项资产）和“该”（资本及各项负债）四大类，运用“进-缴=存-该”的平衡公式计算盈亏，分别编制“进缴表”和“存该表”，两表计算得出的盈亏数应当相等，称为“合龙门”。清代又产生了“天地合账”，要求一切账项既要登记“来账”，又要登记“去账”。账簿采用垂直书写，分为上下两格，上格记收，称为“天”，下格记付，称为“地”，上下两格所记数额必须相等，即所谓“天地合”。“龙门账”和“天地合账”的应用，标志着我国进入复式记账法时期。

从1840年鸦片战争到中华民国时期，中国会计出现中式会计和复式簿记同时并存的局面。大型工商企业一般采用借贷复式簿记，中小型企业一般采用中式收付簿记。北洋政府和国民党政府先后颁布会计法和相关法规，但未能贯彻执行。

新中国成立后，中国会计自身取得了长足进展。1985年颁布《会计法》，使会计工作纳入法治化轨道。1992年制定了《企业会计准则》，2000年制定了《企业会计制度》，形成了国际上少有的“准则”和“制度”并行的会计规则结构。

2006年2月15日，财政部发布了新的《企业会计准则》，新准则的全面出台标志着我国企业财务会计进入了与国际会计准则趋同的新时期。后历经几次修订完善，截至目前我国企业会计准则体系由1项基本准则、42项具体准则和应用指南构成。

随着经济全球化的发展，中国的会计走向国际化。

资料来源：郭道扬．会计史研究［M］．北京：中国财政经济出版社，2008.

二、会计的概念

一般认为，会计是以货币作为主要计量单位，采用专门的方法和程序，对企业和行政事业单位的经济活动进行完整、连续、系统的核算和监督，旨在提供经济信息和提高经济效益的一项管理活动。会计本质上是一种经济管理活动，是经济管理的重要组成部分。

会计具有以下特点：

（一）以货币作为主要计量单位

在实际生活中，货币可以作为衡量财产物资、劳动消耗和收入成果的尺度。会计核算以货币作为主要计量单位，便于从价值量方面反映经济活动状况，为经济管理提供客观的会计信息。会计在货币计量的同时还可以辅之以实物计量、劳动计量和相关文字说明等。

（二）采用专门的技术方法

会计方法与其他学科的方法不同，具有其独特性。它包括会计核算方法、会计分析方法和会计考核方法等。会计核算是最基本的方法，会计分析方法是在会计核算资料的基础之上进行的分析，掌握准确的会计核算资料才能得出正确的会计分析结果，而会计考核方法是对会计核算过程的检查和控制。

（三）核算具有完整性、连续性和系统性

会计核算的完整性是指对特定主体的全部经济活动进行全面的记录、计量，不能有任何遗漏。会计核算的连续性是指对经济活动要按时间先后顺序不间断地进行记录。会计核算的系统性是指要采用科学的核算方法，对经济活动进行分类、整理和汇总，保证所提供的会计数据资料成为一个有序的整体，从而揭示客观经济活动的规律性。

三、会计的基本职能

会计的职能是指会计在经济管理过程中所具有的功能。我国现行《会计法》对会计的基本职能作出了明确的规定，会计的基本职能是进行会计核算和实行会计监督。

（一）会计核算职能

会计核算职能是指会计以货币为主要计量单位，对特定主体的经济活动进行确认、计量、记录和报告，为有关各方提供会计信息。确认是运用特定会计方法，以文字和金额同时

对经济业务进行描述反映。计量是用以描述某一交易或事项金额的会计程序。记录是采用一定的记账方法，在账簿中进行登记的会计程序。报告是对特定主体的财务状况和经营成果等信息最终披露的过程，是会计核算的结果输出。会计核算贯穿于经济活动的全过程，是会计最基本的职能。

会计核算的内容具体表现为生产活动过程中的各种经济活动，主要包括：（1）款项和有价证券的收付；（2）财物的收发、增减和使用；（3）债权、债务的发生和结算；（4）资本、基金的增减；（5）收入、支出、费用、成本的计算；（6）财务成果的计算和处理；（7）需要办理会计手续、进行会计核算的其他事项。

（二）会计监督职能

会计监督职能是指会计人员在进行会计核算的同时，对特定主体经济活动和相关会计核算的真实性、合法性和合理性进行审查。真实性审查是指检查各项会计核算是否根据实际发生的经济业务进行。合法性审查是指检查各项经济业务是否符合国家有关法律法规，遵守财经纪律，执行国家各项方针政策，以杜绝违法乱纪行为。合理性审查是指检查各项财务收支是否符合特定主体经营管理方面的要求，保证各项财务收支符合财务收支计划，实现预算目标。

会计监督是特定主体内部的一种自我约束机制，具有强制性。会计监督与经济活动过程紧密联系，它不仅是对已发生的经济活动监督，还涉及经济活动发生之前和发生过程中的监督，即包括事前监督、事中监督和事后监督。

会计的两项基本职能是相辅相成、辩证统一的关系。会计核算是会计监督的基础，没有核算所提供的各种信息，监督就失去了依据；同时，会计监督又是会计核算质量的保障，没有监督难以保证会计信息的质量。

随着生产力水平的提高、社会经济关系的日益复杂和管理理论的不断深化，会计所发挥的作用日益重要，其职能也在不断丰富和发展，除具有核算和监督两项基本职能外，会计还包括预测经济前景、参与经济决策、评价经营业绩等方面的拓展职能。

四、会计的对象

会计的对象是指会计工作所要核算和监督的内容。会计需要以货币为主要计量单位，对特定主体的经济活动进行核算和监督。特定主体的经济活动是指特定主体在日常活动中能够用货币表现的各种经济活动。以货币表现的经济活动又称为资金运动或价值运动。资金运动包括各特定主体的资金投入、资金运用（资金的循环和周转）以及资金退出三部分。由于各特定主体的经济活动内容不同，资金的运动形式也有差异。下面以工业企业为例，说明其资金运动的具体过程。

工业企业是从事产品生产和销售的营利性经济组织。为了从事产品的生产与销售活动，企业必须拥有一定数量的资金，用于建造厂房、购买机器设备、购买材料、支付职工工资、支付经营管理中必要的开支等。产品销售后，收回的货款要补偿生产中的垫付资金、偿还有关债务、上缴有关税金等。由此可见，工业企业的资金运动包括资金的投入、资金的循环与周转以及资金的退出三个过程。

资金的投入主要由两部分构成：一部分是企业所有者投入的资金，属于企业所有者权益；另一部分是由企业债权人提供的资金，形成企业的负债。

资金的循环和周转分为供应过程、生产过程和销售过程三个阶段。供应过程是企业生产的准备过程，主要是为生产购买材料物资、与供应单位进行货币结算。生产过程是劳动者借助于劳动手段将劳动对象加工成特定产品的过程，在这一过程中发生材料的消耗、机器设备的磨损以及工人工资和其他费用，即完成了物化劳动和活劳动的耗费，从而完成产品的生产并验收入库等待销售。销售过程是将生产的产品销售出去取得收入，进而补偿生产和销售过程中的全部消耗，剩余部分形成企业的盈利。

资金的退出包括偿还各项债务、上缴各项税金、向投资者分配利润等，这部分资金就会离开企业，退出企业的资金循环和周转。

工业企业的资金运动过程，如图 1－1 所示。

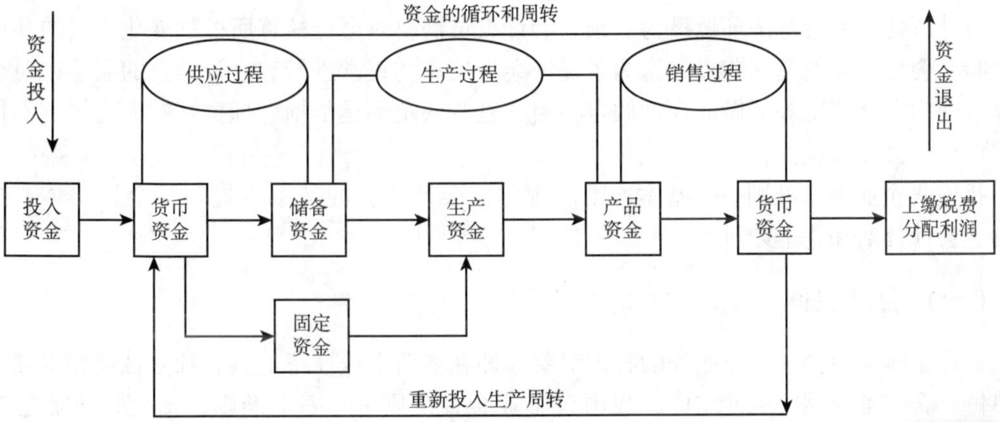

图 1－1　工业企业的资金运动过程

综上所述，工业企业是以资金运动的方式来完成其工作任务，会计核算和监督的对象就是资金运动过程，因此，会计的对象就是社会再生产过程中的资金运动。

商品流通企业的资金运动过程

五、会计的目标

会计的目标是指会计工作要完成的任务或达到的标准。我国《企业会计准则——基本准则》中明确规定，会计的目标是向财务会计报告使用者提供与企业财务状况、经营成果和现金流量等有关的会计信息，反映企业管理层受托责任履行情况，有助于财务会计报告使用者作出经济决策。

财务报告使用者包括内部信息使用者和外部信息使用者。内部信息使用者包括企业内部的管理人员和职工；外部信息使用者主要包括投资者、债权人、政府有关部门和社会公众等。

各类使用者对会计信息的需求各不相同：内部管理层需要掌握企业的经营成果、财务状况和现金流量等会计信息，据此分析经营决策的正确性，发现经营管理中存在的问题，加强内部控制，提高企业经济效益。投资者需要掌握企业的经营状况、盈利能力和发展趋势，以预测投资风险和投资报酬，作出投资决策。债权人则更注重企业的资产质量、活力和偿债能力，以此确定是否贷款给债务人以及贷款的金额、时间等。政府有关部门侧重于企业对国家政策的执行情况，以便利用价格、税率等经济杠杆和法律手段进行国民经济宏观调控。职工不仅关心企业目前的经营状况和获利能力，更关心其经营前景和发展趋势。

第二节　会计核算的基本前提和会计基础

一、会计核算的基本前提

会计所处的社会经济环境极为复杂，会计人员需要对会计核算所处的变化不定的环境作出判断。会计核算的基本前提是指为了保证会计工作的正常进行和会计信息的质量，对会计核算时间和空间范围等所做的合理假定。由于这些假定都是依据合理推断和人为规定而作出的，也称为会计假设。

我国《企业会计准则——基本准则》规定，会计核算的基本前提包括会计主体、持续经营、会计分期和货币计量。

（一）会计主体

会计主体是指会计工作服务的特定对象，即在经营上或经济上具有独立性或相对独立性的单位。企业是典型的会计主体。我国《企业会计准则——基本准则》规定，企业应当对其本身发生的交易或者事项进行会计确认、计量、记录和报告。

会计核算的对象是企业的生产经营活动，由于社会经济关系错综复杂，企业本身的经济活动也总是与其他单位的经济活动相关联，因此，会计人员首先应确定会计核算的空间范围，明确哪些经济活动应当予以确认、计量、记录和报告，哪些不应包括在其核算范围内，即要确定会计主体，明确为谁记账。例如，企业对外赊销一批商品，会计主体应该考虑本企业产生了一项应向对方收取款项的债权，而不需要考虑对方增加了一笔债务。

在会计主体假设下，会计核算应当以特定主体发生的各项交易或事项为对象，集中反映特定主体的各项生产经营活动，并将特定主体的经济活动与该主体所有者、职工个人和其他单位的经济活动区别对待。会计主体界定了核算和监督的空间范围。

会计主体不同于法律主体。一般来说，法律主体必然是会计主体。例如，一个企业作为法律主体，应当建立财务会计系统，独立反映其财务状况、经营成果和现金流量。但是，会计主体不一定是法律主体。例如，在企业集团的情况下，一个母公司拥有若干子公司，母、子公司既是不同的法律主体，又是会计主体，年末为了全面反映企业集团的经营情况，需要编制企业集团合并会计报表，此时该企业集团是一个会计主体，但不是法律主体。又如，独立核算的生产车间、销售部门和分厂等是会计主体，但它们都不是法律主体。

知识链接

关于法律主体

会计中的法律主体一般特指法人组织。《中华人民共和国民法总则》（以下简称《民法总则》）第五十七条规定："法人是具有民事权利能力和民事行为能力，依法独立享有民事权利和承担民事义务的组织"。法人依法成立，应当有自己的名称、组织结构、住所、财产或者经费。

法律主体的主要特征如下：

1. 法人不是自然人，是一种社会组织。它可以是个人的集合体，也可以是财产的集合体。包括机关法人、企业法人、事业单位法人和社会团体法人。不以组织集合体名义出现在民事主体的，不能成为法人。

2. 依法独立享受民事权利能力和承担民事行为。法人有自己独立的权益，可以以自己的名义，通过自己的行为享有和行使民事权利，设定和承担民事义务。法人的民事权利能力和民事行为能力，始于成立，终于终止。

3. 独立承担民事责任。《民法总则》第六十条规定，法人以其全部财产独立承担民事责任。

资料来源：《民法总则》第五十七条。

（二）持续经营

持续经营是假设会计主体将按照当前的规模和状态继续经营下去，在可以预见的将来不会停业，也不会大规模削减业务。我国《企业会计准则——基本准则》规定，企业会计确认、计量和报告应当以持续经营为前提。

会计核算所适用的会计原则和会计处理方法都建立在会计主体持续经营的基础上。明确这一基本前提，就意味着企业所拥有的资产将在正常的经营过程中被耗用、出售或转换，其所承担的债务将按期清偿。例如，企业拥有的机器设备，只有在持续经营的前提下，才可以在其使用年限内，采用一定的折旧方法，将其成本分摊到相关产品成本中。

持续经营虽然是一种假设，但基本符合人们的思维习惯，也有利于企业组织会计核算工作。如果没有这样的假定，不仅会计核算无法保持其稳定性，企业生产经营活动也无法正常进行。持续经营为会计核算明确了时间范围。

如果企业经营走向破产，即不再符合持续经营的假设，应按照破产清算会计处理。

（三）会计分期

会计分期是指将一个会计主体持续经营的生产经营活动划分为若干个连续的、长短相等的期间，以便分期结算账目和编制财务会计报告。我国《企业会计准则——基本准则》规定，企业应当划分会计期间，分期结算账目和编制财务会计报告。

会计分期的目的，在于通过会计期间的划分，将持续经营的生产经营活动划分为连续、相等的期间，据以结算盈亏，编制财务报告，从而及时地向财务报告使用者提供有关企业财务状况、经营成果和现金流量的信息。从理论上讲，在企业持续经营情况下，要反映企业的经营状况，只有等到企业所有的生产经营活动结束后，才能进行准确的计算，但这样做在平时的经营管理中就不能及时得到会计信息，从而无法进行有效的管理经营活动，因此，必须将持续经营过程划分为较短的会计期间，进行会计核算及时取得会计信息。

我国《企业会计准则——基本准则》规定，会计期间分为年度和中期。我国以日历年度作为会计年度，即从每年的1月1日至12月31日为一个会计年度。会计中期是指短于一个完整会计年度的报告期间，包括半年度、季度和月份。

会计分期对会计核算有着重要的作用。由于有了会计期间，才出现了本期和他期的区别，产生了权责发生制和收付实现制，进而孕育出折旧、摊销等会计处理方法。只有正确划分会计期间，才能准确提供财务状况和经营成果的资料，才能进行会计信息的对比。会计分期与持续经营是紧密联系的，它是持续经营假设的必要补充，它同样确定了会计核算的时间范围。

知识链接

世界各国的会计年度

世界各国采用的会计年度各不相同，主要包括以下几种：

1. 会计年度为历年制（1~12月）：中国、俄罗斯、德国、瑞士、巴西、朝鲜等。
2. 会计年度为4月至次年3月：加拿大、英国、日本、印度、伊拉克、新加坡等。
3. 会计年度为7月至次年6月：瑞典、澳大利亚、巴基斯坦、菲律宾、埃及等。
4. 会计年度为10月至次年9月：美国、缅甸、泰国、斯里兰卡等。
5. 其他会计年度：阿富汗、伊朗：3月21日至次年3月20日；土耳其：3月至次年2月；埃塞俄比亚：7月8日至次年7月7日；阿根廷：11月至次年10月；沙特阿拉伯：10月15日至次年10月14日。

资料来源：赵柔，孙登攀．浅谈中外会计分期之比较［J］．商情，2016（51）．

（四）货币计量

货币计量是指会计主体在会计确认、计量和报告时以货币计量，反映会计主体的生产经营活动。会计核算采用货币计量，可以使企业的生产经营活动统一表现为货币运动，从而能够全面完整地反映企业的经营成果、财务状况和现金流量等情况。

货币计量有两层含义：

1. 会计核算以货币计量为主

在市场经济条件下，货币是商品的一般等价物，是衡量商品价值的共同尺度，具有价值尺度、流通手段、贮藏手段和支付手段等特点。其他计量单位，如重量、长度等，只能从一个侧面反映企业的生产经营情况，无法在量上进行汇总和比较，不便于会计计量和经营管理。会计核算选择货币进行计量，才能全面、充分反映企业的生产经营情况。

2. 假定币值稳定

只有在币值稳定或相对稳定的情况下，不同时点的资产的价值才有可比性，不同期间的收入和费用才能对比，会计核算提供的会计信息才能真实反映会计主体的经济活动情况。货币计量且假定币值稳定，是组织正常会计核算的基本前提。

在现实社会中，币值是变动的，有时甚至出现恶性通货膨胀，此时可采用通货膨胀会计。

我国会计法规定，会计核算以人民币为记账本位币、业务收支以人民币以外的货币为主的企业，可以选定其中一种货币作为记账本位币，但是编报的财务会计报表应当折算为人民币。

上述会计核算的基本前提具有相互依存、相互补充的关系。会计主体确立了会计核算的空间范围，持续经营与会计分期确立了会计核算的时间范围，货币计量则为会计核算提供了必要手段。没有会计主体就不会有持续经营，没有持续经营就不会有会计分期，没有货币计量就不会有现代会计。

二、会计基础

会计基础是指会计确认、计量、记录和报告的基础，即确认收入和费用归属期间的标准。

在实务中，企业交易或者事项的发生时间与相关款项实际收付时间有时并不完全一致。例如，企业在本期已经实现销售收入，但款项却在以后期间收到；或者款项已经支付，但与本期经营活动无关不属于本期的费用。对于这些收入和费用的实际发生期与收付期相分离的业务，企业应当采用统一的会计基础进行核算，将收入、费用归属为具体的会计期间。

会计基础具体包括权责发生制和收付实现制。

权责发生制又称应收应付制，是指以取得收取款项的权利或支付款项的义务为标志，来确认本期收入和费用的会计核算基础。凡是本期已经实现的收入，无论款项是否收到，都应作为本期的收入；凡是本期已经发生或者应当负担的费用，无论款项是否支付，都应作为本期的费用。反之，凡是不属于本期的收入和费用，即使款项已在本期收付，也不应作为本期的收入和费用。采用权责发生制核算收入、费用，能够真实、公允地反映企业特定会计期间的经营成果。我国《企业会计准则——基本准则》规定，企业应当以权责发生制为基础进行会计确认、计量和报告。

收付实现制又称现收现付制，是指以现金的实际收付为标志来确认本期收入和费用的会计核算基础。凡是本期实际收到的收入和支出的费用，无论是否属于本期，都作为本期的收入和费用；反之，凡是本期未收到的收入和不支付的费用，即使属于本期，也不作为本期的收入和费用。

目前，我国的行政单位的预算会计采用收付实现制。另外，为了反映会计年度现金流入、流出的具体情况，企业需要按照收付实现制编制现金流量表。

【例1－1】 2020年6月，甲公司发生有关经济业务如下：（1）收到上月销售商品的货款50 000元；（2）收到购货单位购买商品的订金20 000元；（3）本月销售商品80 000元，货款已收；（4）预付下季度房租15 000元；（5）支付上月水电费5 000元；（6）支付本季度借款利息27 000元；（7）支付本月发生的职工差旅费14 000元；（8）本月销售商品

40 000 元，货款尚未收到。

要求：根据上述资料，分别按照权责发生制与收付实现制分析每一项经济业务，填入表 1－1 中。

表 1－1　　　　　　　　　权责发生制与收付实现制的比较

经济业务序号	业务发生期	款项收付期	权责发生制	收付实现制
			收入、费用归属期	收入、费用归属期
（1）	5 月	6 月	5 月确认收入 50 000 元	6 月确认收入 50 000 元
（2）	销售商品月	6 月	实际销售商品时确认收入	6 月确认收入 20 000 元
（3）	6 月	6 月	6 月确认收入 80 000 元	6 月确认收入 80 000 元
（4）	7 月、8 月、9 月	6 月	7 月、8 月、9 月分别确认费用 5 000 元	6 月确认费用 15 000 元
（5）	5 月	6 月	5 月确认费用 5 000 元	6 月确认费用 5 000 元
（6）	4 月、5 月、6 月	6 月	4 月、5 月、6 月分别确认费用 9 000 元	6 月确认费用 27 000 元
（7）	6 月	6 月	6 月确认费用 14 000 元	6 月确认费用 14 000 元
（8）	6 月	收款月	6 月确认收入 40 000 元	本月不确认收入
合计			6 月收入：120 000 元 6 月费用：23 000 元 6 月利润：97 000 元	6 月收入：150 000 元 6 月费用：61 000 元 6 月利润：89 000 元

从上例可以看出，对于同一会计主体，两种方法下确认的结果有时是一致的，如经济业务（3）（7）；有时是不一致的，如经济业务（1）（2）（4）（5）（6）（8），从而导致当期利润不同。

第三节　会计信息质量要求

会计信息可以视为一种特殊形式的“商品”，其质量好坏对信息使用者作出决策有着举足轻重的作用。会计信息质量要求是对企业财务报告所提供会计信息质量的基本要求，是使财务报告中所提供会计信息对投资者等信息使用者决策有用应具备的基本特征。

我国《企业会计准则——基本准则》规定，会计信息质量要求包括可靠性、相关性、可理解性、可比性、实质重于形式、重要性、谨慎性和及时性八项。

一、可靠性

可靠性要求企业应当以实际发生的交易或者事项为依据进行确认、计量和报告，如实反映符合确认和计量要求的会计要素及其他相关信息，保证会计信息真实可靠、内容完整。

会计信息要有用，必须以可靠为基础。如果企业以虚假的交易或事项进行核算，不仅会严重损害会计信息质量，而且会误导投资者，可能导致错误的决策。

可靠性是会计核算工作的基本要求，可靠性是高质量会计信息的重要基础和关键所在。可靠性要求企业提供的会计信息真实可靠、具有可验证性，不得根据虚构或伪造、变造的交易或事项进行确认、计量和报告；可靠性要求企业提供的会计信息内容完整，不得随意减少应予以披露的信息，尤其是应充分披露与使用者决策相关的有用信息。

二、相关性

相关性要求企业提供的会计信息应当与财务报告使用者的经济决策需要相关，有助于财务报告使用者对企业过去、现在或者未来的情况作出评价或者预测。

相关的会计信息应当有助于使用者评价企业过去的决策，证实或者修正过去的有关预测，具有反馈价值。相关的会计信息还应当具有预测价值，有助于使用者根据财务报告所提供的会计信息预测企业未来的财务状况、经营成果和现金流量。

会计信息的质量，关键是看其是否与使用者的决策需要相关，是否有助于决策或者提高决策水平，因此要求企业在确认、计量和报告会计信息的过程中，充分考虑使用者的决策模式和信息需要。对于某些特定目的或者用途的信息，财务报告可能无法完全提供，企业可以通过其他形式予以提供。

三、可理解性

可理解性要求企业提供的会计信息应当清晰明了，便于财务报告使用者理解和使用。

企业编制财务报告、提供会计信息的目的在于使用，要想让使用者有效使用会计信息，就应当让其了解会计信息的内涵，弄懂会计信息的内容，这就要求财务报告提供的会计信息应当清晰明了，易于理解。只有这样，才能提高会计信息的有用性，实现财务报告的目标，满足向投资者等财务报告使用者提供决策有用信息的要求。

四、可比性

可比性要求企业提供的会计信息应当相互可比，主要包括两层含义：

（一）同一企业不同时期可比（纵向可比）

为了便于投资者等财务报告使用者了解企业财务状况、经营成果和现金流量的变化趋势，比较企业在不同时期的财务报告信息，全面、客观地评价过去、预测未来，从而作出决策，会计信息质量的可比性要求同一企业对于不同时期发生的相同或者相似的交易或者事项，应当采用一致的会计政策，不得随意变更。但是，并非表明企业不得变更会计政策。如果企业按照规定或者在会计政策变更后能够提供更可靠、更相关的会计信息时，可以变更会计政策。同时，有关会计政策变更的情况，应当在附注中予以说明。

（二）不同企业相同会计期间可比（横向可比）

为了便于投资者等财务报告使用者评价不同企业的财务状况、经营成果和现金流量及其变化情况，会计信息质量的可比性要求不同企业同一会计期间发生的相同或者相似的交易或者事项，应当采用规定的会计政策，确保会计信息口径一致、相互可比，以使不同企业按照一致的确认、计量和报告要求提供会计信息，便于企业之间的对比分析。

五、实质重于形式

实质是指经济实质，形式是指法律形式。实质重于形式要求企业应当按照交易或者事项的经济实质进行会计确认、计量和报告，不应仅仅以交易或者事项的法律形式为依据。如果企业仅以交易或者事项的法律形式为依据进行会计确认、计量和报告，那么就容易导致会计信息失真，无法如实反映经济现实和实际情况。

在实际工作中，交易或者事项的外在法律形式并不能够完全反映其实质内容。企业发生的交易或事项在多数情况下，其经济实质和法律形式是一致的，但在有些情况下，会出现不一致。例如，企业租入的固定资产（短期租赁和低值资产租赁除外），虽然从法律形式上来讲，企业并不拥有其所有权，但是由于租赁合同规定的租赁期较长，往往接近于该资产的使用寿命，租赁期结束时承租企业有优先购买该资产的选择权，在租赁期内承租企业有权支配该资产并从中收益等；从其经济实质来看，企业能够控制租入资产所创造的未来经济利益，因此，企业应当依据实质重于形式的要求，将租入的固定资产视为企业的资产，在资产负债表中进行反映。

六、重要性

重要性要求企业提供的会计信息应当反映与企业财务状况、经营成果和现金流量有关的所有重要交易或者事项。

在实务中，如果某项会计信息的省略或者错报会影响投资者等财务报告使用者据此作出决策，则该信息就具有重要性。重要性的应用需要依赖职业判断，会计人员应当根据其所处环境和实际情况，从项目的性质和金额大小两方面来判断其重要性。从项目性质来看，如果某一交易或事项提供的会计信息对决策者有影响，说明该项目具有重要性；从项目金额来看，如果某一交易或事项的金额占该类交易或事项的金额达到一定比例，该项目就具有重要性。

重要性要求企业在会计核算过程中，对于重要的经济业务事项应当重点核算、充分披露；对于不重要的经济业务事项，可以简化、合并反映。例如，企业发生的某些金额较小的支出，从支出的收益期来看，可能需要在若干会计期间进行分摊，但根据重要性要求，可以一次性记入当期损益。

七、谨慎性

谨慎性要求企业对交易或者事项进行会计确认、计量和报告时应当保持应有的谨慎，不应高估资产或者收益、低估负债或者费用。

在市场经济条件下，企业的生产经营活动面临着许多风险和不确定性，谨慎性要求企业在面临不确定性因素的情况下作出职业判断时，应当保持应有的谨慎，充分估计各种风险和损失，既不高估资产或收益，也不低估负债或费用。例如，企业对相关资产可能存在的减值风险确认减值准备、对售出商品可能发生的保修义务确认预计负债等，就体现了会计信息质量的谨慎性要求。

谨慎性的应用，可以合理估计企业的经营风险，对防范风险起到预警作用，有利于企业作出正确的经营决策，有利于保护投资者和债权人的利益。如果企业故意低估资产或者收益，或者故意高估负债或者费用，或者设置秘密准备，就会违背会计信息的可靠性和相关性要求，损害会计信息质量，扭曲企业实际的财务状况和经营成果，从而对使用者的决策产生误导。

八、及时性

及时性要求企业对于已经发生的交易或者事项，应当及时进行确认、计量和报告，不得提前或者延后。

在会计确认、计量和报告过程中贯彻及时性要求，主要包括三个方面：一是要及时收集会计信息，即在交易或事项发生后，及时收集和整理有关原始单据或凭证；二是要及时处理会计信息，即按照企业会计准则的规定，及时对有关交易或事项进行确认或计量，并编制财务报告；三是要及时传递会计信息，即按照国家规定的有关时限，及时地将编制的财务报告传递给财务报告使用者，便于其及时使用和决策。

总之，可靠性、相关性、可理解性和可比性是会计信息的首要质量要求，是企业财务报告中所提供会计信息应具备的基本质量特征；实质重于形式、重要性、谨慎性和及时性是会计信息的次级质量要求，是对可靠性、相关性、可理解性和可比性四项首要质量要求的补充和完善，尤其是在对某些特殊交易或者事项进行处理时，需要根据这些质量要求来把握其会计处理原则；另外，及时性还是会计信息相关性和可靠性的制约因素，企业需要在相关性和可靠性之间寻求一种平衡，以确定信息及时披露的时间。

第四节 会计核算方法

会计的方法是指为了完成会计任务，实现会计职能，达到会计目标所采用的手段和技术。会计的方法包括会计核算方法、会计分析方法、会计考核方法、会计预测方法和会计决策方法。其中，会计核算方法是对特定主体的经济活动进行完整、连续、系统的核算和监督所应用的技术手段，是最基本的方法。主要包括设置账户、复式记账、填制和审核凭证、登记账簿、成本计算、财产清查和编制会计报表七种方法。

一、设置账户

设置账户是对会计对象具体内容进行分类核算的方法。由于会计对象包含的内容复杂多样，要对它们进行系统的核算和监督，就需要进行科学的分类，即设置账户。每个会计账户只能反映一定的经济业务内容，将会计对象的具体内容划分为若干个会计账户，可以使所设置的账户既有分工，又能相互联系地反映整个会计对象的内容，提供各种核算指标，满足经营管理的需要。设置账户是进行会计核算的前提。

二、复式记账

复式记账是指对每一项经济业务，都要以相等的金额在两个或两个以上的相互联系的账户中进行登记的方法。复式记账使每项经济业务所涉及的两个或两个以上的账户之间产生对应关系，同时，在对应账户中所记录的金额又相互平衡。通过账户的对应关系，可以了解经济业务的内容，通过账户的平衡关系可以检查经济业务的记录是否正确。采用复式记账法可以完整地反映经济业务的来龙去脉，便于对企业的经济活动进行日常监督。在会计核算中，填制会计凭证、登记账簿、编制会计报表都要运用复式记账的基本原理。

三、填制和审核凭证

会计凭证是记录经济业务、明确经济责任的书面证明，是登记账簿的依据。填制和审核凭证是为会计记录提供完整、可靠的原始资料，保证账簿记录正确的方法。经济业务发生后取得或填制的各种会计凭证，必须经过会计部门和其他有关部门的严格审核，审核无误后，才能据以登记账簿。填制和审核凭证是保证会计记录完整、可靠的有效手段。

四、登记账簿

登记账簿是指以会计凭证为依据，在账簿上完整、连续、系统地记录经济业务的方法。账簿是具有一定的格式，用来记账的簿记，它是保存会计数据资料的重要工具。会计凭证对经济业务的记录是分散的，每一张记账凭证通常只反映一项经济业务。登记账簿就是依据分散的会计凭证，采用复式记账法，将经济业务分门别类连续地登记到有关账簿中，并且定期进行对账、结账，从而系统地提供特定主体每一类经济活动的完整资料，为编制会计报表和企业内部管理提供必要的、有用的会计信息。登记账簿是会计核算的主要方法。

五、成本计算

成本计算是指按照一定的成本对象归集和分配生产经营过程中发生的各种耗费，确定该成本对象的总成本和单位成本的方法。成本计算是确定企业盈亏和制定产品价格的基础，可以考核生产经营过程的费用支出水平，为企业进行经营决策提供重要数据。正确地进行成本计算，对于挖掘降低成本的潜力、加强成本管理、提高经济效益具有重要作用。

六、财产清查

财产清查是指通过对货币资金、实物资产和往来款项等财产物资进行盘点、核对，确定其实际结存数，查明账存数与实存数是否相符的方法。在清查中，如果发现账实不符，应及时调整账簿记录，使账存数与实存数保持一致，做到账实相符。同时，应追查账实不符的具体原因，明确责任，加强管理。通过财产清查，可以查明各项财产物资的保管和使用情况，以便采取措施挖掘物资潜力、加速资金周转。财产清查对于保证会计核算资料的正确性和监督财产的安全性具有重要作用。

七、编制会计报表

会计报表是指根据会计账簿记录的数据资料，采用一定的表格形式，概括、综合地反映会计主体在一定时期内经济活动过程和结果的方法。编制会计报表是对日常核算工作的总结，是在账簿记录基础上对会计核算资料的进一步加工整理。会计报表提供的资料是进行会计分析、会计考核的重要依据。

上述会计核算方法不是孤立存在的，而是相互联系、密切配合的，构成一个完整的核算方法体系，它们的关系如图 1－2 所示。

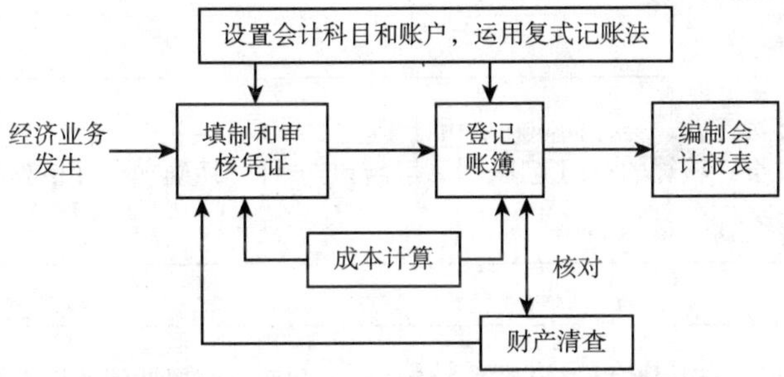

图 1－2 会计核算方法关系

总之，对于日常发生的每项经济业务，首先要确定涉及的相关账户，填制和审核会计凭证，然后采用复式记账原理在有关的账簿中进行登记，并进行成本计算，还要定期或不定期地进行财产清查，最后，在账实相符的基础上，依据期末账簿记录编制会计报表，结束一定会计期间的会计核算工作。从填制和审核凭证、登记账簿到编制会计报表，在一定的会计期间如此循环往复，持续不断进行，构成了一个个完整的会计循环。

第五节 总论实训

实训目标

通过实训，明确会计的基本职能、对象和目标，理解会计核算的基本前提，对比掌握权责发生制和收付实现制，掌握会计核算的方法，了解会计信息质量要求。

重要知识清单
一、会计的基本概念
1. 含义：会计是以货币作为主要计量单位，采用专门的方法和程序，对企业和行政事业单位的经济活动进行完整、连续、系统的核算和监督，旨在提供经济信息和提高经济效益的一项管理活动。会计本质上是一种经济管理活动。 2. 特点：（1）以货币作为主要计量单位；（2）采用专门的技术方法；（3）核算具有完整性、连续性和系统性。
二、会计的基本职能
核算职能和监督职能。
三、会计的对象
1. 含义：会计工作所要核算和监督的内容，即资金的运动过程。 2. 资金运动：资金的投入、资金的循环与周转和资金的退出。
四、会计的目标
向财务会计报告使用者提供有用的会计信息。
五、会计核算的基本前提
1. 内容：会计主体、持续经营、会计期间和货币计量。 2. 意义：会计主体确立会计核算的空间范围，持续经营与会计分期确立会计核算的时间范围，货币计量为会计核算提供必要手段。
六、会计基础
1. 含义：会计确认、计量、记录和报告的基础，确认收入和费用归属期间的标准。 2. 包括：权责发生制和收付实现制。 （1）权责发生制：以收取款项的权利或支付款项的义务为标志，来确认本期收入和费用。 （2）收付实现制：以实际收到或支付现金为标志来确认本期收入和费用。
七、会计信息质量要求
可靠性、相关性、可理解性、可比性、实质重于形式、重要性、谨慎性和及时性。
八、会计核算方法
（1）设置账户；（2）复式记账；（3）填制和审核凭证；（4）登记账簿；（5）成本计算；（6）财产清查；（7）编制财务会计报告。

任务一　基础知识训练

一、单项选择题

1. 会计的本质是（　　）。

A. 生产管理活动　B. 经营核算活动　C. 经济管理活动　D. 经济统计活动

2. 在会计核算的基本前提中，确定会计核算和监督空间范围的是（　　）。

A. 会计主体　　B. 持续经营　　C. 会计分期　　D. 货币计量

3. 会计的基本职能是（　　）。

A. 记账和算账　　B. 核算和监督　　C. 分析和检查　　D. 考核和评价

4. 为会计核算提供必要手段的基本前提是（　　）。

A. 会计主体　　B. 持续经营　　C. 会计分期　　D. 货币计量

5. 以下关于会计监督的表述中，不正确的是（　　）。

A. 会计监督具有强制性

B. 会计监督是会计核算质量的保证

C. 会计监督包括事前监督和事中监督

D. 会计监督与会计核算是相辅相成的

6. 下列关于会计对象的表述中，不正确的是（　　）。

A. 会计对象是会计工作所要核算和监督的内容

B. 企业日常进行的所有活动都是会计的对象

C. 会计对象就是社会在生产过程中的资金运动过程

D. 特定主体能够以货币表现的经济活动都是会计的对象

7. 会计分期假设是（　　）的必要补充，是会计系统能够发挥作用的必要前提。

A. 持续经营　　B. 会计主体　　C. 货币计量　　D. 会计假设

8. 企业发放职工工资属于资金运动的（　　）过程。

A. 资金投入　　B. 销售　　C. 资金退出　　D. 资金循环与周转

9. 企业本月收到上月销售货款 20 000 元，本月实现销售收入 60 000 元货款未收，预收客户购货款 40 000 元。采用权责发生制则本月应确认的收入是（　　）元。

A. 120 000　　B. 80 000　　C. 60 000　　D. 100 000

10. 企业将长期租入的固定资产列报于资产负债表，是依据（　　）原则。

A. 可靠性　　B. 相关性　　C. 重要性　　D. 实质重于形式

11. 下列各项中体现谨慎性原则的是（　　）。

A. 设置秘密准备　　B. 计提资产减值准备

C. 高估资产或收益　　D. 低估负债或费用

12. 相关性原则是指企业提供的会计信息应与（　　）相关。

A. 财务报告使用者的经济决策　　B. 运用会计核算方法的选择

C. 企业内部设置管理机构的需要　　D. 企业会计人员的业务水平

二、多项选择题

1. 会计的发展大致经历了（　　）主要阶段。

A. 古代会计　　B. 近代会计　　C. 现代会计　　D. 网络会计

2. 会计的目标是为财务会计报告使用者提供有关的会计信息，财务会计报告使用者包括（　　）。

A. 企业内部管理人员和职工　　B. 政府及其相关部门

C. 投资人和债权人　　D. 社会公众

3. 会计的核算职能是指以货币为主要计量单位，对特定主体的经济活动进行（　　）。
A. 确认　　B. 计量　　C. 记录　　D. 报告
4. 会计核算的基本前提包括（　　）。
A. 会计主体　　B. 持续经营　　C. 会计分期　　D. 货币计量
5. 下列说法正确的有（　　）。
A. 法律主体一定是会计主体
B. 会计主体一定是法律主体
C. 企业内部生产部门可以是会计主体
D. 以母、子公司组成的企业集团是会计主体，也是法律主体
6. 我国《企业会计准则》规定的会计中期包括（　　）。
A. 月份　　B. 季度　　C. 半年　　D. 年度
7. 企业发生下列经济业务，属于资金循环与周转过程的有（　　）。
A. 购买机器设备　　B. 偿还银行借款
C. 购买原材料　　D. 销售商品
8. 下列属于会计信息质量要求的有（　　）。
A. 持续经营　　B. 重要性
C. 可靠性　　D. 实质重于形式
9. 下列关于权责发生制的表述，不正确的有（　　）。
A. 又称现收现付制，以权利或责任的发生与否为标准
B. 能够准确地反映企业特定会计期间的经营成果
C. 只要是本期付出的款项都应作为本期费用入账
D. 只要是本期收到的款项都应作为本期收入入账
10. 下列组织可以作为会计主体进行会计核算的有（　　）。
A. 独资企业　　B. 分公司
C. 某福利机构　　D. 私营企业
11. 可比性要求企业提供的会计信息应当相互可比，具体要求有（　　）。
A. 企业应当以实际发生的交易和事项为依据进行确认、计量和报告
B. 企业提供的会计信息应当清晰明了，便于财务报告使用者理解和使用
C. 同一企业对不同时期发生的相同或相似交易或事项应当采用一致的会计政策
D. 不同企业同一时期发生的相同或相似的交易或事项应当采用规定的会计政策
12. 会计核算的基本方法包括（　　）以及编制会计报表。
A. 设置账户和复式记账　　B. 填制和审核凭证
C. 登记账簿　　D. 成本计算、财产清查

三、判断题

1. 随着经济的不断发展，会计的职能也在不断的丰富和发展。（　　）
2. 产生权责发生制和收付实现制的根本原因是会计分期基本前提。（　　）
3. 可靠性要求企业提供的会计信息应当清晰明了，便于财务会计报告使用者了解和使用。（　　）

4. 会计核算是以货币作为唯一计量单位，不可以有实物计量、劳动计量。 （ ）

5. 会计的对象是指特定主体能够以货币表现的经济活动。 （ ）

6. 企业的机器设备、房屋建筑物等固定资产，只有在持续经营的前提下才可以在其使用年限内，计提折旧。 （ ）

7. 会计主体和法律主体不完全对等，会计主体一定是法律主体，但法律主体不一定是会计主体。 （ ）

8. 我国的会计核算以人民币作为记账本位币。业务收支以外币为主的企业，可以选择某种外币作为记账本位币，但编制的财务会计报告应当折算为人民币反映。 （ ）

9. 某企业因业务需要可以同时选择美元和人民币两种货币作为记账本位币。 （ ）

10. 企业对于已经发生的交易或事项，应当及时进行会计确认、计量和报告，不得延后但可以提前。 （ ）

11. 会计核算的过程就是一个完整的会计循环过程。 （ ）

12. 企业发生某些金额较小的支出，从支出的收益期来看，可能需要在若干会计期间进行分摊，但根据重要性要求，可以一次性记入当期损益。 （ ）

任务二 专项实训

实训一 会计书写能力实训

实训目的： 掌握阿拉伯数字的大小写。

实训要求： 用蓝黑色或黑色碳素笔书写。

（1）将大写数字填入表 1－2 中；

（2）将小写数字填入表 1－3 中。

表 1－2　　小写金额改为大写金额方法实训

大写数字书写								小写金额	转为大写金额
壹				贰				¥72 045.54	
叁				肆				¥890 102.03	
伍				陆				¥6 753.00	
柒				捌				¥463 289.70	
玖				拾				¥13 068.90	
佰				仟				¥9 078 154.08	
万				亿				¥896 924.76	
零				整				¥20 890 000.00	

表 1-3　大写金额改为小写金额方法实训

书写要领	大写金额	转为小写金额								
		百	十	万	千	百	十	元	角	分
(1) 阿拉伯数字书写应紧贴底线	人民币壹佰贰拾柒万零叁元肆角整									
(2) 整个数字占行高的 1/2	人民币叁佰玖拾陆万伍仟元整									
(3) 向右倾斜大约 30°或 45°	人民币捌万肆仟零玖元叁角伍分									
(4) 数字 0 要写成椭圆形	人民币伍佰陆拾捌元肆角壹分									
(5) 数字 1 的下端应紧靠格的左下角	人民币柒仟伍佰零陆元贰角整									
(6) 数字 4 的顶端不封口	人民币贰佰叁拾玖万柒仟捌佰元整									
(7) 数字 6、8、9、0 封口要严	人民币肆拾陆万柒仟捌佰元整									
(8) 数字 6 的上部可以长出 1/4	人民币玖佰壹拾贰元柒角肆分									
(9) 数字 7、9 底部可以过底线的 1/4	人民币壹万肆仟伍拾玖元捌角整									

实训二　权责发生制和收付实现制实训

实训目的：练习权责发生制和收付实现制。

实训资料：甲公司 2020 年 8 ~9 月发生有关经济业务如下：

(1) 8 月销售商品 80 000 元，9 月收到货款。

(2) 8 月收到购货单位预付的购货款 30 000 元，9 月销售商品。

(3) 8 月销售商品 92 000 元，已收货款 50 000 元，其余款项 9 月收回。

(4) 8 月支付本月办公费 8 000 元。

(5) 8 月发生职工工资 70 000 元，8 月实际发放。

(6) 9 月销售商品 96 000 元，货款已收。

(7) 9 月支付 8 月发生的水电费 1 000 元。

(8) 9 月支付第三季度借款利息 24 000 元。

(9) 9 月支付本月职工差旅费 12 000 元。

实训要求：根据上述资料，完成表 1-4。

表 1-4　权责发生制与收付实现制的比较

经济业务	业务发生期	款项收付期	权责发生制	收付实现制
			收入、费用归属期	收入、费用归属期
1				
2				
3				
4				
5				

续表

<table>
<tr><td rowspan="2">经济业务</td><td rowspan="2">业务发生期</td><td rowspan="2">款项收付期</td><td>权责发生制</td><td>收付实现制</td></tr>
<tr><td>收入、费用归属期</td><td>收入、费用归属期</td></tr>
<tr><td>6</td><td></td><td></td><td></td><td></td></tr>
<tr><td>7</td><td></td><td></td><td></td><td></td></tr>
<tr><td>8</td><td></td><td></td><td></td><td></td></tr>
<tr><td>9</td><td></td><td></td><td></td><td></td></tr>
<tr><td colspan="3">8 月收入、费用合计</td><td>8 月份收入______
8 月份费用______
8 月份利润______</td><td>8 月份收入______
8 月份费用______
8 月份利润______</td></tr>
<tr><td colspan="3">9 月收入、费用合计</td><td>9 月份收入______
9 月份费用______
9 月份利润______</td><td>9 月份收入______
9 月份费用______
9 月份利润______</td></tr>
</table>

第二章

会计要素与会计等式

知识目标

识记会计要素的定义，理解会计要素的特征，熟悉会计要素的分类，了解会计要素的计量基础。重点掌握会计基本等式，能够熟练分析各种经济业务的发生对会计等式的影响。

课前思考

在实务中，企业的生产经营活动会引起资金运动。为了满足会计信息报告的需要，需要将资金运动中各组成部分转化为会计语言进行确认、计量、记录和报告。如何运用会计语言描述资金运动？我们一起来学习吧！

第一节　会计要素

一、会计要素的概念

会计的对象是核算和监督特定主体在日常经济活动中的资金运动。会计要素是对会计核算和监督的内容按照经济特征所做的基本分类，是会计对象的具体化。

会计要素揭示了会计对象的经济特征，有利于了解企业经济交易或事项的总体情况，有利于清晰地反映产权关系和其他经济关系，为设置账户、复式记账和编制会计报表提供了重要理论依据。

我国《企业会计准则——基本准则》规定，会计要素按照其性质分为资产、负债、所有者权益、收入、费用、利润六大类。其中，资产、负债、所有者权益侧重于反映企业的财务状况，收入、费用、利润侧重于反映企业的经营成果。

世界各国会计要素

二、反映财务状况的会计要素

财务状况是指企业特定日期的资产及权益情况，是资金运动的静态表现。反映财务状况的会计要素包括资产、负债和所有者权益三项。

（一）资产

资产是指过去的交易或者事项形成的，由企业拥有或者控制的，预期会给企业带来经济利益的资源。具体来讲，企业从事生产经营活动必须具备一定的物质资源，如货币资金、原材料、机器设备和厂房场地等，这些都是企业从事生产经营的基础，都属于企业的资产。此外，像专利权、商标权等不具有实物形态，但却有助于生产经营活动进行的无形资产，以及企业对其他单位的投资等，也属于资产。

1. 资产的特征

（1）资产是企业拥有或控制的资源。资产作为一项资源，应当由企业拥有或者控制。企业拥有是指企业享有某项资源的所有权，可以按照自己的意愿使用或处置。企业控制是指虽然不享有某项资源的所有权，但能对其实施控制，具有支配使用权，实质上能够从该项资源中获取经济利益。

（2）资产预期会给企业带来经济利益。所谓经济利益，是指直接或间接地流入企业的现金和现金等价物。资产具有直接或间接导致现金和现金等价物流入企业的潜力。预期能够给企业带来经济利益是资产的重要特征。例如，企业可以通过收回应收账款、出售库存商品收回货款等直接获得经济利益，也可以通过对外投资获得股利或参与分配利润方式间接获得经济利益。如果某一项目预期不能给企业带来经济利益，那么就不能将其确认为企业的资产。前期已经确认为资产的项目，如果不能再为企业带来经济利益的，也不能再确认为企业的资产。

【例2-1】某企业仓库存放有一箱过期变质的商品，存放有一台型号较老、长时间不用的机床，存放有一批被雨水浸泡变形无法用于生产的原材料。判断以上项目是否应继续确认为企业的资产？

分析：无论是过期变质的商品，还是长期闲置的机床，或者无法使用的原材料，都已经没有使用价值或交换价值，不能再给企业带来经济利益，不符合资产的定义，因此不能继续确认为企业的资产。

（3）资产是由企业过去的交易或事项形成的。过去的交易或事项包括购买、生产、建造行为等。资产是企业已经发生的交易或事项所产生的结果，只有过去的交易或者事项才能产生资产，企业预期在未来发生的交易或事项不形成资产。也就是说，资产必须是现实存在的，而不能是预期的。

【例2-2】某企业在8月5日与供货方签订了一份价值80万元的材料购买合同，12月20日企业支付货款，购买了该批材料。判断该批材料应于何时确认为企业的资产？

分析：8月份只是签订合同，形成购买意向，购买行为尚未发生，不符合资产的定义，该批材料不能确认为企业的资产。12月20日发生实际的购买交易，因此，该批材料应于12月20日确认为企业的资产。

2. 资产的分类

资产按其流动性不同，分为流动资产和非流动资产。

流动资产是指预计在一个正常营业周期内变现、出售或者耗用的资产。一个正常营业周期是指企业从购买用于加工的资产起至实现现金或现金等价物的期间，即资金循环与周转的全过程。正常的营业周期通常短于一年，也存在长于一年的营业周期。一般企业在一年内有几个营业周期，而建筑行业、造船行业等，一个营业周期往往长达两三年。

流动资产主要包括货币资金、交易性金融资产、应收票据、应收账款、预付账款、应收利息、应收股利、其他应收款、存货、合同资产等。非流动资产是指流动资产以外的资产，主要包括债权投资、长期股权投资、固定资产、在建工程、无形资产等。

3. 资产的确认条件

将一项资源确认为资产，需要符合资产的定义，还应同时满足两个条件：一是与该资源有关的经济利益很可能流入企业；二是该资源的成本或者价值能够可靠地计量。

（二）负债

负债是指企业过去的交易或者事项形成的，预期会导致经济利益流出企业的现时义务。

1. 负债的特征

（1）负债是企业承担的现时义务。现时义务是指企业在现行条件下已承担的义务。未来发生的交易或事项形成的义务，不属于现时义务，不应当确认为企业的负债。

【例2-3】某企业与银行协商，拟借入一项生产经营周转资金。3月15日银行与企业正式签订借款合同，约定每月20日为结息日。3月20日银行将资金转入企业账户。判断该笔借款应于何时确认为企业的负债?

分析：3月15日只是签订借款合同，资金尚未到账，企业不承担还本付息的现时义务，不符合负债的定义，不能确认为企业的负债。3月20日，企业已取得银行借款，同时开始承担按期还本付息的现时义务，因此该笔借款应于3月20日确认为企业的负债。

（2）负债预期会导致经济利益流出企业。这是负债的本质特征。只有在履行义务时会导致经济利益流出企业的，才符合负债的定义，否则不应确认为负债。在未来某一时日履行现时义务清偿负债时，导致经济利益流出企业的形式多种多样。例如，企业用现金偿还或以实物资产形式偿还，以提供劳务形式偿还，将负债转为资本等。

【例2-4】乙公司两年前向甲公司购买原材料，货款一直未付。日前，获悉甲公司因某种原因倒闭，不再追索相关的债权，乙公司的该笔债务无须清偿。判断该笔欠款是否应继续作为乙公司的负债?

分析：甲公司因倒闭放弃债权追索权，意味着乙公司无须偿还该笔债务，即负债的清偿预期不会导致经济利益流出乙公司，因此该笔债务不再是乙公司的负债。

（3）负债是由企业过去的交易或事项形成的。负债应当由企业过去的交易或事项所形成，也就是说，导致负债的交易或事项已经发生。例如，企业因购买货物会产生应付账款，接受银行借款会形成偿还借款的义务。对于企业将在未来发生的承诺、签订的合同等交易或事项，不形成负债。

2. 负债的分类

负债按其流动性不同，分为流动负债和非流动负债。

流动负债是指预计在一个正常营业周期内清偿的债务。流动负债主要包括短期借款、交易性金融负债、应付票据、应付账款、预收账款、合同负债、应付职工薪酬、应交税费、应付股利、其他应付款等。

非流动负债是指流动负债以外的负债，主要包括长期借款、应付债券、长期应付款等。

3. 负债的确认条件

将一项现时义务确认为负债，需要符合负债的定义，还应同时满足两个条件：一是与该义务有关的经济利益很可能流出企业；二是未来流出的经济利益的金额能够可靠计量。

（三）所有者权益

所有者权益是指企业资产扣除负债后，由所有者享有的剩余权益。公司制企业的所有者权益又称为股东权益。所有者权益是所有者对企业净资产的索取权，表明企业的基本产权关系，即企业归谁所有。所有者权益可以反映企业投资者投入资本的保值、增值情况。

1. 所有者权益的特征

（1）在经营期间一般无须偿还。除非发生减资、清算或分配现金股利等，否则企业不需要偿还所有者投入企业的资本。

（2）在企业清算时，所有者权益排在负债之后偿还。企业清算时，只有在清偿所有的负债后，剩余的净资产才能返还给所有者。

（3）所有者能够参与企业利润的分配。所有者凭借对企业的所有权，能够参与管理企业的生产经营以及企业利润的分配。但只有在企业实现利润的情况下，才能从企业利润分配中获取收益。

知识链接

所有者权益与负债的区别

1. 对象不同。所有者权益属于投资人权益，是企业对投资人承担的经济责任。负债属于债权人的权益，是企业对债权人承担的经济责任。

2. 性质不同。所有者权益是投资人对投入资本以及对企业运用投入资本所产生的盈余的权利，数量上等于资产总额减去负债总额后的余额。负债是企业在生产经营活动或者其他事项中产生的债务。债权人对企业资产的权力仅限于其债权数额。

3. 偿还期不同。所有者权益除非发生减资、清算或分配现金股利等，一般无须偿还。负债一般有确切的偿还期，到期必须偿还。

此外，企业解散清算时，支付破产费用后，应优先偿还债权人的债务，如有剩余财产才能退还给投资者。

4. 享受权利、承担的风险不同。投资人可以按出资比例分享利润、承担风险，获利或分担风险的多少一般与企业的盈亏成正比，可参与企业管理，或委托他人管理企业，因而承担的风险大。作为债权人，只能按照约定取得利息、收回本金，无权参与企业利润分配，无权管理企业，也不承担企业的任何经营风险，故风险小。

资料来源：成小鹏．浅议负债与所有者权益的本质区别［J］．科技信息，2006（12）．

2. 所有者权益的来源构成

所有者权益的来源包括所有者投入的资本、直接记入所有者权益的利得和损失、留存收益等。通常由实收资本（股本）、资本公积、其他综合收益、盈余公积和未分配利润等构成。

所有者投入的资本是指所有者投入企业的资本部分，包括实收资本（股本）和资本公积。实收资本是指投资者投入企业的资本，可以表现为货币财产或非货币财产。实收资本应等于企业的注册资本或股本。资本公积是企业收到投资者出资额超出其在注册资本或股本中所占份额的部分，即资本溢价或股本溢价。

直接记入所有者权益的利得和损失是指不应记入当期损益、会导致所有者权益发生增减变动的、与所有者投入资本或者向所有者分配利润无关的利得或者损失，主要包括其他综合收益。其他综合收益是指未在当期损益中确认的各项利得和损失。

留存收益是指企业历年实现的净利润留存于企业的部分，包括盈余公积和未分配利润。盈余公积是指企业按照有关规定从净利润中提取的积累资金。未分配利润是指企业实现的净利润，经过弥补亏损、提取盈余公积和向投资者分配利润后留存的历年利润余额。

3. 所有者权益的确认条件

所有者权益体现的是所有者在企业中的剩余权益，因此，它的确认主要依赖于资产和负债的确认，金额的确定也主要取决于资产和负债的计量。例如，企业接受投资者投入的资产，在该资产符合资产确认条件时，就相应地符合了所有者权益的确认条件；当该资产的价值能够可靠计量时，所有者权益的金额也就可以确定。

总之，资产、负债和所有者权益反映了企业某一特定日期拥有的经济资源及其应承担的经济责任，是直接关系到企业财务状况计量的因素，属于存量要素，是资金运动相对静止状态的表现。资产、负债和所有者权益构成资产负债表的基本框架，因此也称为资产负债表要素。

三、反映经营成果的会计要素

经营成果是企业在一定会计期间从事生产经营活动所取得的最终成果，是资金运动的动态表现。反映经营成果的会计要素包括收入、费用和利润三项。

（一）收入

收入是指企业在日常活动中形成的、会导致所有者权益增加的、与所有者投入资本无关的经济利益的总流入。

1. 收入的特征

（1）收入是企业在日常活动中形成的。日常活动是指企业为了完成其经营目标所从事的经常性活动以及与之相关的其他活动。例如，工业企业销售产品、服务企业提供服务、建筑企业提供建筑劳务等，均属于企业的日常经营活动。收入是在日常活动中产生的，而不是从偶发的交易或事项中产生。

利得是指企业在非日常活动中形成的、会导致所有者权益增加的、与所有者投入资本无关的经济利益的净流入。从两者的定义可以看出，收入和利得的主要区别在于：其一是否属于日常活动；其二有总流入与净流入之分。例如，企业销售商品、提供劳务等日常活动形成的经济利益总流入，应当确认为收入；企业处置固定资产、无形资产等非日常活动形成的经济利益净流入，应当记入利得。

【例2－5】甲公司发生以下业务，判断每笔业务是否应确认为收入，金额是多少？

（1）销售库存商品一批，售价10万元，其成本为6万元。

（2）企业将闲置的办公楼出租，租期3年，已收到本年租金30万元。

（3）将账面价值为8万元的商标权以20万元的价格转让给乙公司。

（4）因企业研发高新项目，政府奖励企业50万元。

分析：销售库存商品属于企业经常性活动，出租办公楼实质上也属于企业日常经营活动，两者形成的经济利益总流入应确认为收入。其中，销售商品应确认收入10万元，出租办公楼应确认本年收入30万元。

企业出售商标权、收到政府奖励均属于偶发性活动，并非企业的日常活动，应记入利得。其中，出售商标权形成的经济利益净流入应确认利得12万元（即20万元－8万元）；政府奖励形成的经济利益净流入应确认利得50万元。

（2）收入是经济利益的总流入。收入应当会造成经济利益的流入，从而导致资产的增加。例如，企业销售产品收到银行存款，经济利益流入企业，可以确认为企业的收入。但在实务中，经济利益的流入有时是所有者投入资本的增加所导致的，所有者投入资本应直接确认为所有者权益，不应该确认为收入。

（3）收入最终会导致所有者权益的增加。收入表现为资产的增加或负债的减少，或兼而有之，从而导致所有者权益的增加。反之，不会导致所有者权益增加的经济利益流入，因不符合收入定义，不应确认为收入。例如，企业从银行取得借款而导致经济利益流入，但该流入并不会导致所有者权益增加，反而是企业承担了现时义务，因而不能将其确认为实现收入，而应确认为负债的增加。

值得注意的是，收入仅指归属于本企业的经济利益的流入。收入只包括本企业经济利益的流入，不包括为第三方或客户代收的款项。例如，企业销售产品收到增值税、物业公司代收电费等，一方面增加企业的资产，另一方面增加企业的负债，但实质上不能增加企业的所有者权益，也不属于本企业的经济利益，不能作为本企业的收入。

2. 收入的分类

按照企业从事日常活动的性质，收入可以分为销售商品收入、提供劳务收入、让渡资产使用权的收入和建造合同收入等。

按照企业从事日常活动在企业的重要性，收入可以分为主营业务收入和其他业务收入。主营业务收入是指企业为完成其经营目标而从事主要经营活动所实现的收入，如工业企业销售产品的收入、服务企业提供服务的收入、建筑企业提供建筑劳务的收入等。其他业务收入是指企业除主营业务以外从事的其他业务活动所实现的收入，如工业企业销售材料收入、出租资产租金收入、运输服务收入等。

3. 收入的确认条件

企业收入的来源渠道多种多样，企业应当正确记录和反映与客户之间的合同产生的收入。企业应当在履行了合同中的履约义务，在客户取得相关商品控制权时确认收入。

（二）费用

费用是指企业在日常活动中发生的、会导致所有者权益减少的、与向所有者分配利润无关的经济利益的总流出。

1. 费用的特征

（1）费用是企业在日常活动中发生的。费用必须是企业日常活动中形成的，这些日常活动的界定与收入定义中涉及的日常活动的界定相一致。日常活动中产生的费用通常包括销售费用、管理费用、财务费用等。费用是在日常活动中发生的，而不是从偶发的交易或事项中产生。

损失是指企业在非日常活动中发生的、会导致所有者权益减少的、与向所有者分配利润无关的经济利益的净流出。从两者的定义可以看出，费用和损失的主要区别在于：其一是否属于日常活动；其二有总流出与净流出之分。例如，企业销售商品、提供劳务等日常活动形成的经济利益总流出，应当确认为费用；企业处置固定资产、无形资产等非日常活动形成的经济利益净流出，应当记入损失。

【例2－6】 甲公司发生以下业务，判断每笔业务是否应确认为费用，金额是多少？

（1）为了提高企业知名度，在当地电视台播出广告，广告费支出10万元。

（2）办公楼管道维修支出3万元。

（3）将账面价值为18万元的机器设备以15万元的价格出售给丙公司。

（4）向地震灾区捐款20万元。

分析：做广告、管道维修均属于企业日常经营活动，发生的经济利益总流出，应当确认为费用。其中，广告支出应确认费用10万元，管道维修支出应确认费用3万元。

出售机器设备、向地震灾区捐款均属于偶发性活动，并非企业的日常经营活动，应记入损失。其中，出售机器设备发生的经济利益净流出应确认损失3万元（即18万元－15万元）；向地震灾区捐款发生的经济利益净流出应确认损失20万元。

（2）费用是经济利益的总流出。费用的发生应当会导致经济利益的流出，从而导致资产的减少或负债的增加，其表现形式包括现金或者现金等价物的流出，存货、固定资产和无形资产等的流出或者消耗等。例如，企业以现金支付办公费、职工薪酬等，经济利益流出企业，可以确认为企业的费用。但在实务中，企业向所有者分配利润也会导致经济利益的流出，而该经济利益的流出属于所有者权益的抵减项目，不应确认为费用，应当属于利润分配。

（3）费用最终会导致所有者权益的减少。费用表现为资产的减少或负债的增加，或兼而有之，从而导致所有者权益的减少。反之，不会导致所有者权益减少的经济利益流出，不符合费用定义，不应确认为费用。例如，企业用银行存款清偿某项债务而导致经济利益流出，但该流出并不会导致所有者权益减少，反而是企业减少了负债，因而不能将其确认为发生费用，而应确认为负债的减少。

2. 费用的分类

费用主要指企业为取得营业收入进行产品销售等营业活动所发生的企业货币资金的流出，具体包括营业成本、税金及附加和期间费用。

营业成本是指企业为生产产品或提供劳务等发生的可归属于产品成本、劳务成本的费用，即所销售产品或所提供劳务的成本。按照企业从事日常活动在企业的重要性，营业成本分为主营业务成本和其他业务成本。主营业务成本是指企业销售商品、提供劳务等经常性活动所发生的成本。其他业务成本是指企业除主营业务活动以外的其他日常活动所发生的支出。

税金及附加是指企业经营活动应负担的相关税费，包括消费税、城市维护建设税、教育费附加、资源税、车船税、印花税等。

期间费用是指企业日常活动发生的不能记入特定核算对象的成本，而应记入发生当期损益的费用，即不记入成本直接记入当期损益的费用。期间费用包括销售费用、管理费用和财务费用。销售费用是指企业销售产品、提供劳务的过程中发生的各种费用。如广告费、销售商品发生的运输费、专设销售机构经费等。管理费用是指企业为组织和管理生产经营发生的各种费用。如办公费、公司经费、工会经费、业务招待费等。财务费用是指企业为筹集生产经营所需资金等而发生的筹资费用，如利息支出、银行结算手续费等。

3. 费用的确认条件

费用的确认除了应当符合定义外，还应当满足三个条件：一是与费用相关的经济利益应当很可能流出企业；二是经济利益流出企业的结果会导致资产的减少或负债的增加；三是经济利益的流出额能够可靠计量。

（三）利润

利润是指企业在一定会计期间的经营成果。利润反映了企业的经营业绩和获利能力，是评价企业管理层经营业绩的重要指标，也是投资者、债权人等作出投资决策、信贷决策的重要参考指标。

1. 利润的来源构成

利润主要来源于收入减去费用后的净额、直接记入当期利润的利得和损失等。其中，收入减去费用后的净额反映的是企业日常活动的业绩；直接记入当期利润的利得和损失反映的是企业非日常活动带来的变化。

利润包括营业利润、利润总额和净利润。营业利润是企业利润的主要来源。利润总额是指税前利润，即企业在缴纳所得税前一定时期经营活动的总成果。净利润是利润总额扣除所得税费用后的净额，也称为税后利润。

2. 利润的确认条件

利润反映的是收入减去费用、利得减去损失后的净额，因此，利润的确认主要依赖于收入、费用、利得和损失的确认，其金额的确定也主要取决于收入、费用、利得和损失金额的计量。

总之，收入、费用和利润反映了企业一定时期内的经营成果和盈亏状况，是直接关系到企业利润计量的要素，属于增量要素，是资金运动显著变动状态的主要体现。收入、费用和利润构成利润表的基本框架，因此也称为利润表会计要素。

四、会计要素的计量

会计要素的计量是为了将符合确认条件的会计要素登记入账，并列报于财务报表而确定其金额的过程。会计计量反映的是会计要素金额的确认基础，主要包括历史成本、重置成本、可变现净值、现值和公允价值等。

（一）历史成本

历史成本又称实际成本，是指取得或者制造某项财产物资时所实际支付的现金或者现金等价物。采用历史成本计量时，资产按照其购置时支付的现金或现金等价物的金额，或者按照购置时所付出的对价的公允价值计量。负债按照其因承担现时义务而实际收到的款项或者资产的金额，或者承担现时义务的合同金额，或者按照日常活动中为偿还负债预期需要支付的现金或者现金等价物的金额计量。

（二）重置成本

重置成本又称现行成本，是指按照当前市场条件，重新取得同样一项资产所需支付的现金或现金等价物金额。采用重置成本时，资产按照现在购买相同或者相似资产所需支付的现金或者现金等价物的金额计量。负债按照现在偿付该项债务所需支付的现金或者现金等价物的金额计量。

（三）可变现净值

可变现净值是指在生产经营的过程中，以预计售价减去进一步加工成本和销售所必需的预计税金、费用后的净值。采用可变现净值计量时，资产按照其正常对外销售所能收到现金或者现金等价物的金额，扣减该资产至完工时估计将要发生的成本、估计的销售费用以及相关的税费后的金额计量。

（四）现值

现值是指对未来现金流量以恰当的折现率进行折现后的价值，是考虑货币时间价值因素等的一种计量属性。采用现值计量时，资产按照预计从其持续使用和最终处置中所产生的未来净现金流入量的折现金额计量。负债按照预计期限内需要偿还的未来净现金流出量的折现金额计量。

（五）公允价值

公允价值是指市场参与者在计量日发生的有序交易中，出售一项资产所能收到或者转移一项负债所需支付的价格。

企业应当按照规定的会计计量属性进行计量，确认相关金额。我国企业会计准则规定，企业在对会计要素进行计量时，一般应当采用历史成本。采用重置成本、可变现净值、现值和公允价值计量的，应当保证所确定的会计要素金额能够取得并可靠计量。

第二节　会计等式

一、会计等式

会计等式又称会计恒等式、会计方程式或会计平衡公式，是表明会计要素之间基本关系的等式。会计等式揭示了会计要素之间本质的内在联系，是设置账户、复式记账和编制财务报表的理论依据，对于理解和掌握会计核算的基本方法，有重要的意义。

（一）静态会计等式

企业的资金运动具有相对静止状态和显著运动状态。在相对静止状态下，企业的资金表现为资金占用和资金来源两方面。资金占用的具体表现形式就是企业的各种资产。企业进行生产经营活动，必须拥有或控制一定数量和质量的资产。资金来源从根本上来说，基于两个方面：一是由企业所有者（投资人）投入；二是由企业向债权人借入。所有者和债权人将其拥有的资产提供给企业使用，就相应地对企业的资产享有一种要求权。所有者对投入资产的要求权称为所有者权益，债权人对借入资产的要求权称为债权人权益，即负债。

资产表明了企业拥有或控制的经济资源的存在和分布状况；负债和所有者权益则表明企业经济资源的取得和形成渠道。由此可见，资产和负债、所有权益实际是企业所拥有的经济资源在同一时点上所表现的不同形式。因此，资产和负债、所有者权益三者之间在数量上存在恒等关系，用公式表示为：

资产 = 负债 + 所有者权益

这一会计等式反映了企业在某一特定日期的财务状况，表明资金在静止状态下，资产、负债和所有者权益三者之间的平衡关系。该等式被称为财务状况等式、基本等式或静态会计等式，它是设置账户、复式记账以及编制资产负债表的理论依据，在会计核算体系中有着举足轻重的地位。

在会计实务中，通常把债权人权益和所有者权益统称为权益，因此，上面的基本会计等式也可以表示为：

资产 = 权益

（二）动态会计等式

如前所述，企业的资金运动具有相对静止状态和显著运动状态。在显著运动状态下，资金周而复始进行循环与周转。企业的各项资产经过一定时期的营运，生产出特定种类和数量的产品，产品销售后实现收入。同时，这一资金运动过程也会相应地发生各种费用。一定期间取得的收入扣除发生的费用后的余额，表现为企业的利润。收入大于费用时为盈利，收入小于费用时为亏损。因此，收入、费用和利润三者之间存在等量关系，用公式表示为：

收入 - 费用 = 利润

这一会计等式反映了企业在某一会计期间的经营成果，表明资金在运动状态下，收入、费用和利润三者之间的平衡关系。该等式被称为经营成果等式或动态会计等式，它是编制利润表的理论依据。

在实际工作中，由于收入不包括直接记入当期损益的利得，费用不包括直接记入当期损益的损失，所以收入减去费用，经过相关的利得和损失调整后，才等于利润。

（三）综合会计等式

如上所述，资产通过循环与周转能够实现收入，同时也会产生费用，而收入最终会导致所有者权益增加，费用最终会导致所有者权益减少，即企业实现收入会增加资产和所有者权益，发生费用会减少资产和所有者权益。因此，会计要素之间是有关联的，可以表示为：

资产 = 负债 + 所有者权益 +（收入 - 费用）

这一综合会计等式反映了企业的财务状况和经营成果之间的内在联系，表明了企业的经营成果最终会影响企业的财务状况。该等式综合了六项会计要素，是会计对象的公式化。会计期末，收入减去费用后形成利润，因此，上述等式也可表示为：

资产 = 负债 + 所有者权益 + 利润

利润按规定程序分配后，形成盈余公积和未分配利润，最终归入所有者权益，综合会计等式又还原为基本会计等式：

资产 = 负债 + 所有者权益

二、经济业务对会计等式的影响

企业在生产经营过程中，每天都会发生多种多样、错综复杂的经济业务。这些经济业务会引起各项会计要素发生增减变动，但并不影响资产与权益的恒等关系。

引起资产和权益发生变动的经济业务，可以归纳为以下四种类型：（1）引起资产与权益同时增加；（2）引起资产与权益同时减少；（3）引起资产内部之间此增彼减；（4）引起权益内部之间此增彼减。

【例 2－7】2020 年 1 月，A 公司发生以下经济业务：

（1）收到所有者投入的原材料，公允价值 500 000 元，材料已入库。

分析：该项经济业务使资产（原材料）增加 500 000 元，同时所有者权益（实收资本）也增加 500 000 元，即资产和权益同时增加。

结论：会计等式两边金额同时增加，增加金额相等，变动后等式仍保持平衡。

（2）用银行存款归还所欠 B 公司的货款 300 000 元。

分析：该项经济业务使资产（银行存款）减少 300 000 元，同时负债（应付账款）也减少 300 000 元，即资产和权益同时减少。

结论：会计等式两边金额同时减少，减少金额相等，变动后等式仍保持平衡。

（3）用银行存款 240 000 元购买一辆货车，货车已交付使用。

分析：该项经济业务使资产（固定资产）增加 240 000 元，同时资产（银行存款）减少 240 000 元，即资产内部发生增减变动。

结论：会计等式左边金额此增彼减，增减金额相等，变动后等式仍保持平衡。

（4）经协商，A 公司将所欠 C 公司的长期应付款 5 000 000 元转作对 A 企业的投资。

分析：该项经济业务使负债（长期应付款）减少 5 000 000 元，同时所有者权益（实收资本）增加 5 000 000 元，即权益内部发生增减变动。

结论：会计等式右边金额此增彼减，增减金额相等，变动后等式仍保持平衡。

从以上可以看出，无论企业发生哪一种经济业务，都不会破坏资产与权益之间的恒等关系。经济业务的四种类型，按基本会计等式“资产 = 负债 + 所有者权益”可以进一步细分为以下九种基本类型：（1）一项资产增加，另一项资产减少；（2）一项资产增加，一项负债增加；（3）一项资产增加，一项所有者权益增加；（4）一项资产减少，一项负债减少；（5）一项资产减少，一项所有者权益减少；（6）一项负债增加，另一项负债减少；（7）一项负债增加，一项所有者权益减少；（8）一项负债减少，一项所有者权益增加；（9）一项所有者权益增加，另一项所有者权益减少。

【例2－8】2020年1月，甲公司发生的经济业务资料如下：

（1）从银行提取现金1万元。

分析：该项经济业务使资产（库存现金）增加1万元，同时资产（银行存款）减少1万元，即等式左边资产内部此增彼减，资产总额不变，会计基本等式保持平衡。属于上述第（1）种业务类型。

（2）购入原材料5万元，货款尚未支付，材料已入库。

分析：该项经济业务使资产（原材料）增加5万元，同时负债（应付账款）也增加5万元，即等式两边资产和负债总额同时增加，会计基本等式保持平衡。属于上述第（2）种业务类型。

（3）收到投资者投入货币资金200万元，存入银行。

分析：该项经济业务使资产（银行存款）增加200万元，同时所有者权益（实收资本）也增加200万元，即等式两边资产和所有者权益总额同时增加，会计基本等式保持平衡。属于上述第（3）种业务类型。

（4）以银行存款偿还到期的半年期银行借款39万元。

分析：该项经济业务使资产（银行存款）减少39万元，同时负债（短期借款）也减少39万元，即等式两边资产和负债总额同时减少，会计基本等式保持平衡。属于上述第（4）种业务类型。

（5）经股东大会批准，用银行存款60万元退还某投资者投入的资本。

分析：该项经济业务使资产（银行存款）减少60万元，同时所有者权益（实收资本）也减少60万元，即等式两边资产和所有者权益总额同时减少，会计基本等式保持平衡。属于上述第（5）种业务类型。

（6）开出一张金额为27万元的商业汇票抵付之前欠B公司的材料款。

分析：该项经济业务使负债（应付票据）增加27万元，同时负债（应付账款）减少27万元，即等式右边负债内部一增一减，负债总额不变，会计基本等式保持平衡。属于上述第（6）种业务类型。

（7）宣布向投资者分配利润48万元。

分析：该项经济业务使负债（应付利润）增加48万元，同时所有者权益（未分配利润）减少48万元，即等式右边负债和所有者权益一增一减，负债和所有者权益总额不变，会计基本等式保持平衡。属于上述第（7）种业务类型。

（8）经与某商业银行协商，将欠银行的300万元长期借款转为银行对本公司的投资。

分析：该项经济业务使负债（长期借款）减少300万元，同时所有者权益（实收资本）增加300万元，即等式右边所有者权益和负债一增一减，负债和所有者权益总额不变，会计基本等式保持平衡。属于上述第（8）种业务类型。

（9）经批准，将资本公积50万元转增为实收资本。

分析：该项经济业务使所有者权益（实收资本）增加50万元，同时所有者权益（资本公积）减少50万元，即等式右边所有者权益内部一增一减，所有者权益总额不变，会计基本等式保持平衡。属于上述第（9）种业务类型。

将上述经济业务对应填入表2－1中。

表 2－1　　会计等式增减变动平衡表　　单位：万元

业务序号	基本经济业务类型		资产＝负债＋所有者权益			
			资产	负债	所有者权益	结论
(1)	资产＋	资产－	(＋1)(－1)			总额不变
(2)	资产＋	负债＋	(＋5)	(＋5)		总额增加
(3)	资产＋	所有者权益＋	(＋200)		(＋200)	总额增加
(4)	资产－	负债－	(－39)	(－39)		总额减少
(5)	资产－	所有者权益－	(－60)		(－60)	总额减少
(6)	负债＋	负债－		(＋27)(－27)		总额不变
(7)	负债＋	所有者权益－		(＋48)	(－48)	总额不变
(8)	负债－	所有者权益＋		(－300)	(＋300)	总额不变
(9)	所有者权益＋	所有者权益－			(＋50)(－50)	总额不变

综上所述，一项经济业务的发生，如果只是涉及资产或权益内部有关项目的有增有减，资产和权益的总额不会发生变化，会计基本等式将保持原有数额的平衡；如果经济业务的发生引起资产和权益双方同增同减，就会使资产和权益的总额产生变化，会计基本等式将按新的数额保持平衡。因此，无论涉及资产和权益的经济业务发生何种变化，都不会破坏会计基本等式的平衡关系。

第三节　会计要素与会计等式实训

实训目标

识记会计要素的定义，理解会计要素的特征，熟悉会计要素的分类，了解会计要素的计量基础。重点掌握会计基本等式，能够熟练分析各种经济业务的发生对会计等式的影响。

重要知识清单
一、会计要素
是对会计核算和监督的内容按照经济特征所作的基本分类，是会计对象的具体化。
二、反映财务状况的会计要素
资产：过去的交易或者事项形成的，由企业拥有或者控制的，预期会给企业带来经济利益的资源。 1. 特征：（1）企业拥有或控制的资源；（2）预期会给企业带来经济利益；（3）企业过去的交易或事项形成的。 2. 分类：流动资产和非流动资产。

续表

重要知识清单
负债：企业过去的交易或者事项形成的，预期会导致经济利益流出企业的现时义务。 1. 特征：（1）企业承担的现时义务；（2）预期会导致经济利益流出企业；（3）由企业过去的交易或事项形成的。 2. 分类：流动负债和非流动负债。
所有者权益：企业资产扣除负债后，由所有者享有的剩余权益。 1. 特征：（1）在经营期间一般无须偿还；（2）企业清算时，排在负债之后偿还；（3）能够参与企业利润的分配。 2. 构成：实收资本、资本公积、其他综合收益、盈余公积、未分配利润等。
三、反映经营成果的会计要素
收入：企业在日常活动中形成的、会导致所有者权益增加的、与所有者投入资本无关的经济利益总流入。 1. 特征：（1）企业在日常活动中形成的；（2）经济利益的总流入；（3）最终会导致所有者权益的增加。 2. 分类：主营业务收入和其他业务的收入。 注意区别：利得是指企业在非日常活动中形成的、会导致所有者权益增加的、与所有者投入资本无关的经济利益的净流入。
费用：企业在日常活动中发生的、会导致所有者权益减少的、与向所有者分配利润无关的经济利益总流出。 1. 特征：（1）企业在日常活动中形成的；（2）经济利益的总流出；（3）最终会导致所有者权益的减少。 2. 分类：营业成本、税金及附加、期间费用。 注意区别：损失是指企业在非日常活动中发生的、会导致所有者权益减少的、与向所有者分配利润无关的经济利益的净流出。
利润：是指企业在一定会计期间的经营成果。主要由营业利润、利润总额、净利润构成。
四、会计要素的计量
1. 历史成本：是指取得或者制造某项财产物资时所实际支付的现金或者现金等价物。 2. 重置成本：是指按照当前市场条件，重新取得同样一项资产所需支付的现金或现金等价物金额。 3. 可变现净值：是指在生产经营的过程中，以预计售价减去进一步加工成本和销售所必需的预计税金、费用后的净值。 4. 现值：是指对未来现金流量以恰当的折现率进行折现后的价值，是考虑货币时间价值因素等的一种计量属性。 5. 公允价值：是指市场参与者在计量日发生的有序交易中，出售一项资产所能收到或者转移一项负债所需支付的价格。
五、会计等式
1. 含义：又称会计恒等式、会计方程式或会计平衡公式，是表明会计要素之间基本关系的等式。 （1）静态会计等式：资产 = 负债 + 所有者权益 资产 = 权益 （2）动态会计等式：收入 - 费用 = 利润 （3）综合会计等式：资产 = 负债 + 所有者权益 +（收入 - 费用） 资产 = 负债 + 所有者权益 + 利润

续表

重要知识清单
2. 经济业务对会计基本等式的影响。 （1）引起资产与权益变化的四种经济业务类型： ①引起资产与权益同时增加；②引起资产与权益同时减少； ③引起资产内部之间此增彼减；④引起权益内部之间此增彼减。 （2）引起资产、负债和所有者权益变化的九种经济业务类型： ①一项资产增加，另一项资产减少； ②一项资产增加，一项负债增加； ③一项资产增加，一项所有者权益增加； ④一项资产减少，一项负债减少； ⑤一项资产减少，一项所有者权益减少； ⑥一项负债增加，另一项负债减少； ⑦一项负债增加，一项所有者权益减少； ⑧一项负债减少，一项所有者权益增加； ⑨一项所有者权益增加，另一项所有者权益减少。
重要结论：无论企业发生哪一种经济业务，都不会破坏资产与权益之间的恒等关系。

任务一　基础知识训练

一、单项选择题

1. 下列各项中，属于流动资产的是（　　）。

A. 预付账款　　B. 预收账款　　C. 无形资产　　D. 固定资产

2. 下列能引起资产和负债同时减少的业务是（　　）。

A. 购入原材料货款未付　　B. 向银行借入短期借款

C. 以银行存款偿还应付账款　　D. 收到投资者投入的设备

3. 下列经济业务中，不影响企业资产总额变化的是（　　）。

A. 收到客户所欠的货款　　B. 用库存商品抵偿债务

C. 向银行借入长期借款　　D. 以银行存款偿还应付货款

4. 下列各项中，不属于企业非流动资产的是（　　）。

A. 汽车　　B. 材料　　C. 厂房　　D. 专利权

5. 最基本的会计等式是（　　）。

A. 资产 - 负债 = 所有者权益　　B. 资产 - 所有者权益 = 负债

C. 资产 = 负债 + 所有者权益　　D. 资产 = 所有者权益 + 负债

6. 下列各项中，不符合资产定义及确认条件的是（　　）。

A. 正在建造的厂房　　B. 销售商品尚未收回的货款

C. 库存过期变质的产品　　D. 准备短期出租的机器设备

7. 下列等量关系不正确的是（　　）。

A. 资产 = 负债 + 所有者权益 + 利润

B. 资产 + 收入 = 负债 + 所有者权益 + 费用

C. 资产 + 费用 = 负债 + 所有者权益 + 收入

D. 资产 = 债权人权益 + 所有者权益

8. 下列经济事项不会增加企业收入总额的是（　　）。

A. 销售产品　　B. 提供劳务　　C. 出租固定资产　　D. 出售无形资产

9. 企业月初资产总额为 300 万元，本月发生下列经济业务：（1）购买原材料 20 万元，货款尚未支付；（2）收到应收账款 20 万元，存入银行；（3）用银行存款支付所欠职工薪酬 15 万元。月末，该企业负债及所有者权益总额是（　　）万元。

A. 305　　B. 365　　C. 325　　D. 350

10. 甲公司月初负债总额为 150 万元，本月预收某公司房租 15 万元存入银行，用银行存款偿还前欠购料款 20 万元，用银行存款缴纳应交增值税 10 万元，则月末负债总额是（　　）万元。

A. 155　　B. 135　　C. 140　　D. 120

11. 企业与银行协商后，将一笔短期借款展期两年后偿还，该业务表现为（　　）。

A. 一项资产增加，另一项资产减少　　B. 一项负债减少，另一项负债增加

C. 一项资产增加，一项负债增加　　D. 一项资产减少，一项负债减少

12. 企业月初资产总额为 60 万元，负债总额为 25 万元。本月取得收入共计 28 万元，发生费用 18 万元，不考虑其他因素，月末该企业的所有者权益总额是（　　）万元。

A. 85　　B. 35　　C. 10　　D. 45

二、多项选择题

1. 反映企业财务状况的会计要素有（　　）。

A. 资产　　B. 负债　　C. 所有者权益　　D. 利润

2. 下列项目属于所有者权益的有（　　）。

A. 实收资本　　B. 资本公积　　C. 盈余公积　　D. 未分配利润

3. 下列关于会计要素的表述，正确的有（　　）。

A. 是对会计对象的分类

B. 是对会计核算内容的分类

C. 反映企业的财务状况和经营成果

D. 有利于对不同经济业务事项进行确认、计量和报告

4. 关于“资产 = 负债 + 所有者权益”这一会计等式的表述中，正确的有（　　）。

A. 是会计恒等式，等量关系不受经济业务的影响

B. 是设置账户的理论依据，也是编制资产负债表的理论依据

C. 反映了企业在某一特定时点的财务基本状况

D. 反映了资金运动三个静态要素之间的内在联系

5. 企业取得收入的同时可能引起的变化有（　　）。

A. 资产增加　　B. 费用减少　　C. 负债减少　　D. 所有者权益增加

6. 企业发生费用可能会引起的变化有（　　）。

A. 资产减少　　B. 费用增加　　C. 负债增加　　D. 所有者权益减少

7. 下列经济业务不会引起权益总额发生增减变动的有（　　）。

A. 企业决定用税后利润的20%向投资者分配现金股利

B. 经批准，企业将资本公积的30%转增为实收资本

C. 经与债权人协商，企业将欠债权人的借款转为债权人对企业的投资

D. 企业按法定程序减少注册资本，用银行存款退还投资者的投资

8. 下列属于流动负债的有（　　）。

A. 短期借款　　B. 预收账款　　C. 应付股利　　D. 应付账款

9. 下列属于反映经营成果的要素有（　　）。

A. 所有者权益　　B. 利润　　C. 收入　　D. 费用

10. 下列属于企业资产的有（　　）。

A. 已签订购货合同，尚未购入的甲材料

B. 已经购买，尚在运输途中的乙材料

C. 已由生产车间领用，准备加工产品的丙材料

D. 已经出售，但购买方尚未提取的丁材料

11. 以下关于收入的表述正确的有（　　）。

A. 收入是企业日常活动中产生的经济利益总流入

B. 非日常活动产生的经济利益不属于收入

C. 只要所有者权益增加就属于收入

D. 收入会导致资产的增加或负债的减少

12. 下列各项中，属于企业费用的有（　　）。

A. 管理费用　　B. 销售费用　　C. 财务费用　　D. 营业外支出

三、判断题

1. 资产是由过去的交易或事项形成的，由企业拥有的经济资源，该资源预期会给企业带来经济利益。（　　）

2. “收入－费用＝利润”这一会计等式，是编制利润表的理论依据，也是复式记账法的基础。（　　）

3. 费用和损失都会导致企业的所有者权益减少。（　　）

4. 在历史成本法下，资产应按照其购置时实际支付的现金计量，负债应按照其承担现时义务的合同金额计量。（　　）

5. 债权人和投资者对企业的资产均有要求权，债权人的要求权称为“负债”或“债权人权益”，投资者的要求权称为“所有者权益”，两者统称为“权益”。（　　）

6. 引起企业权益内部一增一减的经济业务，企业资产总额不会发生变化。（　　）

7. 企业处置固定资产、无形资产取得的净收益属于利得。（　　）

8. 已无转让价值的专利权仍属于企业的资产。（　　）

9. 在会计要素中，实收资本和未分配利润均属于投资者投入企业的资本。（　　）

10. 所有者权益一般不需要偿还，除非发生减资、清算等。（　　）

11. 企业用银行存款购买某公司股票属于资产和所有者权益同时增加。（　　）

12. 营业成本、税金及附加和期间费用均属于费用。（　　）

任务二 专项实训

实训一 会计要素分类实训

实训目的：练习会计要素的分类。

实训资料：2020 年 8 月 31 日，甲公司的资产和权益状况如表 2－2 所示。

实训要求：根据上述资料，将每项内容的金额对应填入表 2－2。

表 2－2 甲公司资产、负债和所有者权益状况表

项目	金额		
	资产	负债	所有者权益
（1）企业的房屋及建筑物 380 000 元			
（2）出纳保管的现金 12 000 元			
（3）存放在银行的存款 150 000 元			
（4）应付给供应商的材料款 37 600 元			
（5）库存的各种原材料 25 000 元			
（6）生产车间的机器设备 42 000 元			
（7）生产车间尚未完工的产品 18 400 元			
（8）存放在仓库的完工产品 20 000 元			
（9）投资者投入的资本 480 000 元			
（10）需于半年后偿还的银行借款 200 000 元			
（11）生产产品的专利权 28 000 元			
（12）尚未收回的销售货款 22 000 元			
（13）企业持有的准备随时出售的股票 170 000 元			
（14）应付给职工的薪酬 61 000 元			
（15）资本公积 18 000 元			
（16）从利润中提取形成的盈余公积 25 000 元			
（17）预收购货单位订货款 36 000 元			
（18）应交未交的税金 15 400 元			
（19）预付购货单位的货款 32 600 元			
（20）以前年度累积的尚未分配的利润 27 000 元			
合 计			

实训二　会计要素与会计等式实训

实训目的：练习会计要素的确认及会计等式。

实训资料：2020 年 12 月 1 日，甲公司资产为 380 万元，负债为 180 万元，所有者权益为 200 万元。12 月份发生如下经济业务：

（1）从银行提取现金 2 万元。

（2）购入材料一批，价款 13.5 万元，货款尚未支付。

（3）接受乙公司投入的一台价值为 24.8 万元的机器设备。

（4）以银行存款 33 万元偿还短期借款。

（5）甲公司宣布向投资者分配利润 15 万元。

（6）以银行存款 30 万元退回某投资者投入的资本。

（7）经批准用资本公积 10 万元转为实收资本。

（8）经与银行协商，将一笔 45 万元的短期借款展期为两年后偿还。

（9）经与债权人丙公司协商，将应付丙公司账款 60 万元转为甲公司的资本。

实训要求：

分析各项经济业务涉及的会计要素及其增减变动情况，并计算甲公司 12 月 31 日的资产、负债和所有者权益总额，完成表 2－3。

表 2－3　　**会计基本等式增减变动平衡表**　　单位：万元

业务序号	基本经济业务类型		资产＝负债＋所有者权益		
			资产	负债	所有者权益
12 月 1 日资产、负债及所有者权益总额			380	180	200
（1）	资产＋	资产－			
（2）	资产＋	负债＋			
（3）	资产＋	所有者权益＋			
（4）	资产－	负债－			
（5）	资产－	所有者权益－			
（6）	负债－	负债＋			
（7）	负债－	所有者权益＋			
（8）	负债＋	所有者权益－			
（9）	所有者权益＋	所有者权益－			
12 月 31 日资产、负债及所有者权益总额					

实训三　经济业务与会计等式实训

实训目的：练习经济业务的类型及其对会计等式的影响。

实训资料 1：2020 年 5 月 1 日，甲公司有关资产、负债和所有者权益情况如表 2－4 所示。

表 2－4　　资产、负债和所有者权益余额表

2020 年 5 月 1 日　　单位：元

资　产	金　额	负债及所有者权益	金　额
库存现金	4 000.00	短期借款	180 000.00
银行存款	223 000.00	应付账款	50 000.00
应收账款	84 000.00	应付职工薪酬	100 000.00
库存商品	98 000.00	应交税费	20 000.00
固定资产	400 000.00	实收资本	500 000.00
无形资产	91 000.00	盈余公积	50 000.00
总　计	900 000.00	总　计	900 000.00

实训资料 2：甲公司 5 月份发生如下经济业务：

（1）购入 40 000 元的商品一批，货款未付。

（2）购买价值 60 000 元的商标权，款项已通过银行支付。

（3）向工商银行借入 1 年期借款 500 000 元，存入企业存款账户。

（4）以银行存款 30 000 元偿还所欠丁公司货款。

（5）收到乙公司投入汽车一辆，价值 230 000 元。

（6）收回丙公司前欠货款 24 000 元存入银行。

（7）从银行提取现金备用金 15 000 元。

（8）通过银行发放职工薪酬 100 000 元。

（9）通过银行缴纳各项税费 20 000 元。

实训要求：

（1）分析各项经济业务涉及的会计要素及其具体项目增减变动情况，完成表 2－5。

（2）计算 2020 年甲公司 5 月 31 日各项资产、负债和所有者权益的金额，完成表 2－6。

表 2－5　　资产、负债和所有者权益增减变动平衡表　　单位：元

业务序号	会计要素及具体项目实训目的增减变动					
	会计要素	具体项目	增减金额	会计要素	具体项目	增减金额
（1）						
（2）						
（3）						
（4）						
（5）						
（6）						
（7）						
（8）						
（9）						

表 2－6　资产、负债和所有者权益余额表

2020 年 5 月 31 日　　单位：元

资产	月初余额	月末余额	负债及所有者权益	月初余额	月末余额
库存现金			短期借款		
银行存款			应付账款		
应收账款			应付职工薪酬		
库存商品			应交税费		
固定资产			实收资本		
无形资产			盈余公积		
总　计			总　计		

第三章

账户和复式记账

知识目标

识记常用的会计科目，理解账户与会计科目的关系，熟悉借贷记账法的内容，重点掌握各类账户的结构，对简单的经济业务能够熟练编制会计分录，并会逐笔登记T型账户。

课前思考

会计语言的基本元素是会计要素，但在实际工作中，面对复杂多变的经济业务，仅用六项会计要素来表达是远远不够的。我们需要对会计要素做进一步分类，这种分类称之为会计科目。利用会计科目，采用一定的记账方法就可以核算经济业务了，我们来一起学习吧！

第一节 会计科目与账户

一、会计科目

（一）会计科目的概念

会计科目是对会计要素的具体内容进行分类核算的项目，是进行会计核算和提供会计信息的基础。会计要素是对会计对象的进一步分类，而会计要素的具体内容又具有不同的特点和作用，为了全面、系统地核算和监督各项经济业务，有必要对会计要素所反映的具体内容作进一步的分类，即设置会计科目。例如，对于房屋、建筑物、机器设备和运输工具等设置“固定资产”科目进行反映和监督；对于原材料、辅助材料、燃料等设置“原材料”科目进行反映和监督。

通过设置会计科目，可以分门别类地核算各项会计要素的具体内容，提供一系列具体、分类的指标，为企业内部经营管理者和外部使用者提供所需的会计信息。

在实务中，任何企业、行政和事业单位，开设账户、填制会计凭证、登记会计账簿、编制会计报表等日常会计核算，均要运用会计科目。会计科目是进行各项会计记录和提供会计信息的基础，在会计核算中具有重要意义。

（二）会计科目的设置原则

由于各企业经济业务活动的具体内容、规模大小与业务繁简程度等情况不尽相同，所以任何企业都需要设置一套适合自身特点的会计科目体系。设置会计科目应该遵循以下原则：

1. 合法性原则

合法性原则是指所设置的会计科目应当符合国家会计准则的规定。我国的会计科目是由财政部统一制定颁布的，主要是为了保证不同企业对外提供会计信息的可比性。企业应当按照会计准则中统一规定的会计科目，设置适合本企业的会计科目。

2. 相关性原则

相关性原则是指所设置的会计科目应为提供有关各方所需要的会计信息服务，满足对外报告和对内管理的需求。会计科目的设置应当为实现会计目标而服务，从满足会计信息相关性的要求出发，设置本企业所需要的会计科目。例如，为了满足会计信息使用者了解企业经营成果的需求，企业必须设置“主营业务收入”“主营业务成本”“管理费用”“销售费用”“本年利润”等科目，用来反映企业盈亏的形成。

3. 实用性原则

实用性原则是指所设置的会计科目应符合企业自身特点，满足企业实际需要。企业可以根据组织形式、所处行业、经营内容及业务种类等不同，自行增设、删减或合并某些会计科目。企业不存在的交易或事项，可以不设置相关科目。例如，有些生产企业可增设“自制半成品”科目核算半成品成本；企业预付账款业务不多的，可以不设“预付账款”科目，而通过“应付账款”科目核算。

（三）会计科目的分类

1. 按反映的经济内容分类

会计科目按其反映的经济内容进行分类是最基本的分类。根据会计要素的具体内容，会计科目可以划分为资产类科目、负债类科目、共同类科目、所有者权益类科目、成本类科目和损益类科目。企业常见的会计科目如表 3 – 1 所示。

表 3 – 1　　常用会计科目参照表（简表）

编号	会计科目名称	编号	会计科目名称
一、资产类		1601	固定资产
1001	库存现金	1602	累计折旧
1002	银行存款	1603	固定资产减值准备
1012	其他货币资金	1604	在建工程
1101	交易性金融资产	1606	固定资产清理
1121	应收票据	1701	无形资产
1122	应收账款	1702	累计摊销
1123	预付账款	1703	无形资产减值准备
1131	应收股利	1801	长期待摊费用
1132	应收利息	1901	待处理财产损溢
1221	其他应收款	二、负债类	
1231	坏账准备	2001	短期借款
1402	在途物资	2201	应付票据
1403	原材料	2202	应付账款
1405	库存商品	2203	预收账款
1411	周转材料	2211	应付职工薪酬
1511	长期股权投资	2221	应交税费

续表

编号	会计科目名称	编号	会计科目名称
2231	应付利息	5301	研发支出
2232	应付利润（股利）	六、损益类	
2241	其他应付款	6001	主营业务收入
2501	长期借款	6051	其他业务收入
2502	应付债券	6101	公允价值变动损益
2701	长期应付款	6111	投资收益
三、共同类		6112	其他收益
3101	衍生工具	6113	资产处置损益
3201	套期工具	6301	营业外收入
四、所有者权益类		6401	主营业务成本
4001	实收资本（或股本）	6402	其他业务成本
4002	资本公积	6403	税金及附加
4101	盈余公积	6601	销售费用
4103	本年利润	6602	管理费用
4104	利润分配	6603	财务费用
4202	其他综合收益	6701	资产减值损失
五、成本类		6702	信用减值损失
5001	生产成本	6711	营业外支出
5101	制造费用	6801	所得税费用

2. 按提供信息的详细程度分类

为了既能提供总括的会计核算指标，又能提供详细的会计核算指标，会计科目应分层次设置。同一会计科目纵向的层次关系，即为会计科目的级次，它们之间是总括与详细、统驭与从属的关系。会计科目按其提供指标的详细程度及其统驭关系，可分为总分类科目和明细分类科目。

（1）总分类科目。总分类科目亦称总账科目或一级科目，是对会计要素的具体内容进行总括分类，提供会计核算资料总括指标的科目。例如，“库存现金”“银行存款”“库存商品”“固定资产”“短期借款”“实收资本”等。

（2）明细分类科目。明细分类科目亦称明细科目或二级科目，是对总分类科目所作的进一步分类，提供会计核算资料详细、具体指标的科目。企业应根据经济管理的具体需要来设置明细分类科目。例如，“应收账款”“应付账款”“管理费用”等总分类科目需要设置明细科目。

在实际工作中，如果某一总分类科目所辖的明细分类科目较多，可在总分类科目下设置二级明细科目，在二级明细科目下设置三级明细科目，以此类推。例如，在“原材料”总分类科目下设置“原料及主要材料”“辅助材料”等二级明细科目，在“原料及主要材料”二级明细科目下分别设置“甲材料” “乙材料”等三级明细科目，进一步提供详细核算资料。

二、账户

（一）账户的概念

账户是根据会计科目设置的，具有一定格式和结构，用于分类反映会计要素增减变动情况及其结果的载体。设置账户是会计核算的重要方法之一。

会计科目仅仅解决了对会计要素具体内容分类的问题，它不能反映经济业务的发生所引起的会计要素各项目的增减变动情况和结果。也就是说，各项核算指标的具体数据资料，只有通过账户记录才能取得。因此，在设置会计科目后，还必须根据会计科目开设账户，以便对发生的经济业务进行连续、系统的记录，向各方提供有用的会计信息。

（二）账户的分类

同会计科目的分类相对应，账户可以根据其反映的经济内容、提供信息的详细程度进行分类。

账户按其所反映的经济内容可以分为资产类账户、负债类账户、共同类账户、所有者权益类账户、成本类账户和损益类账户。

账户按其提供信息的详细程度及其统驭关系分为总分类账户和明细分类账户。总分类账户又称一级账户，是根据总分类科目设置的，提供总括分类核算资料指标的账户，简称总账或一级账。明细分类账户是根据明细分类科目设置的，提供详细、具体核算资料指标的账户，简称明细账。按照明细程度的不同，又可分为二级明细、三级明细账户。

（三）账户的基本结构

账户是用来连续、系统、完整地记录企业经济活动的，必须具有一定的结构。企业各项经济业务发生引起的会计要素变动，从数量上看，不外乎增加和减少两种情况。因此，账户的结构相应地分为两部分，分别记录会计要素的增加额和减少额，增减相抵后的差额，称为余额，这就是账户的基本结构。

在实务中，账户的基本结构可用简化格式T型账户来表示，如图3－1所示。

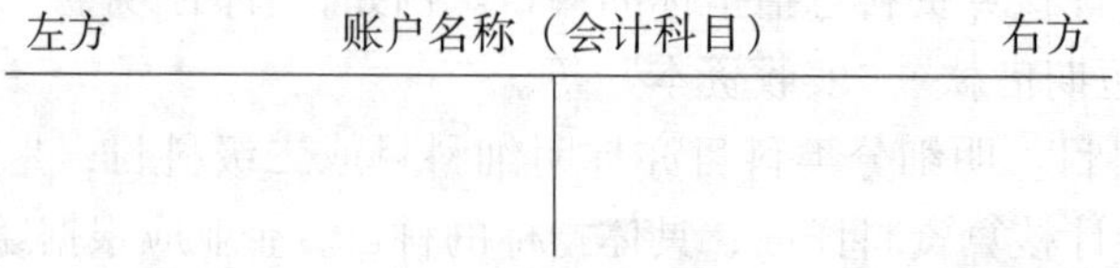

图3－1　T型账户结构

经济业务发生后，可将增加额与减少额登记在T型账户中。账户的左右两方，究竟哪一方登记增加数，哪一方登记减少数，取决于所采用的记账方法和该账户的性质。

账户中登记本期增加的金额，称为本期增加发生额；登记本期减少的金额，称为本期减少发生额；余额按照时间的不同，分为期初余额和期末余额。账户的本期期末余额转入下期即为下期的期初余额。账户的余额一般应与增加方一致。期初余额、本期增加发生额、本期减少发生额、期末余额之间的基本关系如下：

期末余额 = 期初余额 + 本期增加发生额 − 本期减少发生额

在实际工作中，为了详细反映经济业务事项的内容，账户除了反映“增加”“减少”和“余额”三项基本内容外，还应包括账户名称、记录经济业务的日期、所依据记账凭证的字号、经济业务摘要等内容，这样就形成了账户的一般格式，如表3－2所示。

表3－2　　账户名称　（会计科目）

年		记账凭证		摘　要	借　方	贷　方	借或贷	余　额
月	日	字	号					

（四）会计科目与账户的联系与区别

会计科目与账户的联系在于两者均是对会计要素内容所作的具体分类。会计科目是账户的名称，它具体界定了账户核算的内容，而账户是反映、记录经济业务内容的具体格式。两者性质相同，核算内容一致。

会计科目与账户又有区别。会计科目仅仅是账户的名称，本身不存在结构，而账户除名称外，还具有一定的结构和格式，用来记录经济业务的增减变化及结果。

总之，会计科目是设置账户的依据，账户是会计科目的具体应用。没有会计科目，账户失去了设置的依据；没有账户，就无法发挥会计科目的作用。由于两者的设置和所反映的经济内容是一致的，因此，在实际工作中，人们常常把会计科目作为账户的同义语，互相通用。

第二节　复式记账

在会计实务工作中，为了核算和监督会计对象的具体内容，企业应开设会计科目，设置相应的账户。但是，账户仅仅是记录经济业务的载体，要想在账户中全面、系统、完整地反映企业的经济业务，还需采用专门的记账方法。

记账方法是指根据记账原理和记账规则，以货币为主要计量单位，在账簿中登记各项经济业务的方法。按照记录经济业务方式的不同，记账方法可分为单式记账法和复式记账法。

一、单式记账法

单式记账法是指对发生的每项经济业务所产生的会计要素增减变动只在一个账户中进行记录的记账方法。它是一种简单、不完整的记账方法。在单式记账法下，通常只设置库存现金、银行存款和债权、债务账户，对发生的经济业务仅登记货币的收、付和债权、债务的结算业务，而对实物的收、付业务一般不作登记。例如，用银行存款 10 000 元购买原材料，只记录银行存款减少 10 000 元，而不记录原材料增加 10 000 元。

采用单式记账法，账户之间缺乏相互的对应关系，没有完整的账户体系，无法全面、系统地反映经济业务的来龙去脉，不便于检查账户记录的正确性和完整性，有很大的局限性。

二、复式记账法

复式记账法是指对发生的每一笔经济业务都必须以相等的金额同时在相互联系的两个或两个以上的账户中进行登记的记账方法。它的理论依据是会计基本等式“资产 = 负债 + 所有者权益”。

我国记账历史

复式记账法与单式记账法相比较，不但可以了解经济业务的来龙去脉，完整地反映经济活动的过程和结果，而且对记录的结果可以进行试算平衡，检查账户记录的正确性和完整性。

复式记账法包括借贷记账法、增减记账法和收付记账法。我国《企业会计准则——基本准则》规定，企业应当采用借贷记账法记账。

知识链接

借贷记账法的产生与发展

借贷记账法产生于 13 世纪形成的佛罗伦萨式簿记法。

13 世纪初，意大利佛罗伦萨银行的账户按照人名设置，反映债权、债务的清算。分录账采用垂直式账页，分为上下两个记账部位，上方为“借主”部位，登记债权；下方为“贷主”部位，登记债务。在办理转账业务时，收进的存款记在“贷主”部位，付出的存款记在“借主”部位。佛罗伦萨银行的记账方法明确地应用了“借”“贷”这对术语，已初步发挥记账符号的作用，为借贷记账法确定了历史性的名称。佛罗伦萨银行的记账方法被称为佛罗伦萨式簿记法，但它仅限于货币资金的借贷业务，尚处于借贷记账法的萌芽阶段。

13 世纪末到 14 世纪初，记账者们开始改进佛罗伦萨簿记法，出现了热那亚式簿记法。账户格式分成左右两方，分别表示借方和贷方。账簿记录从债权、债务扩展到财产物资的结算。

到了 15 世纪，账簿记录增加了经营损益账户和资本账户，热那亚式簿记法发展成为威尼斯式簿记。这时，为了求得记账的一致，对于非货币资金业务，也利用“借”“贷”二字说明经济业务的变化情况，“借”“贷”逐渐转化为借贷记账法的记账符号。

1494 年，意大利数学家卢卡·帕乔利的《簿记论》在威尼斯出版发行，从理论上较为详细地阐述了借贷记账法，建立了复式簿记的基本方程式“一个人的所有财物 = 其所有权益总值”。后来西方会计学家又提出“资产 = 负债 + 资本”的会计平衡方程式，成为借贷记账法的理论依据。

经历了三个世纪的发展变化，终于奠定了借贷记账法坚实、完善的理论基础。借贷记账法是一种科学的复式记账法，是国际通行的会计语言，被世界各国广泛采用。

资料来源：沈延仁．浅谈借贷记账法的产生与发展［J］．中国工会财会，1999（1）．

三、借贷记账法

借贷记账法是以“借”和“贷”作为记账符号，以“有借必有贷，借贷必相等”作为记账规则，全面记录经济业务增减变动及其结果的一种复式记账方法。其基本内容包括记账符号、账户结构、记账规则和试算平衡。

（一）记账符号

记账符号是会计上用来表示发生的经济业务所涉及的金额应记入有关账户左方或右方的符号。借贷记账法以“借”“贷”二字为记账符号，分别作为账户的左方和右方。“借”和“贷”只是纯粹的记账符号，代表账户的记账方向，“借”表示记入账户的左方，“贷”表示记入账户的右方。

（二）账户结构

借贷记账法下，账户的左方称为借方，账户的右方称为贷方。账户的借方和贷方反映相反的内容。如果一个账户的借方登记增加额，则贷方登记减少额；反之，贷方登记增加额，借方登记减少额。至于账户哪一方登记增加，哪一方登记减少，取决于账户的性质和反映的经济内容。不同性质的账户，其账户结构是不同的。账户的基本结构用 T 型账户表示，如图 3－2 所示。

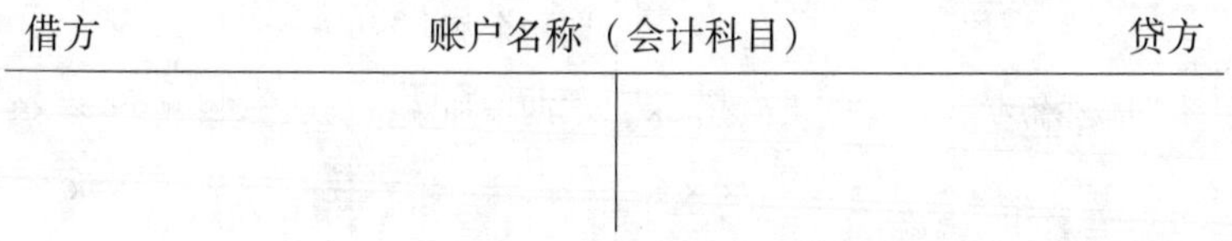

图 3－2　借贷记账法下 T 型账户结构

1. 资产类和成本类账户的结构

在借贷记账法下，资产类、成本类账户的借方登记增加额，贷方登记减少额，期末余额一般在借方。借方的增加额和贷方的减少额统称为本期发生额，本期的期末余额结转至下期，即为下期的期初余额。资产类、成本类账户的余额计算公式为：

期末借方余额 = 期初借方余额 + 本期借方发生额 - 本期贷方发生额

资产类和成本类账户的结构用 T 型账户表示，如图 3 - 3 所示。

借方	资产类和成本类账户		贷方
期初余额	×××		
本期增加额	×××	本期减少额	×××
	×××		×××
	…		…
本期发生额	×××	本期发生额	×××
期末余额	×××		

图 3 - 3　资产类和成本类账户结构

【例 3 - 1】 某企业库存原材料月初余额 70 000 元，本月分别购进两批原材料：一批价款为 80 000 元，一批价款为 50 000 元，月末库存结余原材料 90 000 元，则本月生产车间领用的原材料是多少？

分析：原材料属于企业的资产，本月生产车间领用的原材料就是减少的原材料，即本期贷方发生额。根据资产类账户余额的计算公式可得：

本期贷方发生额 = 期初余额 + 本期借方发生额 - 期末余额

领用的原材料 = 70 000 + (80 000 + 50 000) - 90 000 = 110 000（元）

2. 负债类和所有者权益类账户的结构

在借贷记账法下，负债类、所有者权益类账户与资产类账户相反，贷方登记增加额，借方登记减少额，期末余额一般在贷方。贷方的增加额和借方的减少额统称为本期发生额。负债类、所有者权益类账户的余额计算公式为：

期末贷方余额 = 期初贷方余额 + 本期贷方发生额 - 本期借方发生额

负债类和所有者权益类账户的结构用 T 型账户表示，如图 3 - 4 所示。

借方	负债类和所有者权益类账户		贷方
		期初余额	×××
本期减少额	×××	本期增加额	×××
	×××		×××
	…		…
本期发生额	×××	本期发生额	×××
		期末余额	×××

图 3 - 4　负债类和所有者权益类账户结构

【例3-2】某企业本月因购货形成应付账款390 000元，本月通过银行偿还欠款150 000元，月末应付账款余额为600 000元，则应付账款月初余额是多少？

分析：应付账款属于企业的负债，月初余额即期初余额。根据负债类账户余额的计算公式可得：

期初余额＝期末余额－本期贷方发生额＋本期借方发生额

应付账款月初余额＝600 000－390 000＋150 000＝360 000（元）

3. 损益类账户的结构

损益类账户包括计算利润时涉及的所有账户，按其反映的内容不同，分为收入类账户和费用类账户。会计期末，应将收入类、费用类账户的发生额全部结转到“本年利润”账户，用以计算当期利润，因此，损益类账户期末一般无余额。

企业取得收入最终会导致所有者权益增加，所以收入类账户的结构与所有者权益类账户类似，贷方登记增加额，借方登记减少额。本期收入净额在期末转入“本年利润”账户后无余额。收入类账户的结构用T型账户表示，如图3-5所示。

借方	收入类账户		贷方
本期减少额	×××	本期增加额	×××
	×××		×××
	…		…
本期发生额	×××	本期发生额	×××

图3-5 收入类账户结构

企业发生费用最终会导致所有者权益减少，所以费用类账户的结构与所有者权益类账户相反，借方登记增加额，贷方登记减少额。本期费用净额在期末转入“本年利润”账户后无余额。费用类账户的结构用T型账户表示，如图3-6所示。

借方	费用类账户		贷方
本期增加额	×××	本期减少额	×××
	×××		×××
	…		…
本期发生额	×××	本期发生额	×××

图3-6 费用类账户结构

（三）记账规则

借贷记账法要求对于发生的每一笔经济业务，都要在两个或两个以上相互联系的账户中以相等的金额进行记录，用以反映经济业务中资金运动的来龙去脉。借贷记账法的记账规则可以概括为“有借必有贷，借贷必相等”。

下面利用第二章中经济业务变动对会计等式影响的九种类型，对借贷记账法的记账规则加以说明。

【例3-3】2020年1月，甲公司发生的经济业务资料如下：

（1）从银行提取现金1万元。

分析：该项经济业务涉及“库存现金”和“银行存款”两个账户。“库存现金”账户增加应记入借方1万元，“银行存款”账户增加应记入贷方1万元，如图3-7所示。

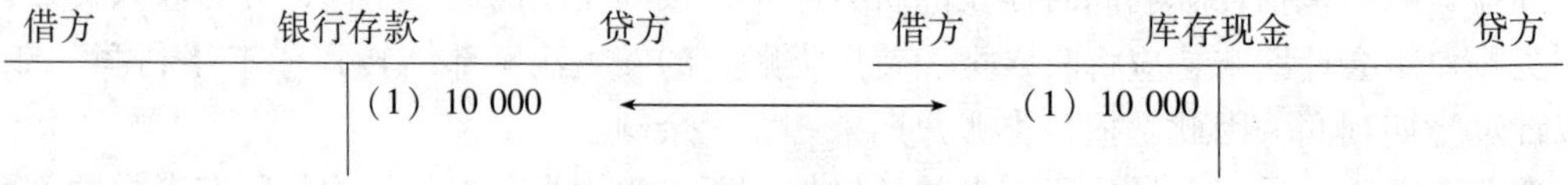

图3-7　提取现金

（2）购入原材料5万元，货款尚未支付，材料已入库。

分析：该项经济业务涉及“原材料”和“应付账款”两个账户。“原材料”账户增加应记入借方5万元，“应付账款”账户增加应记入贷方5万元，如图3-8所示。

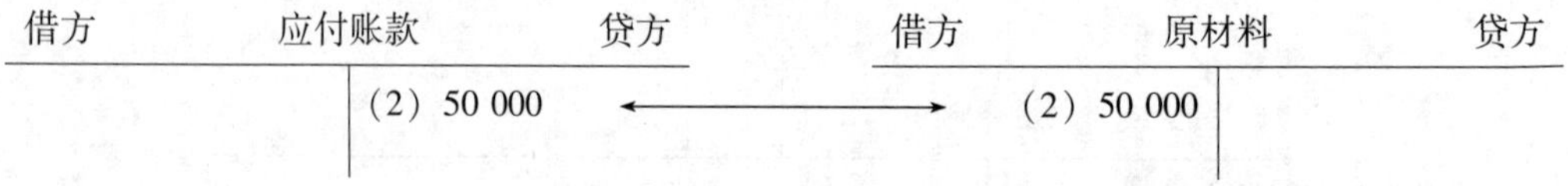

图3-8　赊购材料

（3）收到投资者投入货币资金200万元，存入银行。

分析：该项经济业务涉及“银行存款”和“实收资本”两个账户。“银行存款”账户增加应记入借方200万元，“实收资本”账户增加应记入贷方200万元，如图3-9所示。

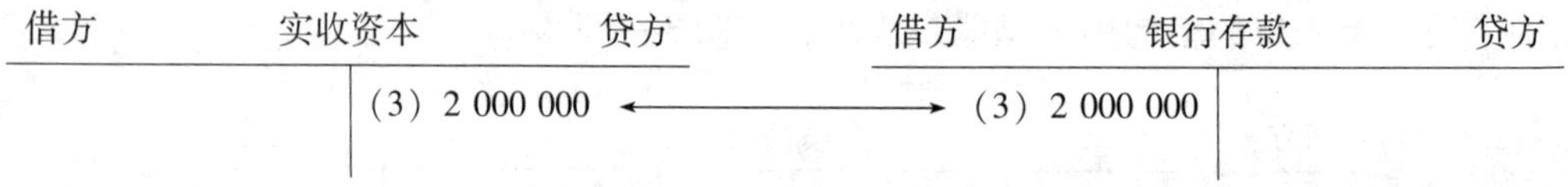

图3-9　收到资本金

（4）以银行存款偿还到期的半年期银行借款39万元。

分析：该项经济业务涉及“银行存款”和“短期借款”两个账户。“短期借款”账户减少应记入借方39万元，“银行存款”账户减少应记入贷方39万元，如图3-10所示。

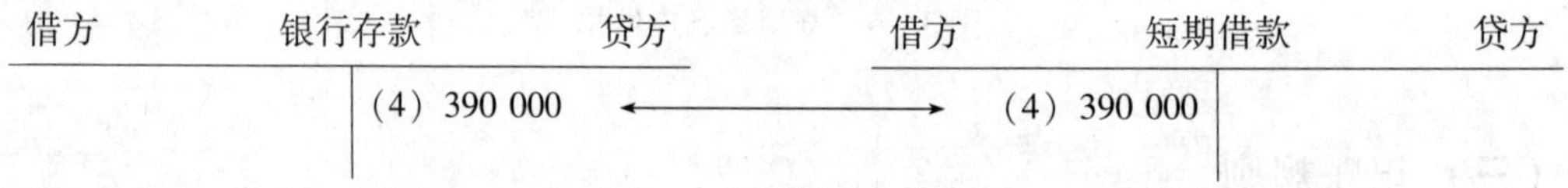

图3-10　偿还短期借款

（5）经股东大会批准，用银行存款60万元退还某投资者投入的资本。

分析：该项经济业务涉及“银行存款”和“实收资本”两个账户。“实收资本”账户减少应记入借方60万元，“银行存款”账户减少应记入贷方60万元，如图3－11所示。

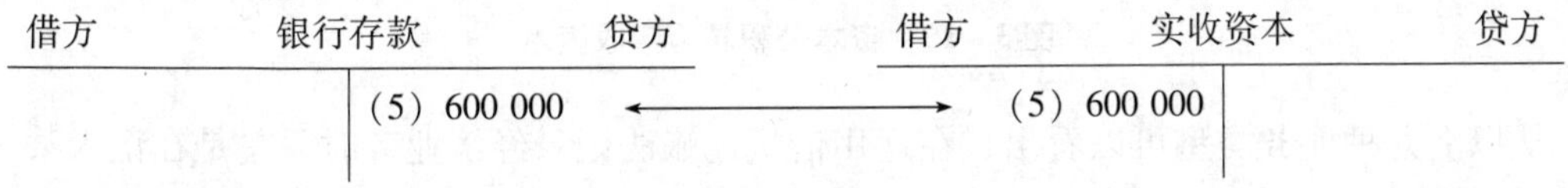

图3－11　退还资本金

（6）开出一张金额为27万元的商业汇票抵付之前欠B公司的材料款。

分析：该项经济业务涉及“应付票据”和“应付账款”两个账户。“应付账款”账户减少应记入借方27万元，“应付票据”账户增加应记入贷方27万元，如图3－12所示。

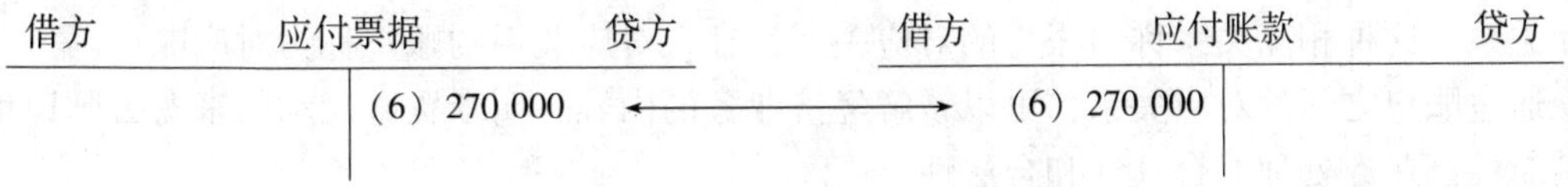

图3－12　应付账款转为应付票据

（7）宣布向投资者分配利润48万元。

分析：该项经济业务涉及“利润分配”和“应付利润”两个账户。“利润分配”账户减少应记入借方48万元，“应付利润”账户增加应记入贷方48万元，如图3－13所示。

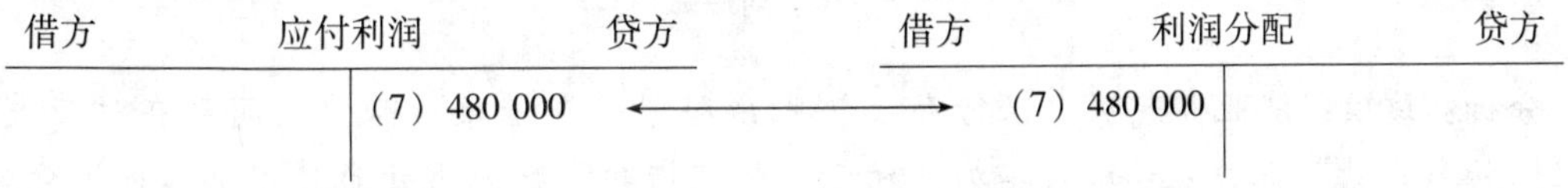

图3－13　宣告分配利润

（8）经与某商业银行协商，将欠银行的300万元长期借款转为银行对本公司的投资。

分析：该项经济业务涉及“长期借款”和“实收资本”两个账户。“长期借款”账户减少应记入借方300万元，“实收资本”账户增加应记入贷方300万元，如图3－14所示。

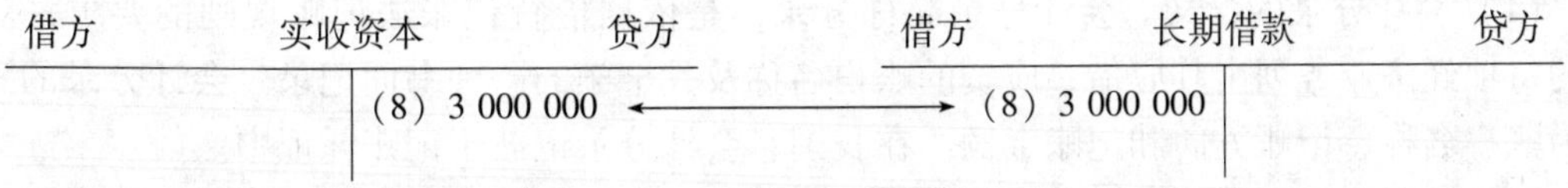

图3－14　长期借款转为实收资本

（9）经批准，将资本公积50万元转增为实收资本。

分析：该项经济业务涉及“实收资本”和“资本公积”两个账户。“资本公积”账户减少应记入借方50万元，“实收资本”账户增加应记入贷方50万元，如图3－15所示。

借方	实收资本	贷方	借方	资本公积	贷方
		(9) 500 000 →	(9) 500 000		

图 3-15　资本公积转为实收资本

从以上九种业务类型可以看出，在运用借贷记账法记录经济业务时，总是在记入某一账户借方的同时，相应地记入另一账户的贷方，并且记入账户借、贷方的金额相等，即遵循“有借必有贷，借贷必相等”的记账规则。

（四）账户的对应关系与会计分录

1. 账户的对应关系

在借贷记账法下，运用记账规则记录每笔经济业务时，相关账户之间形成了应借应贷的相互关系，这种相互关系称为账户的对应关系，存在对应关系的账户称为对应账户。

通过账户之间的对应关系，可以了解经济业务的内容，明晰资金运动的来龙去脉，也可以判断经济业务处理的合理性和合法性。

【例 3-4】甲公司发生某项经济业务，账户之间形成的对应关系如图 3-16 所示。

借方	长期借款	贷方	借方	银行存款	贷方
		500 000	5 000 000		

图 3-16　对应账户

分析：该项经济业务表明“银行存款”账户和“长期借款”账户之间存在对应关系。借记“银行存款”账户表示资产增加，贷记“长期借款”账户表示负债增加。通过分析可以知晓该项经济业务的内容：甲公司向银行借入长期借款 500 万元。

2. 会计分录

在借贷记账法下，对于发生的每一项经济业务，都应确定所涉及的账户及其对应关系。为了保证账户对应关系的正确性，应当根据经济业务所涉及的账户及其对应关系编制会计分录，然后再据以登记有关账户，提高账户记录的准确性。

（1）会计分录的含义。会计分录简称分录，是依据借贷记账法记账规则的要求，对发生的每项经济业务列出其应借、应贷的账户名称及其金额的一种书面记录。会计分录的三要素为账户名称、记账方向和记账金额。在我国，会计分录记载于记账凭证中。

（2）会计分录的编制。在运用记账规则编制会计分录时，一般应按以下步骤进行：第一，分析发生的经济业务，确定涉及的账户；第二，根据账户性质，确定应记入账户的借、贷方向；第三，根据记账规则，确定记入各账户的金额。

编写会计分录时应注意书写格式，先写借后写贷，借在上贷在下，分行列示。“借”和“贷”字后均加冒号，其后紧跟会计科目，各科目的金额列在其后适当位置，金额后面不必写“元”字。“贷”字与借方科目的首个文字对齐，贷方金额与借方金额适当错开。

【例 3-5】2020 年 1 月，甲公司发生以下经济业务，编制的会计分录如下：

（1）用银行存款140 000元购入一辆货车，货车已交付供应科。

借：固定资产 140 000
　　贷：银行存款 140 000

（2）用银行存款200 000元购入原材料，已验收入库。

借：原材料 200 000
　　贷：银行存款 200 000

（3）从银行借入短期借款300 000元。

借：银行存款 300 000
　　贷：短期借款 300 000

（4）收到投资者投入的一台设备，价值200 000元，设备已投入使用。

借：固定资产 200 000
　　贷：实收资本 200 000

（5）购入原材料150 000元，货款未付。

借：原材料 150 000
　　贷：应付账款 150 000

（6）从银行提取现金10 000元备用。

借：库存现金 10 000
　　贷：银行存款 10 000

（7）用银行存款支付职工薪酬180 000元。

借：应付职工薪酬 180 000
　　贷：银行存款 180 000

（8）用银行存款偿还前欠货款100 000元。

借：应付账款 100 000
　　贷：银行存款 100 000

（3）会计分录的分类。会计分录按照所涉及账户的多少，可分为简单会计分录和复合会计分录。简单会计分录是指仅在两个账户之间发生对应关系的分录，即一借一贷的会计分录。复合分录是指由两个以上对应账户组成的会计分录，包括一个借方账户和几个贷方账户对应，或一个贷方账户和几个借方账户对应，或几个借方账户和几个贷方账户对应，即一借多贷、多借一贷或多借多贷的会计分录。

【例3-6】甲公司发生以下经济业务，编制的会计分录如下：

（1）购入一批原材料，价款200 000元，其中用银行存款支付120 000元，余款尚未支付。

借：原材料 200 000
　　贷：银行存款 120 000
　　　　应付账款 80 000

（2）收到投资者投入的价值22万元的一台机器设备和价值28万元的一项专利权。

借：固定资产 220 000
　　无形资产 280 000
　　贷：银行存款 500 000

复合会计分录实际上是由若干简单会计分录组合而成的。在实际会计工作中，若发生的某项经济业务可能涉及编制复合会计分录时，不必分解为若干个简单会计分录。编制复合会计分录可以集中反映某项经济业务的全貌，简化会计分录的编制和登记账户的工作，提高会计工作效率。

值得注意的是，不能把不同经济业务合并在一起编制多借多贷的复合会计分录，这是因为账户之间的对应关系不明确，不能如实反映各项经济业务的实际情况。

（五）试算平衡

在会计期末，为了确保一定会计期间的账户记录准确无误，要对所有账户进行检查核对，即试算平衡。试算平衡是指根据借贷记账法的记账规则和“资产 = 负债 + 所有者权益”的恒等关系，检查账户记录是否正确的一种方法。

借贷记账法下，发生的每项经济业务都是依据“有借必有贷，借贷必相等”的记账规则进行记录，因此，某一会计期间所发生的经济业务全部登记入账后，所有总账账户的借方发生额和所有总账账户的贷方发生额必然相等。同时，期末结账后，所有总账账户的借方余额和所有总账账户的贷方余额也必然相等。试算平衡包括两个方面的试算平衡：

1. 发生额试算平衡

发生额试算平衡是指根据借贷记账法的记账规则来检查全部账户的本期借贷发生额是否相等的方法。其公式如下：

全部账户本期借方发生额合计 = 全部账户本期贷方发生额合计

2. 余额试算平衡

余额试算平衡是指根据“资产 = 负债 + 所有者权益”的恒等关系来检查所有账户的期末（初）借方余额合计和期末（初）贷方余额合计是否相等的方法。其公式如下：

全部账户期末(期初)借方余额合计 = 全部账户期末(期初)贷方余额合计

【例 3 – 7】 2020 年 1 月初，甲公司有关账户的余额如表 3 – 3 所示，本月发生的经济业务参见【例 3 – 5】。

表 3 – 3　　总分类账户期初余额表　　单位：元

账户名称	期初借方余额	账户名称	期初贷方余额
库存现金	10 000.00	短期借款	400 000.00
银行存款	640 000.00	应付账款	120 000.00
原材料	350 000.00	应付职工薪酬	180 000.00
固定资产	500 000.00	实收资本	800 000.00
合　计	1 500 000.00	合　计	1 500 000.00

甲公司根据【例 3 – 5】的会计分录登记 T 型账户，如图 3 – 17 ~ 图 3 – 24 所示。

库存现金

期初余额	10 000		
(6)	10 000		
本期发生额	10 000		
期末余额	20 000		

图 3-17　库存现金账户

银行存款

期初余额	640 000	(1)	140 000
		(2)	200 000
(3)	300 000	(6)	10 000
		(7)	180 000
		(8)	100 000
本期发生额	300 000	本期发生额	630 000
期末余额	310 000		

图 3-18　银行存款账户

原材料

期初余额	350 000		
(2)	200 000		
(5)	150 000		
本期发生额	350 000		
期末余额	700 000		

图 3-19　原材料账户

固定资产

期初余额	500 000		
(1)	140 000		
(4)	200 000		
本期发生额	340 000		
期末余额	840 000		

图 3-20　固定资产账户

短期借款

		期初余额	400 000
		(3)	300 000
		本期发生额	300 000
		期末余额	700 000

图 3－21　短期借款账户

应付账款

		期初余额	120 000
(8)	100 000	(5)	150 000
本期发生额	100 000	本期发生额	150 000
		期末余额	170 000

图 3－22　应付账款账户

应付职工薪酬

		期初余额	180 000
(7)	180 000		
本期发生额	180 000		
		期末余额	0

图 3－23　应付职工薪酬账户

实收资本

		期初余额	800 000
		(4)	200 000
		本期发生额	10 000
		期末余额	20 000

图 3－24　实收资本账户

根据各账户的期初余额、本期发生额和期末余额，编制总分类账户试算平衡表进行试算平衡，如表 3－4 所示。

表 3－4　　　　　　　　　　　总分类账户试算平衡表

2020 年 1 月 31 日　　　　　　　　　　　单位：元

账户名称	期初余额		本期发生额		期末余额	
	借方	贷方	借方	贷方	借方	贷方
库存现金	10 000		10 000		20 000	
银行存款	640 000		300 000	630 000	310 000	
原材料	350 000		350 000		700 000	
固定资产	500 000		340 000		840 000	
短期借款		400 000		300 000		700 000
应付账款		120 000	100 000	150 000		170 000
应付职工薪酬		180 000	180 000			0
实收资本		800 000		200 000		1 000 000
合计	1 500 000	1 500 000	1280 000	1 280 000	1 870 000	1 870 000

试算平衡只是通过借贷金额是否平衡来检查账户记录是否正确的一种方法。如果借贷双方发生额或余额不相等，可以肯定账户记录或计算有错误；如果借贷双方发生额或余额相等，可以表明账户记录基本正确，不能肯定记账无错误。这是因为有些错误并不影响借贷双方的平衡，这些错误通常有：

（1）漏记或重记某项经济业务，使本期借贷双方的发生额等额减少或增加，借贷仍然平衡；

（2）某项经济业务在记录时，借贷双方金额同时多记或少记相同金额，借贷仍然平衡；

（3）某项经济业务在记录时，颠倒了记账方向，借贷仍然平衡；

（4）某项经济业务记错有关账户，借贷仍然平衡；

（5）借方或贷方发生额中，偶然发生多记和少记并相互抵销，借贷仍然平衡。

由于试算平衡表不能检查出以上存在的错误，所以需要对一切会计记录进行日常或定期的复核，以保证账户记录的正确性。

第三节　总分类账与明细分类账的平行登记

一、总分类账和明细分类账的关系

如前所述，账户按其提供信息的详细程度和统驭关系不同，分为总分类账和明细分类账。

总分类账简称总账或一级账，能够提供总括的核算资料，是其所属明细分类账的统驭账户，对明细分类账起着控制的作用。明细分类账简称明细账或二级账、三级账，能够提供详细的核算资料，是总分类账的从属账户，对总分类账起着补充说明的作用。例如，某企业有甲、乙两种原材料，“原材料”总分类账总括的反映所有材料的增减变动情况，而“原材料”总分类账下“甲材料”“乙材料”明细分类账具体反映两种材料的增减变动情况。

由此可以看出，总账和明细账所记录的经济业务内容是一致的，只是提供数据资料的详细程度不同。

二、总分类账与明细分类账的平行登记

在会计核算中，对于发生的经济业务都要在有关的账户中进行登记。为了便于进行账户记录的核对，保证核算资料的完整性和正确性，总分类账与所属明细分类账应采取平行登记的方法。

平行登记是指对所发生的每项经济业务都要以会计凭证为依据，一方面记入有关的总分类账，另一方面记入所属明细分类账的方法。总分类账与明细分类账平行登记的要点如下：

（一）方向相同

企业发生的每一笔经济业务，登记总分类账及其所属明细分类账时，记账方向必须一致。即总分类账登记在借方，所属明细账也应登记在借方；相反，如果总分类账登记在贷方，所属明细账也应登记在贷方。

（二）金额相同

企业发生的每一笔经济业务，登记总分类账及其所属明细分类账时，记入总分类账的金额必须与记入其所属各明细分类账的金额合计数相等。

（三）期间相同

一项经济业务发生后，记入总分类账和所属明细分类账的具体时间可以有先后，但必须在同一会计期间内全部登记入账。同一会计期间一般指同一个月。

【例3－8】2020年4月1日，甲公司的“原材料”总分类账期初借方余额为80 000元，其中，A材料750公斤，每公斤80元，借方余额为60 000元；B材料400公斤，每公斤50元，借方余额为20 000元。“应付账款”总分类账期初贷方余额为95 000元，其中，乙公司期初贷方余额为55 000元；丙公司期初贷方余额为40 000元。

甲公司本月发生以下材料收发业务和与供应单位的结算业务，编制会计分录如下：

（1）6日，从丙公司购入A材料300公斤，每公斤80元，价款24 000元；购入B材料200公斤，每公斤50元，价款10 000元，原材料已验收入库，贷款尚未支付。

借：原材料——A材料　　24 000
　　　　　——B材料　　10 000
　贷：应付账款——丙公司　　34 000

（2）14日，以银行存款支付乙公司材料款30 000元，丙公司材料款20 000元。

借：应付账款——乙公司　　30 000

——丙公司　　20 000

贷：银行存款　　50 000

（3）20日，从乙公司购入B材料400公斤，每公斤50元，价款20 000元，材料已验收入库，货款暂欠。

借：原材料——B材料　　20 000

贷：应付账款——乙公司　　20 000

（4）25日，以银行存款支付乙公司材料款10 000元，丙公司材料款20 000元。

借：应付账款——乙公司　　10 000

——丙公司　　20 000

贷：银行存款　　30 000

（5）30日，生产车间生产产品累计领用材料56 000元。其中，领用A材料500公斤，每公斤80元，共计40 000元；领用B材料320公斤，每公斤50元，共计16 000元。

借：生产成本　　56 000

贷：原材料——A材料　　40 000

——B材料　　16 000

根据甲公司月初余额资料和发生业务的会计分录，在“原材料”和“应付账款”两个总分类账及其所属明细分类账中进行平行登记。“原材料”总分类账与明细账登记如表3－5～表3－7所示。“应付账款”总分类账与明细账登记如表3－8～表3－10所示。

表3－5　　原材料总分类账　　单位：元

2020年		凭证号数	摘　要	借　方	贷　方	借或贷	余额
月	日						
4	1		期初余额			借	80 000.00
	6	（略）	购入材料	34 000.00		借	114 000.00
	20		购入材料	20 000.00		借	134 000.00
	30		生产产品领用材料		56 000.00	借	78 000.00
	30		本月合计	54 000.00	56 000.00	借	78 000.00

表3－6　　原材料明细分类账

明细账户名称：A材料

2020年		凭证号数	摘　要	收　入			发　出			结　存		
月	日			数量（公斤）	单价（元）	金额（元）	数量（公斤）	单价（元）	金额（元）	数量（公斤）	单价（元）	金额（元）
4	1		期初余额							750	80.00	60 000
	6	（略）	购入材料	300	80.00	24 000				1 050	80.00	84 000
	30		生产产品领用				500	80.00	40 000	550	80.00	44 000
	30		本月合计	300	80.00	24 000	500	80.00	40 000	550	80.00	44 000

表 3－7

原材料明细分类账

明细账户名称：B 材料

单位：公斤，元

2020 年		凭证号数	摘　要	收　入			发　出			结　存		
月	日			数量（公斤）	单价（元）	金额（元）	数量（公斤）	单价（元）	金额（元）	数量（公斤）	单价（元）	金额（元）
4	1		期初余额							400	50.00	20 000
	6	（略）	购入材料	200	50.00	10 000				600	50.00	30 000
	20		购入材料	400	50.00	20 000				1 000	50.00	50 000
	30		生产产品领用				320	50.00	16 000	680	50.00	34 000
	30		本月合计	600	50.00	30 000	320	50.00	16 000	680	50.00	34 000

表 3－8

应付账款总分类账

单位：元

2020 年		凭证号数	摘　要	借　方	贷　方	借或贷	余　额
月	日						
4	1		期初余额			贷	95 000.00
	6	（略）	购入原材料，货款未付		34 000.00	贷	129 000.00
	14		偿还货款	50 000.00		贷	79 000.00
	20		购入原材料，货款未付		20 000.00	贷	99 000.00
	25		偿还货款	30 000.00		贷	69 000.00
	30		本月合计	80 000.00	54 000.00	贷	69 000.00

表 3－9

应付账款明细分类账

账户名称：乙公司

单位：元

2020 年		凭证号数	摘　要	借　方	贷　方	借或贷	余　额
月	日						
4	1		期初余额			贷	55 000.00
	14	（略）	偿还货款	30 000.00		贷	25 000.00
	20		购入原材料，货款未付		20 000.00	贷	45 000.00
	25		偿还货款	10 000.00		贷	35 000.00
	30		本月合计	40 000.00	20 000.00	贷	35 000.00

表 3－10　　应付账款明细分类账

账户名称：丙公司　　单位：元

2020 年		凭证号数	摘　要	借方	贷方	借或贷	余　额
月	日						
4	1		期初余额			贷	40 000.00
	6	（略）	购入材料，货款未付		34 000.00	贷	74 000.00
	14		偿还货款	20 000.00		贷	54 000.00
	25		偿还货款	20 000.00		贷	34 000.00
	30		本月合计	40 000.00	34 000.00	贷	34 000.00

由上例可以看出，“原材料”总分类账的本期借方、贷方发生额分别与其所属甲材料、乙材料明细账本期借方、贷方发生额之和相等。“原材料”总分类账的期末（期初）借方余额与其所属甲材料、乙材料明细账期末（期初）借方余额之和相等；“应付账款”总分类账与其所属各明细分类账也是如此。

通过平行登记可知，总分类账与其所属明细分类账之间存在着必然的数量关系，用公式表示如下：

总分类账期初借方（贷方）余额＝所属明细账期初借方（贷方）余额之和

总分类账本期借方（贷方）发生额＝所属明细分类账本期借方（贷方）发生额之和

总分类账期末借方（贷方）余额＝所属明细账期末借方（贷方）余额之和

在会计核算工作中，运用上述等量关系，可以采用相互核对的方法来检查账簿记录的正确性。如果总账及其明细账有关数字不等，表明账簿登记有差错，应及时查明原因，加以更正，从而保证账簿记录准确、无误。

第四节　账户和复式记账实训

实训目标

识记常用的会计科目，理解账户与会计科目的关系，熟悉借贷记账法的内容，重点掌握各类账户的结构，对简单的经济业务能够熟练编制会计分录，并会逐笔登记 T 型账户。

重要知识清单
一、会计科目
1. 含义：会计科目是对会计要素的具体内容进行分类核算的项目。 2. 分类：（1）按会计要素分为资产类、负债类、所有者权益类、成本类、损益类、共同类。 （2）按提供信息的详细程度不同分为总分类科目、明细分类科目。

续表

重要知识清单
二、会计账户
1. 含义：根据会计科目设置的，具有一定格式和结构，用于分类反映会计要素增减变动情况及其结果的载体。 2. 账户的基本结构：增加、减少、余额。 3. 分类：（1）按会计要素分为资产类、负债类、所有者权益类、成本类、损益类、共同类账户。 （2）按提供信息的详细程度不同分为总分类账户、明细分类账户。
三、借贷记账法
1. 记账符号：借和贷。 2. 账户结构：资产类、成本类、损益类的费用类借方记增加，贷方记减少；负债类、所有者权益类、损益类的收入类贷方记增加，借方记减少。 3. 记账规则：有借必有贷，借贷必相等。 4. 账户的对应关系：总账之间形成的应借、应贷的关系。存在对应关系的账户，称为对应账户。 5. 会计分录：对发生的经济业务事项，指明应记入的账户、应借、应贷方向及金额的记录，简称分录。 6. 试算平衡：是指利用借贷发生额平衡的原理和“资产 = 负债 + 所有者权益”的平衡关系，检查账户记录是否正确的一种方法，包括发生额试算平衡法和余额试算平衡法。
四、平行登记
1. 含义：对所发生的每项经济业务都要以会计凭证为依据，一方面记入有关的总分类账，另一方面记入所属明细分类账的方法。 2. 要点：方向相同、金额相同、期间相同。

任务一　基础知识训练

一、单项选择题

1. 会计科目是（　　）。

A. 账簿名称　　B. 账户名称　　C. 会计要素名称　　D. 会计报表项目名称

2. 下列会计科目中属于损益类的是（　　）。

A. 生产成本　　B. 预收账款　　C. 制造费用　　D. 所得税费用

3. 关于借贷记账法，下述说法正确的是（　　）。

A. 借、贷二字的含义表示“债权”“债务”

B. 每个账户的借方发生额必然等于贷方发生额

C. 账户的左方为借方，右方为贷方

D. 账户的借方登记增加额，贷方登记减少额，余额在借方

4. “预付账款”账户的期末余额等于（　　）。

A. 期初余额 − 本期借方发生额 + 本期贷方发生额

B. 期初余额 + 本期借方发生额 − 本期贷方发生额

C. 期初余额 + 本期借方发生额 + 本期贷方发生额

D. 期初余额 - 本期借方发生额 + 本期贷方发生额

5. 某公司月初有短期借款 40 万元，本月向银行借入短期借款 45 万元，以银行存款偿还短期借款 20 万元，则月末“短期借款”账户的余额是（　　）万元。

A. 借方 65　　B. 贷方 65　　C. 借方 15　　D. 贷方 15

6. 关于借贷记账法下，账户借贷双方登记的内容，下列说法正确的是（　　）。

A. 借方反映资产、负债、所有者权益、收入、费用的增加，贷方则反之

B. 借方反映资产、收入增加，负债、所有者权益、费用减少，贷方则反之

C. 借方反映资产、成本、费用增减，贷方反映负债、所有者权益、收入增减

D. 借方反映资产、成本、费用增加，负债、所有者权益、收入减少，贷方则反之

7. 下列不属于复式记账法的是（　　）。

A. 借贷记账法　　B. 增减记账法　　C. 单式记账法　　D. 收付记账法

8. 会计科目按照提供核算指标的详细程度，可以分为（　　）。

A. 总分类账户和一级账户　　B. 总分类账户和明细分类账户

C. 明细分类账户和二级账户　　D. 主要科目和次要科目

9. 在借贷记账法下，下列账户本期增加的金额应记入贷方的是（　　）。

A. 制造费用　　B. 预付账款　　C. 主营业务收入　　D. 主营业务成本

10. 账户分为借贷两方，哪一方记增加，哪一方记减少，取决于（　　）。

A. 记账规则　　B. 记账方法

C. 核算方法　　D. 账户的性质和经济内容

11. 下列错误，能通过试算平衡表查找的是（　　）。

A. 某项经济业务未入账　　B. 某项经济业务重复记账

C. 应借应贷账户中借贷金额不等　　D. 应借应贷账户中借贷方向颠倒

12. 甲公司“库存商品”总账本期借方发生额为 16 000 元，本期贷方发生额为 15 000 元，其所属明细账的发生额分别为：甲产品本期借方发生额 3 500 元，贷方发生额 4 500 元；乙产品本期借方发生额 10 500 元，贷方发生额 9 000 元。由此可以得知，丙产品（　　）。

A. 本期借方发生额 13 500 元，本期贷方发生额 14 000 元

B. 本期借方发生额 2 000 元，本期贷方发生额 1 500 元

C. 本期借方发生额 1 000 元，本期贷方发生额 2 000 元

D. 因不知各账户期初余额，故无法计算

二、多项选择题

1. 下列有关会计科目的表述，正确的有（　　）。

A. 会计科目是对会计对象的基本分类

B. 会计科目是对会计要素具体内容的进一步分类

C. 会计科目由财政部统一制定颁布

D. 会计科目是进行会计核算的基本依据

2. 账户的特点可归纳为（　　）。

A. 按相反方向记录增加额和减少额　　B. 上期的期末余额就是本期期初余额

C. 账户的余额一般与增加方同方向　　　D. 本期增加额和减少额统称本期发生额

3. 关于借贷记账法的说法，正确的有（　　）。

A. 采用“借”“贷”作为记账符号

B. 以会计等式“资产 = 负债 + 所有者权益”作为理论依据

C. 记账规则是“有借必有贷，借贷必相等”

D. 是我国会计核算的法定记账方法

4. 经与银行协商，企业将一笔短期借款500 000元延期两年后偿还，该项经济业务应编制的会计分录为（　　）。

A. 借记“长期借款”50 000元　　　B. 贷记“长期借款”50 000元

C. 借记“短期借款”50 000元　　　D. 贷记“短期借款”50 000元

5. 某项经济业务发生后，如果借方是资产类账户，则对应账户可能为（　　）。

A. 资产账户　B. 负债账户　C. 所有者权益账户　D. 费用账户

6. 会计分录分为（　　）。

A. 单式会计分录　B. 混合会计分录　C. 简单会计分录　D. 复合会计分录

7. 企业收到投资者投入运输车辆，价值28万元，下列说法正确的有（　　）。

A. 借记“固定资产”28万元　　　B. 贷记“实收资本”28万元

C. 贷记“固定资产”28万元　　　D. 借记“实收资本”28万元

8. 关于损益类科目的说法，正确的有（　　）。

A. 收入类科目的增加额记入贷方　　　B. 费用类科目的增加额记入借方

C. 期末无余额　　　D. 年末应结转至“本年利润”科目

9. 试算平衡的理论依据有（　　）。

A. 记账规则　B. 资金运动规律　C. 会计账户结构　D. 资产 = 权益

10. 通过试算平衡，无法发现的记账错误有（　　）。

A. 漏记某项经济业务　　　B. 重复登记某项经济业务

C. 颠倒借贷记账方向　　　D. 用错会计科目

11. 总账与明细账平行登记的要点包括（　　）。

A. 所属会计期间一致

B. 所依据的会计凭证相同

C. 记入总账的金额与记入明细账金额合计相等

D. 登记方向相同

12. 年末结账后，下列会计科目中，一定没有余额的有（　　）。

A. 管理费用　B. 投资收益　C. 税金及附加　D. 主营业务收入

三、判断题

1. 如果明细科目较多，可以在总分类科目下设置二级或三级明细科目。（　　）

2. “制造费用”账户属于费用类账户，期末一般没有余额。（　　）

3. 平行登记中的期间相同是指同一时间登记总账和所属明细账。（　　）

4. 总账与明细账之间的关系称为对应关系。（　　）

5. 编制试算平衡表时，如果试算不平衡，则账户记录或计算一定有错误；如果试算平

衡，可大体推断账户记录正确，但不能绝对肯定账户记录无误。（　　）

6. 企业可以将不同的经济业务合并在一起，编制多借多贷的复合会计分录。（　　）

7. 成本类、费用类账户结构相同，期末余额在借方。（　　）

8. 权益类账户期末余额 = 期初余额 + 本期借方发生额 − 本期贷方发生额。（　　）

9. 通常，期末有余额的账户，其余额方向应与账户的增加额方向一致。（　　）

10. 复式记账法下，对于每一笔经济业务，都要在两个相互联系的账户中进行登记，系统地反映资金运动变化结果。（　　）

11. T 型账的结构中，左方代表借方，右方代表贷方。（　　）

12. 会计分录的三要素是指会计科目、记账方向和记账金额。（　　）

任务二　专项实训

实训一　会计科目实训

实训目的：练习会计科目的使用。

实训资料：A 公司部分经济内容如表 3 – 11 所示。

实训要求：根据资料所列经济内容，分别判定其所属会计科目，填入表 3 – 11 中。

表 3 – 11　　经济内容与会计科目对应表

序号	经 济 内 容	所属会计要素	所属科目类别	所属会计科目
1	办公大楼、机器设备、汽车			
2	库存各种主料、辅助材料			
3	企业拥有的专利权、商标权			
4	应付给职工的工资、津贴、奖金			
5	库存完工待售的产品			
6	出纳保管的现金			
7	借款期限为一年的银行借款			
8	存入开户银行的款项			
9	应收购货单位货款			
10	投资者投入的资本金			
11	正在车间加工的产品			
12	应付供应单位的款项			
13	本年实现的利润			
14	借款发生的利息费用			
15	行政部门发生的办公费			
16	销售商品发生的运输费			

续表

序号	经济内容	所属会计要素	所属科目类别	所属会计科目
17	销售商品实现的收入			
18	促销发生的广告展览费			
19	应缴纳的各种税费			
20	已售商品的成本			
21	出售材料实现的收入			
22	应付给投资者的利润			
23	从税后利润中提取的公共积累			

实训二　设置账户实训

实训目的：练习资产、负债和所有者权益账户的结构。

实训资料：某企业某年5月初部分账户资料如表3－12所示。

实训要求：根据账户结构，计算表格中空格的数据，并填入空格。

表3－12　　资产、负债和所有者权益账户的结构　　单位：元

账户名称	期初余额		本期发生额		期末余额	
	借方	贷方	借方	贷方	借方	贷方
银行存款	200 000		500 000	120 000	(　　)	
原材料	500 000		(　　)	400 000	900 000	
预付账款	(　　)		75 000	113 000	23 500	
固定资产	800 000			(　　)	320 000	
短期借款		628 000	200 000	360 000		(　　)
应付账款		(　　)	286 000	400 000		680 000
实收资本		1 500 000		(　　)		2 300 000
本年利润		180 000	(　　)	620 000		432 000

实训三　账户对应关系实训

实训目的：练习账户的对应关系。

实训资料：甲公司2020年6月有关经济业务记录在下列T型账户中。

实训要求：根据图3－25～图3－30，说明每笔经济业务的内容，填入表3－13中。

借　银行存款	贷
①800 000	①180 000
	④102 000

图3－25

借　原材料	贷
②280 000	

图3－26

借　固定资产	贷
③620 000	

图3－27

借	短期借款　贷
	①800 000

图 3－28

借	应付账款　贷
④1 020 000	②1 000 000

图 3－29

借	实收资本　贷
	③620 000

图 3－30

表 3－13　　经济业务内容记录

业务序号	对应的会计分录	对应的经济业务内容
①		
②		
③		
④		

实训四　会计分录与试算平衡实训

实训目的：练习会计分录和试算平衡表的编制。

实训资料 1：A 公司 2020 年 5 月 31 日有关科目期初余额如表 3－14 所示。

表 3－14　　科目期初余额表　　单位：元

会计科目	借方余额	会计科目	贷方余额
银行存款	860 000. 00	短期借款	550 000. 00
应收账款	620 000. 00	应付账款	332 000. 00
原材料	366 000. 00	应付职工薪酬	214 000. 00
固定资产	650 000. 00	实收资本	1 400 000. 00
合　　计	2 496 000. 00	合　　计	2 496 000. 00

实训资料 2：2020 年 6 月发生下列经济业务：

（1）购入原材料，价款 128 000 元，材料已入库，款项尚未支付。

（2）用银行存款归还到期的短期借款 250 000 元。

（3）收回客户所欠货款 380 000 元，存入银行。

（4）收到投资者投入的设备，公允价值为460 000元。

（5）用银行存款支付欠供应商的材料款300 000元。

（6）用银行存款购入原材料20 000元，材料已入库。

（7）用银行存款发放职工薪酬214 000元。

（8）向银行借入期限为一年的借款300 000元。

实训要求：

（1）根据上述资料编制相关的会计分录，并填入表3－15中。

表3－15　　经济业务会计分录表

业务序号	对应的会计分录	业务序号	对应的会计分录
（1）		（5）	
（2）		（6）	
（3）		（7）	
（4）		（8）	

（2）根据期初余额与所编制的会计分录，开设并登记T型账户，结出发生额及期末余额，如图3－31～图3－38所示。

银行存款

图3－31

应收账款

图3－32

原材料

图3－33

固定资产

图3－34

短期借款

图3－35

应付账款

图3－36

图 3－37

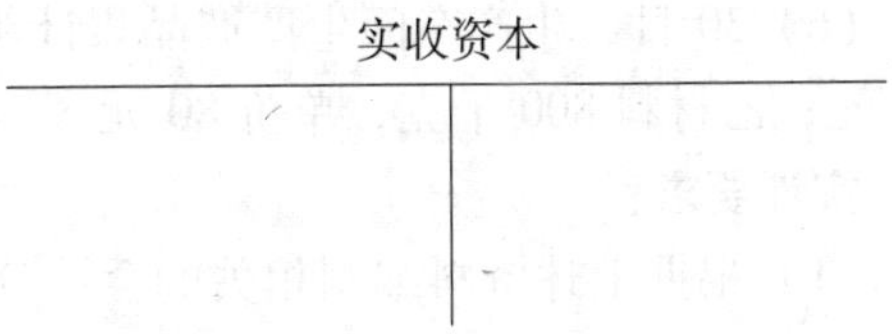

图 3－38

（3）根据上述 T 型账户记录，编制总分类账试算平衡表，如表 3－16 所示。

表 3－16 **总分类账户试算平衡表**

2020 年 6 月 30 日　　单位：元

账户名称	期初余额		本期发生额		期末余额	
	借方	贷方	借方	贷方	借方	贷方
银行存款						
应收账款						
原材料						
固定资产						
短期借款						
应付账款						
应付职工薪酬						
实收资本						
合　计						

实训五　平行登记实训

实训目的：练习平行登记。

实训资料：2020 年 9 月，腾达公司的“原材料”总分类账户期初借方余额为 140 000 元，其中：甲材料 600 千克，每千克 100 元，借方余额为 60 000 元；乙材料 1000 千克，每千克 80 元，借方余额为 80 000 元。“应付账款”总分类账户期初贷方余额为 500 000 元，其中：东方公司明细账户期初贷方余额为 350 000 元；南方公司明细账户期初贷方余额为 150 000 元。

9 月份，腾达公司发生的材料收发业务和与供应单位的结算业务如下：

（1）2 日，向东方公司购入甲材料 300 千克，单价 100 元，计 30 000 元，材料已经验收入库，货款未付。

（2）7 日，向南方公司购进以下材料：甲材料 500 千克，单价 100 元，计 50 000 元；乙材料 300 千克，单价 80 元，计 24 000 元。款项尚未支付。

（3）12 日，以银行存款归还东方公司的货款 300 000 元。

（4）20 日，向东方公司购进乙材料 400 千克，单价 80 元，计 32 000 元。货额尚未支付。

（5）21 日，以银行存款支付欠南方公司的货款 120 000 元。

（6）30 日，生产车间生产产品累计领用材料 154 000 元，其中：甲材料 900 千克，单价 100 元；乙材料 800 千克，单价 80 元。

实训要求：

（1）根据上述资料编制相关的会计分录，会计分录需写出明细科目，填入表 3－17 中。

表 3－17　　　　　　　　**经济业务会计分录**

业务序号	对应的会计分录	业务序号	对应的会计分录
（1）		（4）	
（2）		（5）	
（3）		（6）	

（2）根据期初余额与所编制的会计分录，开设“原材料”“应付账款”明细账及总账的 T 型账户，如图 3－39～图 3－44 所示，登记期初余额、本期发生额及期末余额。

原材料

图 3－39

原材料——甲材料

图 3－40

原材料——乙材料

图 3－41

应付账款

图 3－42

应付账款——南方公司

图 3－43

应付账款——东方公司

图 3－44

第四章

主要经济业务的核算

知识目标

明确工业企业每一环节的主要经济业务，识记账户结构，重点掌握制造业资金运动过程中发生的经济业务的会计处理方法，能正确计算工业企业的财务成果。

课前思考

制造企业的资金运动过程，主要表现在筹资、采购、生产和销售等经营活动中。对于这些经营活动中发生的各项业务，会计人员该如何利用借贷记账法进行核算呢？让我们一起来学习吧！

前已述及，工业企业是从事产品生产和销售的营利性经济组织，其资金的运动过程表现为资金投入、资金循环与周转和资金退出。

在资金投入的阶段，企业需要从各种渠道筹集生产经营所需资金。完成筹资意味着资金已投入企业，企业可以开展正常的经营业务，进入到资金的循环与周转。

资金的循环与周转分为供应、生产、销售三个阶段。在供应过程中，企业需要采购各种材料、办理验收入库、与供应单位办理款项结算等；在生产过程中，企业需要将发生的材料耗费、生产工人劳动耗费、机器耗费等归集分配，求出完工产品的成本；在销售过程中，企业需要确认产品销售收入，结转已销产品成本、支付销售费用及相关税费等，并计算当期实现的利润。

在资金退出的阶段，企业需要偿还各项债务、上缴各项税金、向投资者分配利润等。

资金运动的三个阶段，构成了工业企业所有的经济业务，它们是相互联系、相互制约的统一体。没有资金的投入，就不会有供应、生产、销售；没有资金的循环与周转，就不会有债务的偿还、税金的上交和利润的分配等；没有资金的退出，就不会有新一轮的资金投入和企业的持续经营。

第一节 筹集资金的核算

一、筹资过程核算的主要内容

工业企业为组织和进行生产经营活动，必须具备符合国家规定并与生产经营和服务规模相适应的资金数额。工业企业资金筹集渠道尽管多种多样，但究其实质，无非有两个：一是投资者投入，二是向债权人借入。按照资金筹集的形式分为投入资本和借入资金两类。

投入资本是指投资者按照企业章程或合同、协议的约定，实际投入企业的资本金。投入资本是企业所有者权益的基本组成部分。按照投资主体的不同，可分为国家投入资本、法人投入资本、外商投入资本、个人投入资本等。投资者可以采用货币资产投资，也可以用实物资产、无形资产等形式投资。

企业在生产经营中，为了弥补资金的不足，往往需要向债权人（银行或其他金融机构）借入资本。企业的银行借款若偿还期在一年以上为长期借款，偿还期在一年或一年内为短期借款。无论何种借款，企业都要按期还本、按期付息。

投入资本和借入资金的核算，构成了筹集资金业务核算的主要内容。

二、投入资本的核算

（一）主要账户的设置

1. "实收资本"账户

（1）账户用途：核算投资者投入企业的资本（股份公司称为股本）。

（2）账户性质：所有者权益类。

（3）账户结构：贷方登记投资者投入的资本和转增的资本；借方登记按法定程序报经批准减少的资本。期末余额在贷方，反映企业实有的资本。

（4）明细账设置：按照投资者设置明细账，进行明细分类核算。

2. "银行存款"账户

（1）账户用途：核算企业存入银行或其他金融机构的各种存款。

（2）账户性质：资产类。

（3）账户结构：借方登记投资人货币资金投资或存入的款项；贷方登记企业提取或支出的存款数。期末余额在借方，反映企业存在银行或其他金融机构的款项。

（4）明细账设置：按照种类设置明细账，进行明细分类核算。

3. "固定资产"账户

（1）账户用途：核算企业固定资产的原始价值。

（2）账户性质：资产类。

（3）账户结构：借方登记企业固定资产原始价值的增加；贷方登记企业固定资产原始价值的减少。期末余额在借方，反映固定资产原始价值的结余额。

（4）明细账设置：按照固定资产的种类设置明细账，进行明细分类核算。

（二）投入资本核算的账务处理

【例4－1】2020年5月，F公司发生以下经济业务：

（1）5日，收到投资者甲公司投入的货币资金800 000元，款项已存入银行。

分析：企业收到投资者投入的货币资金，一方面是银行存款增加，另一方面是资本增加。该业务涉及"银行存款"和"实收资本"两个账户，编制会计分录：

借：银行存款　　　　800 000

　　贷：实收资本——甲公司　　　　800 000

（2）8日，收到乙公司投入的设备一台，公允价值为450 000元，现已交付使用。

分析：企业收到投资者投入的设备，一方面是固定资产增加，另一方面是资本增加。该业务涉及"固定资产"和"实收资本"两个账户，编制会计分录：

借：固定资产　　　　450 000

　　贷：实收资本——乙公司　　　　450 000

【例4-2】2020年12月，S公司发生以下经济业务：

(1) 10日，经批准，退还投资者张某的资本金500 000元，款项通过银行支付。

分析：企业退还资本金，一方面是银行存款减少，另一方面是资本减少。该业务涉及“实收资本”和“银行存款”两个账户，编制会计分录：

借：实收资本——张某　　500 000

　贷：银行存款　　500 000

(2) 20日，经批准，决定用资本公积200 000元、盈余公积300 000元转增资本。

分析：企业用资本公积和盈余公积转增资本，一方面是资本公积、盈余公积减少，另一方面是资本增加。该业务涉及“资本公积”“盈余公积”“实收资本”三个账户，编制会计分录：

借：资本公积　　200 000

　盈余公积　　300 000

　贷：实收资本——乙公司　　500 000

三、借入资金的核算

借入资金核算主要账户的设置。

1. “短期借款”账户

(1) 账户用途：核算企业向银行等金融机构借入的期限在一年或一年以内的借款。

(2) 账户性质：负债类。

(3) 账户结构：贷方登记借入的借款本金；借方登记偿还的借款本金。期末余额在贷方，表示尚未归还的借款本金。

(4) 明细账设置：按照债权人设置明细账，进行明细分类核算。

2. “财务费用”账户

(1) 账户用途：核算企业为筹集资金而发生的各种筹资费用，主要包括利息支出、汇兑损益以及相关手续费等。

(2) 账户性质：损益类。

(3) 账户结构：借方登记企业发生的财务费用；贷方登记期末转入“本年利润”账户的数额。期末结转后无余额。

(4) 明细账设置：按照费用项目分设专栏，进行明细分类核算。

3. “应付利息”账户

(1) 账户用途：核算企业按照合同约定应支付的利息。

(2) 账户性质：负债类。

(3) 账户结构：贷方登记企业借入款项应支付的利息；借方登记已支付的利息。期末余额在贷方，表示企业尚未支付的利息。

(4) 明细账设置：按照债权人设置明细账，进行明细分类核算。

【例4-3】2020年8月20日，F公司因生产经营需要向银行借入款项600 000元，期限为一年，年利率为8.4%，每月利息4 200元，按月支付。该笔款项已收存银行。

(1) 收到借款。

分析：企业收到借款，一方面是银行存款增加，另一方面是借款增加。该业务涉及“银行存款”和“短期借款”两个账户，编制会计分录：

借：银行存款　　600 000
　　贷：短期借款　　600 000

（2）每月通过银行转账支付借款利息。

分析：企业支付利息，一方面是利息费用增加，另一方面是银行存款减少。该业务涉及“财务费用”和“银行存款”两个账户，编制会计分录：

借：财务费用　　4 200
　　贷：银行存款　　4 200

（3）一年后借款到期，通过银行转账支付借款本金和最后一个月的利息。

分析：企业偿还借款本金和利息，一方面是银行存款减少，另一方面是借款减少、利息费用增加。该业务涉及“短期借款”“财务费用”“银行存款”三个账户，编制会计分录：

借：短期借款　　600 000
　　财务费用　　4 200
　　贷：银行存款　　604 200

【例4-4】 S公司有一笔300万元的借款，按照借款合同约定：每月利息10 000元，利息按月计提，每季度末支付。有关第三季度利息的业务如下：

（1）计提7月、8月借款利息。

分析：企业计提借款利息，实质上是费用发生的同时形成一项负债，一方面是利息费用增加，另一方面是应付利息增加。该业务涉及“财务费用”和“应付利息”两个账户，编制会计分录：

借：财务费用　　10 000
　　贷：应付利息　　10 000

（2）季度末，用银行存款支付本季度利息30 000元。

分析：支付本季度利息，一方面，银行存款减少；另一方面，偿还7月、8月的利息，使应付利息减少；同时，9月发生的利息，使利息费用增加。该业务涉及“应付利息”“财务费用”和“银行存款”三个账户，编制会计分录：

借：应付利息　　20 000
　　财务费用　　10 000
　　贷：银行存款　　30 000

第二节　供应过程的核算

一、供应过程核算的主要内容

供应过程是工业企业资金循环与周转的第一阶段，是指从采购材料到材料验收入库的过程。这一过程的主要业务包括：购入各种材料，计算材料的采购成本，办理验收入库，与供应单位办理款项结算等。

企业购入原材料，会发生运输费、装卸费及保险费等采购费用，按照存货会计准则，采购费用一般应记入原材料的实际成本中。原材料的实际成本主要包括：(1) 购买价款，是指购货发票所注明的货款金额；(2) 采购过程中发生的运杂费，如运输费、装卸费、保险费等；(3) 相关税费，如进口关税。

二、供应过程核算应设置的账户

(一)“原材料”账户

(1) 账户用途：核算企业库存材料的收发变动及结存情况。

(2) 账户性质：资产类。

(3) 账户结构：借方登记验收入库材料的实际成本；贷方登记发出材料的实际成本。期末余额在借方，表示库存材料的实际成本。

(4) 明细账设置：按照材料品种或规格设置明细账，进行明细分类核算。

(二)“在途物资”账户

(1) 账户用途：核算企业采用实际成本法核算时，货款已结算、尚未验收入库的各种材料的实际采购成本。

(2) 账户性质：资产类。

(3) 账户结构：借方登记采购材料的实际成本；贷方登记验收入库材料的实际成本。期末余额在借方，表示企业尚未验收入库的在途材料的实际成本。

(4) 明细账设置：按照供应单位和材料品种设置明细账，进行明细分类核算。

(三)“应付账款”账户

(1) 账户用途：核算企业因购买材料或接受劳务供应等应付给供应单位的款项。

(2) 账户性质：负债类。

(3) 账户结构：贷方登记应付给供应单位的款项；借方登记已经支付或开出商业汇票抵付的应付款项。期末余额在贷方，表示尚未偿还的款项。

(4) 明细账设置：按照供应单位设置明细账，进行明细分类核算。

(四)“应付票据”账户

(1) 账户用途：核算企业因购买材料或接受劳务供应等开出并承兑的商业汇票。

(2) 账户性质：负债类。

(3) 账户结构：贷方登记企业开出并承兑的商业汇票；借方登记到期支付的商业汇票。期末余额在贷方，表示尚未到期的商业汇票。

(4) 明细账设置：按照“商业承兑汇票”“银行承兑汇票”设置明细账，进行明细分类核算。

知识链接

商业汇票

商业汇票是一种由出票人签发，委托付款人在指定日期无条件支付确定金额给收款人或者持票人的票据。商业汇票的付款期限由交易双方共同商定，但根据票据法规定，最长期限不得超过6个月。持票人如果急需资金，可以持未到期的商业汇票向银行申请贴现。

根据承兑人的不同，商业汇票分为商业承兑汇票和银行承兑汇票。商业承兑汇票是指由付款人签发并承兑，或由收款人签发交由付款人承兑的汇票。银行承兑汇票是指由在承兑银行开立存款账户的存款人（出票人）签发，由承兑银行承兑的票据。

采用商业汇票结算方式，可以使企业之间的债权债务关系表现为外在的票据，使商业信用票据化，具有较强的约束力。

资料来源：《现代经济词典》。

（五）“预付账款”账户

（1）账户用途：核算企业按照合同规定预付给供应单位的款项。

（2）账户性质：资产类。

（3）账户结构：借方登记预付的货款和补付的款项；贷方登记收到所购货物的货款和退回多付的款项。期末余额通常在借方，表示预付的款项；如为贷方余额，表示尚未补付的款项。

（4）明细账设置：按照供应单位设置明细账，进行明细分类核算。

商业汇票
票样相关知识

（六）“应交税费”账户

（1）账户用途：核算企业按照规定应交的各种税费的计提和缴纳，包括增值税、消费税、所得税等。

（2）账户性质：负债类。

（3）账户结构：贷方登记应缴纳而尚未缴纳的税费；借方登记实际缴纳的税费。期末贷方余额，表示企业尚未缴纳的税费；如为借方余额表示多交的税费。

（4）明细账设置：按照税种设置明细账，进行明细分类核算。

（七）“应交税费——应交增值税”账户

（1）账户用途：核算企业按照规定应缴纳的增值税。

（2）账户性质：负债类。

（3）账户结构：贷方主要登记销售货物或提供劳务收取的销项税额；借方主要登记购进货物或接受劳务支付的进项税额和已交的税金。期末贷方余额，表示企业尚未交纳的税费；如为借方余额，表示尚未抵扣的增值税。

（4）专栏设置：按照“进项税额”“销项税额”“已交税金”设置三级明细专栏。

知识链接

增值税的相关知识

增值税是对销售货物或者提供加工、修理修配劳务以及进口货物的单位和个人就其实现的增值额征收的一个税种。它是以商品（含应税劳务）在流转过程中产生的增值额作为计税依据而征收的一种流转税。按纳税人经营规模大小以及会计核算是否健全划分为一般纳税人和小规模纳税人。

1. 一般纳税人。

一般纳税人是指年销售额超过财政部规定的小规模纳税人标准的企业。其特点是增值税进项税额可以抵扣销项税额。

（1）应纳税额，计算公式为：

应纳税额＝当期销项税额－当期进项税额

其中，销项税额是指纳税人销售货物或者提供应税服务按照销售额和增值税税率计算的增值税额；进项税额是指纳税人购进货物或者接受应税服务，支付或者负担的增值税额。

（2）税率。增值税税率一共有4档：13%，9%，6%，0。

纳税人销售或者进口货物，加工、修理修配劳务，提供有形动产租赁服务，税率均为13%。

纳税人提供交通运输服务，邮政、基础电信，建筑、不动产租赁服务，销售不动产，转让土地使用权，销售或进口粮食等农产品、食用植物油、食用盐、自来水、暖气、冷气、热水、煤气、石油液化气、天然气、沼气、居民用煤炭制品、图书、报纸、杂志、音像制品、电子出版物、饲料、化肥、农药、农机、农膜，税率均为9%。

纳税人提供现代服务、金融服务，销售无形资产（除土地使用权），税率均为6%。

纳税人出口货物，跨境销售国务院规定范围内的服务、无形资产，税率为0。

2. 小规模纳税人。

小规模纳税人是指年销售额在规定标准以下，并且会计核算不健全，不能按规定报送有关税务资料的增值税纳税人。小规模纳税人采用简易征收办法，征收率统一为3%。

资料来源：《中华人民共和国增值税暂行条例》（2019年）。

三、供应过程核算的账务处理

【例4－5】 F公司是增值税一般纳税人，2020年7月，发生以下经济业务：

（1）3日，购入甲材料一批，取得的增值税专用发票注明：原材料买价50 000元，增值税额6 500元。F公司开出转账支票支付货款和增值税额，材料已验收入库。

分析：企业采购材料并已支付价税款，一方面是材料增加，另一方面是银行存款减少、应交增值税减少。该业务涉及“原材料”“银行存款”“应交税费”三个账户，编制会计分录：

借：原材料——甲材料　　50 000
　应交税费——应交增值税（进项税额）　　6 500
　贷：银行存款　　56 500

（2）8 日，从异地采购丁材料，收到的增值税专用发票注明：原材料买价 20 000 元，增值税额 2 600 元。F 公司已通过银行转账支付了货款和增值税，材料尚未运达。

分析：企业采购材料尚在途中，但已支付货款和增值税，一方面是在途材料增加，另一方面是银行存款减少、应交增值税减少。该业务涉及“在途物资”“银行存款”“应交税费”三个账户，编制会计分录：

借：在途物资——丁材料　　20 000
　应交税费——应交增值税（进项税额）　　2 600
　贷：银行存款　　22 600

（3）15 日，从异地采购的丁材料运到并验收入库。

分析：原材料验收入库，一方面是库存材料增加，另一方面是在途材料减少。该业务涉及“原材料”和“在途物资”两个账户，编制会计分录：

借：原材料——丁材料　　20 000
　贷：在途物资——丁材料　　20 000

【例 4-6】F 公司是增值税一般纳税人，2020 年 8 月，发生以下经济业务：

（1）7 日，从 A 公司购入乙材料一批，取得的货物增值税专用发票注明：原材料买价 30 000 元，增值税额 3 900 元；取得的运输增值税专用发票注明：运输费 5 000 元，增值税额 450 元。材料已验收入库，货款尚未支付。

分析：企业采购材料货款未付，一方面是原材料增加，另一方面是应付账款增加、应交增值税减少。需要注意的是，发生的运输费应记入材料的实际成本。该业务涉及“原材料”“应交税费”“应付账款”三个账户，编制会计分录：

借：原材料——乙材料　　35 000
　应交税费——应交增值税（进项税额）　　4 350
　贷：应付账款——A 公司　　39 350

（2）12 日，F 公司开出一张面值为 39 350 元、期限为 3 个月的银行承兑汇票，抵付欠 A 公司的购料款。

分析：企业开出商业汇票偿付欠款，一方面是应付账款减少，另一方面是应付商业汇票增加。该业务涉及“应付票据”和“应付账款”两个账户，编制会计分录：

借：应付账款——乙公司　　39 350
　贷：应付票据——银行承兑汇票　　39 350

（3）3 个月后，F 公司通过银行支付到期的银行承兑汇票。

分析：企业支付到期的商业汇票，一方面是银行存款减少，另一方面是应付商业汇票减少。该业务涉及“银行存款”和“应付票据”两个账户，编制会计分录：

借：应付票据——银行承兑汇票　　39 350
　贷：银行存款　　39 350

【例 4-7】S 公司是增值税一般纳税人，2020 年 10 月，发生以下经济业务：

（1）9 日，根据合同约定，预付 B 公司货款 100 000 元，用于购买丙材料，款项已通过银行汇出。

分析：企业预付货款，一方面是银行存款减少，另一方面是预付货款增加。该业务涉及“银行存款”和“预付账款”两个账户，编制会计分录：

借：预付账款——B公司　　100 000

　　贷：银行存款　　100 000

（2）14日，收到B公司发来的丙材料，取得的增值税专用发票注明：原材料买价150 000元，增值税额19 500元。材料已验收入库。

分析：企业收到材料，一方面是材料增加，另一方面是预付货款减少、应交增值税减少。该业务涉及“原材料”“应交税费”“预付账款”三个账户，编制会计分录：

借：原材料——丙材料　　150 000

　　应交税费——应交增值税（进项税额）　　19 500

　　贷：预付账款——B公司　　169 500

（3）19日，S公司通过银行转账给B公司，补付尾款69 500元。

分析：企业履行合同补付尾款，应继续通过“预付账款”账户核算。一方面是银行存款减少，另一方面是预付货款增加。该业务涉及“银行存款”和“预付账款”两个账户，编制会计分录：

借：预付账款——B公司　　69 500

　　贷：银行存款　　69 500

第三节　生产过程的核算

一、生产过程核算的主要内容

工业企业的生产过程是指从原材料投入生产到产品完工验收入库的过程。生产过程既是产品的制造过程，也是劳动力、劳动对象和劳动资料的消耗过程。企业为了生产产品，要发生各项耗费。例如，各种材料耗费、人工耗费、机器耗费、水电等耗费。这些耗费统称为生产费用。将一定时期的生产费用归集、分配到各种产品的名下，就形成了产品成本。

构成产品成本的生产费用可以分为直接材料、直接人工和制造费用。直接材料是指企业在生产产品过程中所消耗的，直接用于产品生产，构成产品实体的各种原材料及主要材料、辅助材料等。直接人工是指在生产产品过程中，直接从事产品生产的工人职工薪酬。制造费用是指企业为生产产品而发生的各项间接费用，主要包括车间管理人员的职工薪酬、车间固定资产的折旧费、办公费、水电费、机物料消耗、劳动保护费等。

工业企业生产过程的核算，主要包括以下步骤：（1）根据发料汇总表，分配材料费用；（2）根据职工薪酬计算表，分配职工薪酬费用；（3）归集制造费用；（4）分配制造费用；（5）计算并结转完工产品成本。

此外，企业在生产经营期间，行政管理部门也会发生各项费用。例如，行政管理部门的职工薪酬、办公费、差旅费、业务招待费等。这些费用不构成产品成本，而应作为管理费用，期末记入当期损益。

综上所述，各种耗费的发生、归集和分配，产品成本的计算，构成了生产过程的主要经济业务。

二、生产过程核算应设置的账户

1. “生产成本”账户

（1）账户用途：核算企业在生产过程中所发生的各项生产费用。

（2）账户性质：成本类。

（3）账户结构：借方登记为制造产品所发生的各项生产费用，包括直接材料、直接人工和产品应承担的制造费用；贷方登记生产完工入库的产品成本。期末余额在借方，表示尚未完工的在产品成本。

（4）明细账设置：按照产品品种或类别设置明细账，明细账页按成本项目分设专栏，进行明细分类核算。

2. “制造费用”账户

（1）账户用途：核算企业为生产产品而发生的各项间接费用，主要包括生产车间管理人员的职工薪酬、办公费、水电费、机物料消耗、劳保费、折旧费等。

（2）账户性质：成本类。

（3）账户结构：借方登记企业为组织和管理生产所发生的各项间接费用；贷方登记期末分配转入受益产品成本的间接费用。期末一般无余额。

（4）明细账设置：按照不同车间、部门设置明细账，明细账页按费用项目分设专栏，进行明细分类核算。

3. “管理费用”账户

（1）账户用途：核算企业行政管理部门为组织和管理生产经营活动而发生的各项费用。主要包括行政管理部门职工薪酬、办公费、差旅费、工会经费、业务招待费等。

（2）账户性质：损益类。

（3）账户结构：借方登记发生的各项管理费用；贷方登记期末转入“本年利润”账户的金额。期末结转后无余额。

（4）明细账设置：按照费用项目分设专栏，进行明细分类核算。

4. “应付职工薪酬”账户

（1）账户用途：核算企业根据有关规定应付职工的各种薪酬，包括职工工资、奖金、津贴和补贴、社会保险费以及工会经费等。

（2）账户性质：负债类。

（3）账户结构：贷方登记企业计算的应分配记入成本、费用的各种职工薪酬；借方登记实际支付的职工薪酬。期末余额在贷方，表示尚未支付的职工薪酬。

（4）明细账设置：按照职工薪酬的具体项目分设专栏，进行明细分类核算。

5. “累计折旧”账户

（1）账户用途：核算企业固定资产因磨损而减少的价值。

（2）账户性质：资产类。

（3）账户结构：是固定资产的备抵账户，结构同资产类相反。贷方登记按月计提的折旧额；借方登记因固定资产的减少而相应结转的累计折旧额；期末余额在贷方，表示已计提的累计折旧额。

（4）明细账设置：按照固定资产的种类分设专栏，进行明细分类核算。

6.“库存商品”账户

（1）账户用途：核算企业库存的各种产成品的增减变动及结存情况。

（2）账户性质：资产类。

（3）账户结构：借方登记完工验收入库的产成品成本；贷方登记发出的产成品成本。期末余额在借方，表示库存产成品的成本。

（4）明细账设置：按照产成品的品种、名称和规格设置明细账，进行明细分类核算。

三、生产过程核算的账务处理

1. 分配材料费用

企业的材料主要包括原材料及主要材料、辅助材料、燃料和周转材料等。各部门向仓库领用所需材料时，应填制领料单，办理领料手续。月末，会计部门应根据“领料单”“发出材料汇总表”等，按照谁受益谁承担的原则，分别记入“生产成本”“制造费用”“管理费用”等相关账户中。

【例4-8】 F公司生产A、B产品。2020年8月，编制发料凭证汇总表，如表4-1所示。

表4-1　　发出材料汇总表

2020年8月31日　　单位：元

领料部门及用途	甲材料	乙材料	周转材料	合计
生产车间A产品耗用	30 000.00	10 000.00		40 000.00
生产车间B产品耗用	15 000.00	27 000.00		42 000.00
生产车间一般耗用			4 000.00	4 000.00
行政管理部门领用			500.00	500.00
合　计	45 000.00	37 000.00	4 500.00	86 500.00

分析：各部门领用材料，一方面是材料减少，另一方面是成本、费用增加。根据谁受益谁承担的原则，产品直接消耗的材料，应记入产品成本；生产车间一般消耗的材料属于间接费用，应记入制造费用；行政管理部门耗用的材料，属于期间费用，应记入管理费用。该业务涉及“生产成本”“制造费用”“管理费用”“原材料”四个账户，编制会计分录如下：

借：生产成本——A产品　　40 000
　　　　　　——B产品　　42 000
　　制造费用　　4 000
　　管理费用　　500
　　贷：原材料——甲材料　　45 000

——乙材料　37 000

周转材料　4 500

2. 分配职工薪酬

职工薪酬是指企业为获得职工提供的服务而给予各种形式的报酬以及相关支出。职工薪酬实质上是企业的一项费用，在实际发生时，应根据“职工薪酬计算表”“职工薪酬分配表”等，按照谁受益谁承担的原则，分别记入“生产成本”“制造费用”“管理费用”等相关账户中。

【例4-9】 接【例4-8】，2020年8月，F公司发生的有关职工薪酬业务如下：

（1）15日，通过银行发放7月份的职工薪酬233 000元。

分析：当企业发放工资时，一方面是银行存款减少，另一方面是应付的职工薪酬减少。该业务涉及“应付职工薪酬”和“银行存款”两个账户，编制会计分录如下：

借：应付职工薪酬——工资　233 000

　贷：银行存款　233 000

（2）31日，根据8月份的考勤记录和产量记录等，分配职工薪酬。其中，生产A产品工人职工薪酬74 000元，生产B产品工人职工薪酬68 000元，车间管理人员职工薪酬34 000元，行政管理人员职工薪酬57 000元。

分析：企业分配职工薪酬，一方面是成本、费用增加，另一方面是负债增加。根据谁受益谁承担的原则，生产工人的薪酬属于产品直接消耗，应记入产品成本；车间管理人员的薪酬属于间接费用，应记入制造费用；行政管理人员的薪酬属于期间费用，应记入管理费用。该业务涉及“生产成本”“制造费用”“管理费用”和“应付职工薪酬”四个账户，编制会计分录：

借：生产成本——A产品　74 000

　　　　　——B产品　68 000

　　制造费用　34 000

　　管理费用　57 000

　贷：应付职工薪酬——工资　233 000

3. 归集制造费用

制造费用是企业生产车间发生的各项间接费用，包括车间管理人员的职工薪酬、折旧费、办公费、水电费、劳动保护费、差旅费、取暖费、保险费等。这些间接费用应记入“制造费用”账户，予以归集汇总。

【例4-10】 接【例4-9】，2020年8月，F公司发生的其他业务如下：

（1）出纳开出现金支票支付职工差旅费15 500元。其中，公司经理张某报销差旅费8 000元，生产车间职工王某报销差旅费7 500元。

分析：职工出差发生差旅费，一方面是成本、费用增加，另一方面是资产减少。根据谁受益谁承担的原则，公司经理发生的差旅费，应记入管理费用；生产车间职工发生的差旅费，应记入制造费用。该业务涉及“制造费用”“管理费用”“银行存款”三个账户，编制会计分录：

借：管理费用　8 000

　　制造费用　7 500

贷：银行存款　　15 500

（2）生产车间购买办公用品500元，出纳以现金支付。

分析：生产车间购买办公用品，一方面是间接费用增加，另一方面是现金减少。该业务涉及“制造费用”和“库存现金”两个账户，编制会计分录：

借：制造费用　　500

贷：库存现金　　500

（3）月末，分配应付水电费9 000元，其中，生产车间发生水电费8 000元，行政管理部门发生水电费800元。

分析：企业发生水电费，一方面是成本、费用增加，另一方面是应付款项增加。生产车间发生的水电费，虽然是产品直接耗用，但在实务中，一般很难分清某种产品耗用多少水电，因此通常作为间接费用，记入制造费用；行政管理部门发生的水电费，应记入管理费用。该业务涉及“制造费用”“管理费用”“应付账款”三个账户，编制会计分录：

借：制造费用　　8 000

管理费用　　800

贷：应付账款　　8 800

（4）月末，计提折旧，其中，生产车间的固定资产应提折旧7 800元，行政管理部门的固定资产应提折旧3 000元。

分析：企业计提折旧，一方面是成本、费用增加，另一方面是折旧增加。根据谁受益谁承担的原则，生产车间固定资产的折旧，应记入制造费用；行政管理部门固定资产的折旧，应记入管理费用。该业务涉及“制造费用”“管理费用”“累计折旧”三个账户，编制会计分录：

借：制造费用　　7 800

管理费用　　3 000

贷：累计折旧　　10 800

4. 分配制造费用

月末，将归集的制造费用，在各种产品之间进行分配，以便计算产品成本。在实务中，制造费用的分配标准有多种，如生产工时、机器工时、生产工人工资等。会计人员应编制“制造费用分配表”，按照谁受益谁承担的原则，分别记入每种产品的“生产成本”账户中。

【例4-11】 接【例4-10】，2020年8月，F公司按照A、B产品生产工时比例分配本月发生的制造费用61 800元，编制制造费用分配表，如表4-2所示。

表4-2　　**制造费用分配表**

分配对象	生产工时（小时）	分配率（元/小时）	分配金额（元）
A产品	4 500		37 080.00
B产品	3 000		24 720.00
合　计	7 500	8.24	61 800.00

分析：按受益产品分配制造费用，一方面是产品成本增加，另一方面是制造费用减少。该业务涉及“生产成本”和“制造费用”两个账户，编制会计分录：

借：生产成本——A 产品　　37 080
　　　　　　——B 产品　　24 720
　贷：制造费用　　61 800

根据以上有关制造费用的会计分录，登记制造费用 T 型账，如图 4－1 所示。

制造费用

机物料消耗（4－8）	4 000	分配（4－11）	61 800
职工薪酬（4－9）	34 000		
差旅费（4－10）	7 500		
办公费（4－10）	500		
水电费（4－10）	8 000		
折旧费（4－10）	7 800		
本期发生额	61 800	本期发生额	61 800
期末余额	0		

图 4－1　制造费用账户

5. 计算并结转完工产品成本

随着制造费用的分配，生产费用已全部归集到产品的“生产成本”账户中，具体表现为产品所耗用的直接材料、直接人工以及应负担的制造费用。

月末，如果产品全部完工，则该产品的生产成本总额表现为完工产品总成本，“生产成本”账户期末无余额；如果产品未完工，则该产品的生产成本总额表现为在产品总成本，“生产成本”账户期末有余额；如果部分完工，则该产品的生产成本总额需要在完工产品与期末在产品之间进行分配，“生产成本”账户的期末余额为在产品成本。完工产品应验收入库，已备销售。会计人员应根据“产品成本计算单”和“库存产品入库汇总表”等，将完工产品的成本转入“库存商品”账户中。

【例 4－12】 8 月 31 日，F 公司本月投产的 A 产品全部完工，完工产品成本为 151 080 元；B 产品部分完工，已完工的产品成本为 84 000 元。完工的 A、B 产品均已验收入库。

分析：结转完工产品成本，一方面是产成品增加，另一方面是成本减少。该业务涉及“库存商品”和“生产成本 ”两个账户，编制会计分录：

借：库存商品——A 产品　　151 080
　　　　　　——B 产品　　84 000
　贷：生产成本——A 产品　　151 080
　　　　　　　——B 产品　　84 000

根据以上有关生产成本的会计分录，登记生产成本 T 型账，如图 4－2 和图 4－3 所示。

生产成本——甲产品

直接材料（4－8）	40 000	完工（4－12）	151 080
直接人工（4－9）	74 000		
制造费用（4－11）	37 080		
本期发生额	151 080	本期发生额	151 080
期末余额	0		

图 4－2　甲产品成本账户

生产成本——乙产品

直接材料（4－8）	42 000	完工（4－12）	84 000
直接人工（4－9）	68 000		
制造费用（4－11）	24 720		
本期发生额	134 720	本期发生额	84 000
期末余额	50 720		

图 4－3　乙产品成本账户

第四节　销售过程的核算

一、销售过程核算的主要内容

销售过程是指从产品验收入库开始到销售给购货方为止的过程。它是工业企业资金循环与周转的最后阶段，这个阶段的资金从生产过程结束时的产品资金形态，转化成了货币资金形态，从而完成了一个完整的资金循环过程。销售过程是产品价值的实现过程。

销售过程核算的内容主要包括：确认销售产品实现的收入，结转产品销售成本，支付运输、广告等销售费用，计算按照国家税法规定应缴纳的相关税费，与购货方办理款项结算并收回货款等。

二、销售过程核算应设置的账户

（一）“主营业务收入”账户

（1）账户用途：核算企业销售商品、提供劳务等主营业务活动所形成的收入。

（2）账户性质：损益类。

（3）账户结构：贷方登记销售商品或提供劳务所实现的收入；借方登记期末转入“本年利润”账户的金额。期末结转后无余额。

（4）明细账设置：按照产品品种或类别设置明细账，进行明细分类核算。

（二）“主营业务成本”账户

（1）账户用途：核算企业销售商品或提供劳务等主营业务活动发生的实际成本。
（2）账户性质：损益类。
（3）账户结构：借方登记已销售商品的实际成本；贷方登记期末转入“本年利润”账户的金额。期末结转后无余额。
（4）明细账设置：按照产品的品种或类别设置明细账，进行明细分类核算。

（三）“销售费用”账户

（1）账户用途：核算企业在销售商品过程中发生的费用，主要包括运输费、装卸费、包装费、保险费、展览费和广告费，以及为销售本企业商品而专设的销售机构的职工薪酬、业务费、折旧费等经营费用。
（2）账户性质：损益类。
（3）账户结构：借方登记发生的各项销售费用；贷方登记转入“本年利润”账户的金额。期末结转后无余额。
（4）明细账设置：按照费用项目分设专栏，进行明细分类核算。

（四）“税金及附加”账户

（1）账户用途：核算企业日常活动应负担的各种税金及附加，主要包括城市维护建设税、教育费附加、消费税、资源税、房产税等。
（2）账户性质：损益类。
（3）账户结构：借方登记按规定计算与经营活动相关的税金及附加；贷方登记期末转入“本年利润”账户的金额。期末结转后无余额。
（4）明细账设置：按照税费种类设置明细账，进行明细分类核算。

知识链接

关于城市维护建设税和教育费附加

1. 城市维护建设税，简称城建税，是我国为了加强城市的维护建设，扩大和稳定城市维护建设资金的来源开征的一个税种。其纳税人为从事工商经营的单位和个人，以纳税人实际缴纳的增值税和消费税税额为计税依据。

城市维护建设税实行地区差别比例税率，按照纳税人所在地的不同，税率分别规定为7%、5%、1%三个档次。公式为：

$$应纳税额=(应交增值税+应交消费税)\times 适用税率$$

2. 教育费附加，是指为了加快发展地方教育事业、扩大地方教育经费资金来源而向企业征收的附加费用。教育费附加名义上是一种专项资金，但实质上具有税的性质。

教育费附加以各单位和实际缴纳的增值税、消费税的税额为计征依据，征收率为3%，地方教育费附加征收率为2%。公式为：

应纳税额=(应交增值税+应交消费税)×适用税率

资料来源：《中华人民共和国城市维护建设税法（草案）》《征收教育费附加的暂行规定》。

（五）“应收账款”账户

（1）账户用途：核算企业因销售商品或提供劳务等经营活动应向购买方收取的款项。

（2）账户性质：资产类。

（3）账户结构：借方登记应向购货单位收取的销货款项；贷方登记实际收到的款项。期末余额在借方，表示尚未收回的款项。

（4）明细账设置：按照购货单位设置明细账，进行明细分类核算。

（六）“应收票据”账户

（1）账户用途：核算企业因销售产品或提供劳务等而收到的商业汇票。

（2）账户性质：资产类。

（3）账户结构：借方登记企业收到的应收票据；贷方登记到期收回的商业汇票金额。期末余额在借方，表示尚未到期的商业汇票。

（4）明细账设置：按照“商业承兑汇票”“银行承兑汇票”设置明细账，进行明细分类核算。

三、销售过程核算的账务处理

【例4-13】2020年8月，F公司发生以下业务：

（1）5日，销售给A公司一批甲产品，开出的增值税专用发票注明：售价100 000元，增值税13 000元。款项已收存银行。

分析：企业销售产品，一方面是销售收入增加，另一方面是银行存款增加、应交增值税的销项税额增加。该业务涉及“银行存款”“主营业务收入”“应交税费”三个账户，编制会计分录：

借：银行存款——A公司　　113 000

　　贷：主营业务收入　　100 000

　　　　应交税费——应交增值税（销项税额）　　13 000

（2）9日，销售给B公司一批乙产品，开出的增值税专用发票注明：售价200 000元，增值税26 000元。同时，F公司开出现金支票代垫运杂费4 000元。货款尚未收到。

分析：企业销售产品，一方面是销售收入增加，另一方面是应收货款、应交增值税的销项税额增加，同时，开出支票表示银行存款减少。F公司应向B公司收取的款项包括售价、增值税、代垫运杂费。该业务涉及“应收账款”“主营业务收入”“应交税费”和“银行存款”四个账户，编制会计分录：

借：应收账款——B公司　　230 000

贷：主营业务收入　　200 000
应交税费——应交增值税（销项税额）　　26 000
银行存款　　4 000

（3）15 日，收到 B 公司开出并承兑的、面值为 230 000 元、期限为 2 个月的银行承兑汇票，系抵付前欠购货款。

分析：企业收到银行承兑汇票，一方面是应收商业汇票增加，另一方面是应收账款减少。该业务涉及“应收账款”和“应收票据”两个账户，编制会计分录：

借：应收票据——银行承兑汇票　　230 000
贷：应收账款——B 公司　　230 000

（4）20 日，开出转账支票支付广告费 55 000 元。

分析：企业支付广告费，一方面是广告费用增加，另一方面是银行存款减少。该业务涉及“销售费用”和“银行存款”账户，编制会计分录：

借：销售费用　　55 000
贷：银行存款　　55 000

（5）31 日，结转本月已销产品的实际成本 150 000 元。其中，甲产品实际成本为 50 000 元，乙产品实际成本为 100 000 元。

借：主营业务成本——甲产品　　50 000
——乙产品　　100 000
贷：库存商品——甲产品　　50 000
——乙产品　　100 000

（6）31 日，计提本月应交城市维护建设税 2 730 元和教育费附加 1 170 元。

分析：计提城建税和教育费附加，一方面是费用增加，另一方面是应交税费增加。该业务涉及“税金及附加”和“应交税费”两个账户，编制会计分录：

借：税金及附加　　3 900
贷：应交税费——应交城市维护建设税　　2 730
——应交教育费附加　　1 170

第五节　其他经济业务的核算

一、其他经济业务核算的主要内容

工业企业的主要经济业务集中在供应、生产、销售三个阶段。除此之外，在实际工作中，企业还会发生一些其他经营活动。例如，销售多余材料，出租资产，对外投资，发生捐赠等。这些经济活动也会引起企业资金发生变化，影响当期损益。

其他经济业务核算的内容主要包括：确认销售材料、出租资产实现的收入，结转相应的成本费用，确认获得的投资收益，确认应记入当期损益的利得或损失等。

二、其他经济业务核算应设置的账户

（一）“其他业务收入”账户

（1）账户用途：核算企业除主营业务以外的其他经营活动所实现的收入，主要包括销售原材料、出租包装物、出租固定资产、出租无形资产等实现的收入。

（2）账户性质：损益类。

（3）账户结构：贷方登记企业销售材料或出租资产等实现的收入；借方登记期末转入“本年利润”账户的金额。期末结转后无余额。

（4）明细账设置：按照其他业务种类设置明细账，进行明细分类核算。

（二）“其他业务成本”账户

（1）账户用途：核算企业除主营业务以外的其他经营活动所发生的成本费用，主要包括销售原材料的成本、出租包装物的成本以及出租固定资产的折旧额等。

（2）账户性质：损益类。

（3）账户结构：借方登记发生的其他业务成本费用；贷方登记期末结转“本年利润”账户的金额。期末结转后无余额。

（4）明细账设置：按照其他业务种类设置明细账，进行明细分类核算。

（三）“预收账款”账户

（1）账户用途：核算企业按照合同规定向客户预收的款项。主要包括预收的出租资产租金。

（2）账户性质：负债类。

（3）账户结构：贷方登记预收的款项和补收的款项；借方登记分期确认的预收款。期末余额一般在贷方，表示预收客户的款项；如为借方，表示应向客户补收的款项。

（4）明细账设置：按照客户设置明细账，进行明细分类核算。

（四）“投资收益”账户

（1）账户用途：核算企业对外投资所获得的收益或发生的损失情况。

（2）账户性质：损益类。

（3）账户结构：贷方登记实现的投资收益；借方登记发生的投资损失。期末借贷方抵减后如为贷方余额，表示投资净收益；如为借方余额，表示投资净损失。无论投资净收益或净损失，期末均需转入“本年利润”账户，结转后无余额。

（4）明细账设置：按照投资的种类分别设置明细账户，进行明细分类核算。

（五）“营业外收入”账户

（1）账户用途：核算企业各项营业外收入的实现及其结转情况，主要包括非流动资产毁损报废收益、盘盈利得、接受捐赠利得等。

（2）账户性质：损益类。

（3）账户结构：贷方登记实现的各项营业外收入，借方登记期末转入“本年利润”账户的金额。期末结转后无余额。

（4）明细账设置：按照收入的具体项目分设明细，进行明细分类核算。

（六）“营业外支出”账户

（1）账户用途：核算企业各项营业外支出的发生及其结转情况，主要包括非流动资产毁损报废损失、公益性捐赠支出、盘亏损失、非常损失、罚款支出等。

（2）账户性质：损益类。

（3）账户结构：借方登记发生的各项营业外支出；贷方登记期末转入“本年利润”账户的金额。期末结转后无余额。

（4）明细账设置：按照支出的具体项目分设明细，进行明细分类核算。

三、其他经济业务核算的账务处理

【例 4-14】 2020 年 7 月，F 公司发生其他经济业务如下：

（1）因生产转型，销售不需用的原材料一批，开出的增值税专用发票注明：价款 150 000 元，增值税额 19 500 元。款项已收存银行。该批材料的实际成本 120 000 元。

分析：企业销售材料，属于非主营业务活动，一方面是其他业务收入增加，另一方面是银行存款增加、应交增值税的销项税额增加。该业务涉及“银行存款”“其他业务收入”“应交税费”三个账户，编制会计分录：

借：银行存款　　169 500
　贷：其他业务收入　　150 000
　　　应交税费——应交增值税（销项税额）　　19 500

同时，结转已销材料成本。

分析：结转已销材料成本，一方面是其他业务成本增加，另一方面是库存的材料减少。该业务涉及“其他业务成本”和“原材料”两个账户，编制会计分录：

借：其他业务成本　　120 000
　贷：原材料——甲材料　　120 000

（2）F 公司将账面价值为 3 000 000 元的长期股权投资全部转让，所得款项 3 800 000 元已收存银行。

分析：企业转让投资，一方面是银行存款增加，另一方面是持有的股权资产减少，同时，获得投资收益。该业务涉及“银行存款”“投资收益”“长期股权投资”三个账户，编制会计分录：

借：银行存款　　3 800 000
　贷：长期股权投资　　3 000 000
　　　投资收益　　800 000

（3）收到职工张某交来的违纪罚款现金 2 000 元。

分析：企业收到罚款，一方面是现金增加，另一方面是利得增加。该业务涉及“库存现金”和“营业外收入”两个账户，编制会计分录：

借：库存现金　　2 000

贷：营业外收入　　2 000

(4) 开出转账支票100 000元，通过民政局向受灾地区捐款。

分析：企业捐款，一方面是银行存款减少，另一方面是损失增加。该业务涉及“银行存款”和“营业外支出”两个账户，编制会计分录：

借：营业外支出　　100 000

贷：银行存款　　100 000

(5) 用现金800元支付交通违章罚款。

分析：企业支付罚款，一方面是损失增加，另一方面是库存现金减少。该业务涉及“营业外支出”和“库存现金”两个账户，编制会计分录：

借：营业外支出　　800

贷：库存现金　　800

【例4-15】2020年7月1日，S公司与W公司签订出租设备合同，向W公司出租设备一台，租期半年，每月租金5 000元。F公司已收到半年的租金存入银行，并开出的增值税专用发票注明：租金30 000元，增值税额3 900元。

(1) 1日，收到W公司预付的租金。

分析：企业收到半年的租金，按照权责发生制，应分6个月确认收入，不能全部记入本期收入。因此，该业务一方面是银行存款增加，另一方面是预收款增加、应交增值税的销项税额增加。该业务涉及“银行存款”“预收账款”“应交税费”三个账户，编制会计分录：

借：银行存款　　33 900

贷：预收账款——W公司　　30 000

应交税费——应交增值税（销项税额）　　3 900

(2) 7月末，应确认本月租金收入。

分析：企业出租设备，属于非主营业务活动，一方面是租金收入增加，另一方面是预收账款减少。该业务涉及“预收账款”“其他业务收入”账户，编制会计分录：

借：预收账款——W公司　　5 000

贷：其他业务收入　　5 000

(3) 7月末，出租的设备应提折旧为2 000元。

分析：设备计提折旧，一方面是成本费用增加，另一方面是折旧增加。该业务涉及“其他业务成本”和“累计折旧”两个账户，编制会计分录：

借：其他业务成本　　2 000

贷：累计折旧　　2 000

第六节　利润形成的核算

一、利润形成核算的主要内容

利润是指企业在一定会计期间的经营成果，表现为企业所实现的利润总额或发生的亏损总额。

企业作为一个独立的经济实体，其经营活动的主要目的，是不断地提高企业的获利能力。利润是企业经营活动效率与效益的综合表现，是反映盈利能力的综合指标，也是会计信息使用者进行财务预测和投资决策的重要依据。

利润主要来源于收入减去费用后的净额、直接记入当期利润的利得和损失等。其中，收入减去费用后的净额反映的是企业日常活动的业绩；直接记入当期利润的利得和损失反映的是企业非日常活动带来的变化。

利润形成核算的主要内容包括营业利润、利润总额和净利润三部分。

（一）营业利润

营业利润是企业利润的主要来源，反映了管理者的经营业绩。其计算公式为：

营业利润 = 营业收入 − 营业成本 − 税金及附加 − 销售费用 − 管理费用
− 研发费用 − 财务费用 + 其他收益 + 投资收益
（ − 投资损失）+ 净敞口套期收益 + 公允价值变动收益
（ − 公允价值变动损失）+ 信用减值损失（ − 损失）
+ 资产减值损失（ − 损失）+ 资产处置收益（ − 资产处置损失）

营业收入是指企业销售产品或提供劳务等经营业务所确认的收入总额，包括主营业务收入和其他业务收入。营业成本是指企业销售产品或提供劳务等经营业务所发生的实际成本总额，包括主营业务成本和其他业务成本。

（二）利润总额

利润总额又称税前利润，是指企业在缴纳所得税前所实现的总成本。其计算公式为：

利润总额 = 营业利润 + 营业外收入 − 营业外支出

（三）净利润

净利润又称税后利润，是指利润总额扣除所得税费用后的净额。其计算公式为：

净利润 = 利润总额 − 所得税费用

所得税费用是指企业确认的应从当期利润中扣除的所得税费用。企业所得税是指国家对企业的生产经营所得和其他所得征收的一种税。按照我国税法的规定，一般企业所得税的税率为 25% 。

二、利润形成核算应设置的账户

（一）“所得税费用”账户

（1）账户用途：核算企业确认的应从当期利润中扣除的所得税费用。
（2）账户性质：损益类。
（3）账户结构：借方登记发生的所得税费用；贷方登记期末转入“本年利润”账户的

金额。期末结转后无余额。

（4）明细账设置：一般不设明细。

（二）“本年利润”账户

（1）账户用途：核算企业一定时期内实现的净利润（或发生的净亏损）。

（2）账户性质：所有者权益类。

（3）账户结构：贷方登记转入的应记入当期损益的所有收入和利得；借方登记转入的应记入当期损益的所有费用和损失。期末贷方余额，表示当期实现的净利润，如为借方余额，表示当期发生的净亏损。

年度终了，应将“本年利润”账户的余额转入“利润分配”账户，结转后，该账户年末无余额。

（4）明细账设置：一般不设明细。

知识链接

本年利润结转的方法

会计期末，结转本年利润的方法有账结法和表结法两种。

1. 账结法。

在账结法下，每月月末均需编制转账凭证，将本月发生的各项损益结转至“本年利润”账户。结转后，损益类账户均无余额。“本年利润”账户的月末余额反映截至当月企业本年度累计实现的利润和发生的亏损。

账结法可直接通过“本年利润”账户反映实现的利润或亏损额，但增加了转账环节和工作量。

2. 表结法。

在表结法下，各损益类账户每月末需结出本月发生额和月末余额，不结转至“本年利润”账户。每月末将各项损益的本月发生额填入利润表，通过利润表计算反映各期的利润或亏损。年末，将各项损益全年累计余额一次性结转至“本年利润”账户。

表结法下，年中各损益类账户无须结转至“本年利润”账户，从而减少了转账环节和工作量，但不便于期末核对账目。

资料来源：《新编经济金融词典》。

三、利润形成核算的账务处理

【例 4 – 16】 A 公司适用的所得税税率为 25%。2020 年 6 月，有关损益类科目的发生额合计，如表 4 – 3 所示。根据资料采用账结法结转本年利润。

表4－3　　损益类科目的发生额　　单位：元

会计科目	贷方发生额	会计科目	借方发生额
主营业务收入	360 000.00	主营业务成本	184 000.00
其他业务收入	150 000.00	其他业务成本	90 000.00
投资收益	30 000.00	税金及附加	4 200.00
营业外收入	10 000.00	销售费用	55 000.00
		管理费用	83 500.00
		财务费用	14 300.00
		营业外支出	23 000.00

(1) 结转各项收入、利得。

分析：结转收入、利得，一方面是利润增加，另一方面是各项收入、利得的转出。该业务涉及“本年利润”和“主营业务收入”等账户，编制会计分录：

借：主营业务收入　　360 000
　　其他业务收入　　150 000
　　投资收益　　30 000
　　营业外收入　　10 000
　　贷：本年利润　　550 000

(2) 结转各项费用、损失。

分析：结转费用、损失，一方面是利润减少，另一方面是各项费用、损失的转出。该业务涉及“本年利润”和“主营业务成本”等账户，编制会计分录：

借：本年利润　　454 000
　　贷：主营业务成本　　184 000
　　　　其他业务成本　　90 000
　　　　税金及附加　　4 200
　　　　销售费用　　55 000
　　　　管理费用　　83 500
　　　　财务费用　　14 300
　　　　营业外支出　　23 000

经过上述结转后，“本年利润”账户贷方发生额合计550 000元，借方发生额合计为454 000元，两者相减即为本月利润总额96 000元。

(3) 计算并结转所得税费用。

本月应交所得税＝96 000 × 25% ＝24 000（元）

第一，计提所得税费用。

分析：企业发生所得税费用，一方面是费用增加，另一方面是应交纳的税费增加。该业务涉及“所得税费用”和“应交税费”两个账户，编制会计分录：

借：所得税费用　　24 000
　　贷：应交税费——应交所得税　　24 000

第二，结转所得税费用。

分析：结转所得税费用，一方面是利润减少，另一方面是费用的转出。该业务涉及“本年利润”和“所得税费用”两个账户，编制会计分录：

借：本年利润　　24 000

　　贷：所得税费用　　24 000

第七节　利润分配的核算

一、利润分配核算的主要内容

企业实现利润后，应当按照国家有关规定进行利润分配。利润分配是指企业根据国家有关规定和企业章程、投资者协议等，对企业当年可供分配的利润所进行的分配。利润分配的过程和结果，不仅关系到所有者的合法权益能否得到保障，而且关系到企业的未来发展。利润分配的顺序如下：

（一）提取法定盈余公积

盈余公积是指企业按照规定从净利润中提取的积累资金，包括法定盈余公积和任意盈余公积。根据我国公司法有关规定，公司制企业应按照净利润的 10% 提取法定盈余公积，非公司制企业提取法定盈余公积可超过净利润的 10%。法定盈余公积累计额已达注册资本的 50% 时可不再提取。提取的法定盈余公积可用于弥补以前年度亏损、转增资本金和分配股利。

企业还可根据股东大会或类似权力机构的决议提取任意盈余公积，任意盈余公积按照批准的提取比例计算提取。任意盈余公积与法定盈余公积用途相同。

（二）向投资者分配利润

企业提取盈余公积后，剩余的利润可供投资者分配。企业向投资者分配利润时，分配的比例自行决定，主要采用发放现金或派送股票的形式。

经过上述分配后的剩余部分，即为企业的未分配利润。企业对未分配利润的使用有较大的自主权，可留待以后年度进行分配。企业如发生亏损，可以用未分配利润进行弥补。

二、利润分配核算应设置的账户

（一）“利润分配”账户

（1）账户用途：核算企业利润的分配（或亏损的弥补）和历年结存的未分配利润（或未弥补亏损）。

（2）账户性质：所有者权益类。

（3）账户结构：贷方主要登记年末从“本年利润”账户转入的全年实现的净利润额；借方登记实际分配的利润额。年末余额如果在贷方，表示未分配利润额；如果在借方，表示未弥补的亏损额。

（4）明细账设置：按照“未分配利润”“提取法定盈余公积”“提取任意盈余公积”“应付利润”等设置明细账，进行明细分类核算。

（二）“盈余公积”账户

（1）账户用途：核算企业从税后利润中提取的盈余公积金增减变动及其结余情况。

（2）账户性质：所有者权益类。

（3）账户结构：贷方登记提取的盈余公积金；借方登记使用的盈余公积金。期末余额在贷方，表示结余的盈余公积金。

（4）明细账设置：按照“法定盈余公积”“任意盈余公积”设置明细账，进行明细分类核算。

（三）“应付利润（股利）”账户

（1）账户用途：核算企业应分配给投资者利润的增减变动及其结余情况。

（2）账户性质：负债类。

（3）账户结构：贷方登记应付给投资者的利润（或股利）；借方登记实际支付给投资者的利润（或股利）。期末余额在贷方，表示尚未支付的利润（或股利）。

三、利润分配核算的账务处理

【例 4－17】2020 年 12 月 31 日，S 公司实现本年净利润 2 000 000 元。

（1）将“本年利润”结转到“利润分配”。

分析：年末结转利润，是将本年实现的净利润转入利润分配，结转后，未分配的利润增加，“本年利润”账户应无余额。该业务涉及“利润分配”和“本年利润”两个账户，编制会计分录：

借：本年利润　　2 000 000

　　贷：利润分配——未分配利润　　2 000 000

（2）按全年净利润的 10% 提取法定盈余公积 200 000 元。

分析：企业提取盈余公积，一方面是法定盈余公积增加，另一方面是可供分配的利润减少。该业务涉及“利润分配”和“盈余公积”两个账户，编制会计分录：

借：利润分配——提取法定盈余公积　　200 000

　　贷：盈余公积——法定盈余公积　　200 000

（3）S 公司决定向投资者分配利润 500 000 元。

分析：企业向投资者分配利润，一方面是应付给投资者的利润增加，另一方面是可供分配的利润减少。该业务涉及“利润分配”和“应付利润”两个账户，编制会计分录：

借：利润分配——应付利润　　500 000

　　贷：应付利润　　500 000

一个月后，S 公司用银行存款 500 000 元，向投资者支付利润。

分析：支付利润，一方面是应付给投资者的利润减少，另一方面是银行存款减少。该业务涉及“银行存款”和“应付利润”两个账户，编制会计分录：

借：应付利润　　500 000

　　贷：银行存款　　500 000

（4）年终，结转“利润分配”各明细账户。

分析：结转利润分配各明细账，是指将已分配的利润整体结转至“利润分配——未分配利润”明细账户中。结转后，利润分配其他明细账户无余额。结转时，一方面是未分配利润的减少，另一方面是利润分配其他明细的转出。该业务涉及“利润分配”各明细账户，编制会计分录：

借：利润分配——未分配利润　　700 000

　　贷：利润分配——提取法定盈余公积　　200 000

　　　　　　　　——应付利润　　500 000

第八节　主要经济业务核算实训

实训目标

通过实训，掌握制造业筹资、供应、生产、销售业务过程中发生的主要经济业务的会计处理方法，并利用其结果正确核算制造业的财务成果。

重要知识清单			
资金筹集	1. 接受投资者投入 借：银行存款、固定资产等 　　贷：实收资本	2. 向银行借款 借：银行存款 　　贷：短期借款、长期借款	3. 计提或支付利息 借：财务费用 　　贷：应付利息、银行存款
供应过程	1. 采购材料 借：原材料、在途物资 　　应交税费——增值税（进） 　　贷：银行存款、应付账款等	2. 验收入库 借：原材料 　　贷：在途物资	3. 货款结算 借：应付账款 　　应付票据等 　　贷：银行存款
生产过程	1. 归集材料费用 借：生产成本、制造费用等 　　贷：原材料等	2. 归集人工费用 借：生产成本、制造费用等 　　贷：应付职工薪酬	3. 归集制造费用 借：制造费用 　　贷：银行存款、累计折旧等
	4. 分配制造费用 借：生产成本 　　贷：制造费用	5. 产品完工入库 借：库存商品 　　贷：生产成本	6. 职工报销差旅费 借：管理费用等 　　贷：银行存款
销售过程	1. 确认收入 借：银行存款、应收账款等 　　贷：主营业务收入 　　　　应交税费——增值税（销）	2. 结转已售成本 借：主营业务成本 　　贷：库存商品	3. 核算销售税费 借：销售费用 　　贷：银行存款 借：税金及附加 　　贷：应交税费

续表

重要知识清单			
其他业务	1. 确认出售材料、出租资产收入 借：银行存款 应收账款、预收账款等 贷：其他业务收入 应交税费——增值税（销）	2. 结转相应成本费用 借：其他业务成本 贷：原材料 借：其他业务成本 贷：累计折旧	3. 确认利得、损失 借：银行存款等 贷：营业外收入 借：营业外支出 贷：银行存款等
利润形成	1. 结转收入、利得 借：主营业务收入 其他业务收入 投资收益 营业外收入等 贷：本年利润	2. 结转费用、损失 借：本年利润 贷：主营业务成本 其他业务成本 税金及附加 销售、管理、财务费用 营业外支出等	3. 计提并结转所得税 （1）计提所得税 借：所得税费用 贷：应交税费 （2）结转所得税 借：本年利润 贷：所得税费用
利润分配	1. 结转本年利润 借：本年利润 贷：利润分配——未分配利润	2. 分配利润 借：利润分配——各明细 贷：盈余公积、应付利润	3. 利润分配明细结转 借：利润分配——未分配利润 贷：利润分配——各明细

任务一　基础知识训练

一、单项选择题

1. 下列各项目中，不属于期间费用的是（　　）。

A. 制造费用　　B. 财务费用　　C. 管理费用　　D. 销售费用

2. 某企业购买甲材料，取得增值税专用发票注明：价款 10 000 元，增值税额 1 300 元。发生运杂费 800 元，采购人员差旅费 5 000 元，则甲材料的采购成本为（　　）元。

A. 11 300　　B. 10 800　　C. 15 800　　D. 16 300

3. “生产成本”账户的期末借方余额表示（　　）。

A. 库存产品的成本　　B. 完工产品成本

C. 本月生产费用合计　　D. 期末在产品成本

4. 结转已销产品成本时，应借记科目（　　）。

A. 库存商品　　B. 主营业务成本

C. 主营业务收入　　D. 生产成本

5. “固定资产”账户反映的是固定资产的（　　）。

A. 磨损价值　　B. 累计折旧　　C. 原始价值　　D. 净值

6. 企业进行利润分配的顺序为（　　）。

①提取任意盈余公积；②提取法定盈余公积；③向投资者分配利润；④弥补以前年度亏损。

A. ①②③④　　B. ②①③④　　C. ③①②④　　D. ④①②③

7. 某企业“应收账款”账户期初余额为 50 000 元，本期销售甲产品 60 000 元货款未收，销售乙产品 20 000 元货款已收；收到购货单位偿还的欠款 40 000 元存入银行，又收到购货单位订货款 30 000 元，则该账户期末余额为（　　）元。

A. 借方 70 000　　B. 借方 40 000　　C. 借方 60 000　　D. 借方 20 000

8. 企业支付已计提的借款利息时，应借记（　　）科目，贷记“银行存款”科目。

A. 财务费用　　B. 长期借款　　C. 短期借款　　D. 应付利息

9. 下列内容中，应记入“其他业务收入”科目的是（　　）。

A. 出售产品收入　　B. 罚款收入

C. 销售材料收入　　D. 出售固定资产收入

10. 下列各项，属于管理费用的是（　　）。

A. 厂部发生的办公费　　B. 车间职工发生的差旅费

C. 采购材料发生的运杂费　　D. 产品发生的展览费

11. 工业企业领用材料直接用于生产产品，应记入（　　）账户。

A. 制造费用　　B. 生产成本　　C. 销售费用　　D. 主营业务成本

12. 采购员张三出差预借差旅费时，应借记（　　）科目。

A. 其他应付款　　B. 管理费用　　C. 库存现金　　D. 其他应收款

二、多项选择题

1. 工业企业的主要经济业务包括（　　）。

A. 资金筹集业务　　B. 供应过程业务

C. 产品生产业务　　D. 产品销售业务

2. 下列各项中，通过“税金及附加”科目核算的有（　　）。

A. 城建税　　B. 教育费附加　　C. 增值税　　D. 所得税

3. 企业销售产品，收到的增值税专用发票注明：价款 10 万元，增值税额 1.3 万元。货款尚未收到。以下会计处理正确的有（　　）。

A. 主营业务收入增加，应贷记“主营业务收入”10 万元

B. 增值税销项税额增加，应贷记“应交税费——增值税（销项税额）”1.3 万元

C. 增值税进项税额增加，应借记“应交税费——增值税（进项税额）”1.3 万元

D. 应收账款增加，应借记“应收账款”11.3 万元

4. 下列账户中，年末余额一定为零的有（　　）。

A. 生产成本　　B. 财务费用　　C. 管理费用　　D. 主营业务成本

5. 下列各项中，（　　）会影响到营业利润的核算。

A. 主营业务收入　　B. 投资收益　　C. 所得税费用　　D. 税金及附加

6. 下列项目中，应直接记入“生产成本”账户的有（　　）。

A. 车间管理人员的工资　　B. 生产工人的工资

C. 车间生产设备的折旧费　　　　　　D. 生产产品耗用的材料

7. 企业收到投资者投入价值 10 万元的专利权，以下选项正确的有（　　）。

A. 借记“无形资产”10 万元　　　　B. 贷记“实收资本”10 万元

C. 贷记“资本公积”10 万元　　　　D. 借记“实收资本”10 万元

8. 企业计提职工薪酬时，贷记“应付职工薪酬”科目，可借记（　　）科目。

A. 生产成本　　B. 管理费用　　C. 制造费用　　D. 销售费用

9. 下列账户中，期末应转入“本年利润”科目的有（　　）。

A. 主营业务成本　　B. 投资收益　　C. 制造费用　　D. 财务费用

10. 下列项目中，属于利润分配明细科目的是（　　）。

A. 提取法定盈余公积　　　　B. 未分配利润

C. 提取任意盈余公积　　　　D. 应付利润

11. 下列各项中，属于营业外支出核算内容的有（　　）。

A. 因企业没有按时交付产品，支付的合同违约金

B. 企业向税务部门缴纳的税收滞纳金

C. 固定资产提前报废，发生的报废净损失

D. 企业通过民政部门，向灾区捐款

12. 下列有关“制造费用”账户的表述中，正确的有（　　）。

A. 属于损益类账户中的费用类账户

B. 借方登记生产车间发生的各项间接费用

C. 贷方登记期末分配记入产品成本的制造费用

D. 期末结转后一般无余额

三、判断题

1. 企业用转账支票支付购货款，应通过“应付票据”账户进行核算。（　　）

2. 企业出租闲置的设备，计提的折旧应记入制造费用。（　　）

3. “本年利润”账户的期末余额反映一定期间实现的净利润或发生的净亏损。该账户年末结转后无余额。（　　）

4. 企业销售产品发生的运输费应记入主营业务成本。（　　）

5. “生产成本”科目属于成本类，期末如有余额表示在产品的成本。（　　）

6. 预收下半年的出租汽车租金，可以直接确认为本期收入。（　　）

7. “累计折旧”账户是资产类账户，所以计提折旧应记入该账户的借方。（　　）

8. 企业销售产品时，收取的增值税销项税额应记入主营业务收入。（　　）

9. 企业提取盈余公积时，应借记“利润分配——未分配利润”科目，贷记“盈余公积”科目。（　　）

10. 企业发生的营业外收入和营业外支出，不会影响营业利润。（　　）

11. 企业支付给金融机构的手续费应确认为管理费用。（　　）

12. 企业专设销售机构发生的各项费用，应在“销售费用”账户核算。（　　）

任务二　专项实训

实训一　筹集资金业务实训

实训目的： 练习资金筹集业务。

实训资料： 甲公司2020年1月份发生下列部分经济业务。

（1）3日，收到C公司投入的价值400 000元的商标权和价值250 000元的轿车。

（2）5日，向建设银行借入期限为2年的借款2 000 000元，存入银行。

（3）8日，开出转账支票200 000元购入设备一台，已交付生产车间使用。

（4）15日，开出转账支票，退还某投资者的投资款280 000元。

（5）20日，向工商银行借入期限为3个月的借款150 000元，存入银行。

（6）25日，用银行存款偿还到期的短期借款本金100 000元和本月利息3 000元。

（7）28日，分别用盈余公积100 000元、资本公积200 000元，转增资本。

（8）31日，计提本月长期借款利息5 000元。

实训要求： 根据上述资料编制相关的会计分录，填入表4－4中。

表4－4　　经济业务会计分录

业务序号	对应的会计分录	业务序号	对应的会计分录
（1）		（5）	
（2）		（6）	
（3）		（7）	
（4）		（8）	

实训二　供应过程业务实训

实训目的： 练习材料采购业务。

实训资料： 甲公司2020年3月份发生下列部分经济业务。

（1）1日，向利华工厂购入A材料，收到的增值税专用发票注明：价款50 000元，增值税额6 500元。甲公司通过银行转账支付货款，材料已验收入库。

（2）6日，向云海工厂购入C材料，收到的增值税专用发票注明：价款80 000元，增值税额10 400元。云海工厂代垫运杂费2 500元，款项尚未支付，材料已验收入库。

（3）12日，根据合同，通过银行转账预付光明工厂购货款80 000元。

（4）15 日，向白云工厂购入 B 材料，收到的增值税专用发票注明：价款 60 000 元，增值税额 7 800 元。甲公司开出一张期限为 3 个月的银行承兑汇票，材料已验收入库。

（5）20 日，收到光明工厂发来的 D 材料，增值税专用发票注明：价款 100 000 元，增值税额 13 000 元。D 材料已验收入库。

（6）23 日，从锦州工厂购入 E 材料 400 千克，每千克 150 元，计价款 60 000 元，增值税进项税额 10 200 元，供方代垫运杂费 3 800 元，款项用银行存款支付，材料尚未到达。

（7）25 日，通过银行转账支付光明工厂材料尾款 33 000 元。

（8）28 日，收到锦州工厂发来的 E 材料，验收入库。

实训要求：根据上述资料编制相关的会计分录，填入表 4－5 中。

表 4－5　　经济业务会计分录

业务序号	对应的会计分录	业务序号	对应的会计分录
（1）		（5）	
（2）		（6）	
（3）		（7）	
（4）		（8）	

实训三　生产过程业务实训

实训目的：练习产品生产业务。

实训资料：方达公司 2020 年 4 月发生下列部分经济业务。

（1）1 日，生产甲产品领用 A 材料 40 000 元，生产乙产品领用 B 材料 60 000 元，车间一般消耗领用 D 材料 1 500 元。

（2）2 日，以现金 960 元购买办公用品，管理部门领用 560 元，生产车间领用 400 元。

（3）5 日，通过银行支付上月职工薪酬 120 000 元。

（4）6 日，生产甲产品领用 C 材料 16 000 元，生产乙产品领用 C 材料 4 000 元。

（5）10 日，从银行提取现金 10 000 元，以备日常零星开支。

（6）18 日，办公室主任报销会议费 980 元，出纳以现金支付。

（7）22 日，车间主任出差归来，报销差旅费 5 800 元，出纳开出现金支票支付。

（8）25 日，分摊本月应付电费，其中：车间应分摊 1 500 元，管理部门应分摊 800 元。

（9）30 日，计提本月固定资产折旧，其中：车间应计提 5 200 元，厂部应计提 2 800 元。

（10）30 日，分配本月应付职工薪酬 120 000 元，其中：生产甲产品工人薪酬 40 000 元，生产乙产品工人薪酬 30 000 元，车间管理人员薪酬 18 000 元，厂部管理人员薪酬 32 000 元。

（11）30 日，结转本月发生的制造费用，其中：甲产品负担 60%，乙产品负担 40%。

（12）30 日，本月生产的甲产品全部完工已验收入库，乙产品全部未完工。

实训要求：

（1）根据上述资料，开设并登记“生产成本”“制造费用”和“管理费用”T 型账户，如图 4－4～图 4－7 所示，结出发生额及期末余额。

生产成本——甲产品

图 4－4

生产成本——乙产品

图 4－5

制造费用

图 4－6

管理费用

图 4－7

（2）根据上述资料编制相关的会计分录，填入表 4－6 中。

表 4－6　　经济业务会计分录

业务序号	对应的会计分录	业务序号	对应的会计分录
（1）		（7）	
（2）		（8）	
（3）		（9）	
（4）		（10）	
（5）		（11）	
（6）		（12）	

实训四　销售过程业务实训

实训目的： 练习产品销售业务。

实训资料： 大华公司2020年6月份发生下列经济业务。

（1）5日，向A公司销售甲产品200件，每件售价400元，开出的增值税专用发票注明：价款80 000元，增值税额10 400元。另开出转账支票代垫运杂费3 000元，款项尚未收到。

（2）8日，向B公司销售乙产品200件，每件售价200元，开出的增值税专用发票注明：价款40 000元，增值税额5 200元。款项已收存银行。

（3）15日，大华公司收到A公司承兑的面值93 400元、期限2个月的商业承兑汇票。

（4）19日，开出转账支票支付销售甲产品的运杂费1 500元。

（5）23日，根据合同出租设备于C公司，通过银行转账预收C公司50 000元租金。

（6）26日，向C公司销售甲产品150件，每件售价400元，开出的增值税专用发票注明：价款60 000元，应收增值税为7 800元，货款尚未收到。

（7）30日，计提本月应交城建税819元和教育费附加351元。

（8）30日，结转本月已售产品的成本，甲产品的单位成本为240元，乙产品单位成本为80元。

实训要求： 根据以上的经济业务编制会计分录，填入表4－7中。

表4－7　　经济业务会计分录

业务序号	对应的会计分录	业务序号	对应的会计分录
（1）		（5）	
（2）		（6）	
（3）		（7）	
（4）		（8）	

实训五　利润计算实训

实训目的： 练习经营成果的计算。

实训资料： 甲公司2020年5月份的主营业务收入1 000 000元，主营业务成本400 000元，其他业务收入100 000元，其他业务成本56 000元，税金及附加6 000元，销售费用40 000元，管理费用80 000元，财务费用20 000元，投资净收益100 000元，营业外收入

12 000 元，营业外支出 22 000 元。

实训要求： 甲公司适用的所得税率为 25%，计算 5 月份的营业利润、利润总额和净利润，填入表 4 – 8 中。

表 4 – 8　　利润计算表

项目	计算过程
营业收入	
营业成本	
营业利润	
利润总额	
所得税费用	
净利润	

实训六　利润形成和利润分配业务实训

实训目的： 练习利润形成和利润分配业务。

实训资料： 甲公司适用的所得税税率为 25%。2020 年 12 月份发生下列经济业务：

（1）3 日，通过银行转账向希望工程捐款 10 000 元。

（2）5 日，收到罚款收入 3 000 元，存入开户银行。

（3）10 日，向宏远工厂销售 A 产品 500 件，每件售价 600 元，开出的增值税专用发票注明：价款 300 000 元，销项税额 39 000 元。款项尚未收到。

（4）15 日，向东南工厂销售 C 材料 1 000 千克，每千克售价 200 元，开出的增值税专用发票注明：价款 20 000 元，销项税额为 2 600 元。款项已收存银行。

（5）20 日，通过银行支付本月借款利息 13 000 元。

（6）25 日，确认应收的公司债券利息 7 000 元。

（7）30 日，结转本月已销 A 产品成本 150 000 元，结转已销 C 材料成本 12 000 元。

（8）30 日，计提本月应交纳的城市维护建设税 2 100 元和教育费附加 900 元。

（9）30 日，将本月收入、收益结转到“本年利润”账户。

（10）31 日，将本月费用、支出结转到“本年利润”账户。甲公司 12 月累计发生管理费用 38 000 元，销售费用 24 000 元。

（11）31 日，计算本月应交所得税，并将所得税费用结转到“本年利润”账户。

（12）31 日，结转本年实现的净利润，假定本年 1～11 月共实现净利润 740 000 元。

（13）31 日，按税后利润的 10% 提取法定盈余公积，并向投资者分配净利润 300 000 元。

（14）31 日，结转利润分配各明细账户。

实训要求： 根据以上经济业务编制会计分录，填入表 4 – 9 中。

表4-9　　经济业务会计分录

业务序号	对应的会计分录	业务序号	对应的会计分录
(1)		(8)	
(2)		(9)	
(3)		(10)	
(4)		(11)	
(5)		(12)	
(6)		(13)	
(7)		(14)	

实训七　综合业务实训

实训目的：练习综合业务。

实训资料1：锦达公司为增值税一般纳税人，适用的增值税税率为13%，适用的所得税税率为25%。2020年12月初，有关科目余额如表4-10所示。

表4-10　　会计科目余额表　　单位：元

会计科目	借方余额	会计科目	贷方余额
库存现金	10 000.00	累计折旧	280 000.00
银行存款	929 000.00	短期借款	1 500 000.00
应收票据	513 000.00	应付账款	448 000.00
应收账款	980 000.00	应交税费	78 000.00
原材料	580 000.00	实收资本	3 000 000.00
库存商品	616 000.00	盈余公积	280 000.00
长期股权投资	450 000.00	利润分配	300 000.00
固定资产	2 608 000.00	本年利润（1~11月净利润）	800 000.00
合　计	6 686 000.00	合　计	6 686 000.00

实训资料2：12月初有关明细账余额如下：

原材料——甲材料3 000千克，单价100元，共300 000元；

原材料——乙材料2 000千克，单价120元，共240 000元；

原材料——丙材料500千克，单价80元，共40 000元；

库存商品——A产品500件，单位成本600元，总成本300 000元；

库存商品——B产品400件，单位成本790元，总成本316 000元。

实训资料3：12月发生以下经济业务：

（1）1日，仓库发出甲材料1 300千克，其中：生产A产品领用900千克，B产品领用400千克。另车间一般耗用丙材料50千克。

（2）2日，收回到期的商业承兑汇票313 000元，已收存银行。

（3）3日，购进乙材料500千克，收到的增值税专用发票注明：价款60 000元，增值税额7 800元。货款尚未支付，材料已验收入库。

（4）4日，行政管理部门购买办公用品940元，出纳以现金支付。

（5）5日，购入甲材料2 000千克，收到的增值税专用发票注明：价款200 000元，税金26 000元。货款已通过银行支付，材料尚未到达。

（6）6日，用银行存款16 600元购买车间劳保用品，已交付使用。

（7）7日，上述甲材料已到达并验收入库。

（8）8日，用银行存款归还前欠大明工厂货款80 000元和东方公司货款120 000元。

（9）9日，用现金支付车辆交通违章罚款900元。

（10）10日，仓库发出乙材料1 000千克，其中：生产A产品领用200千克，B产品领用800千克。

（11）10日，销售A产品，开出的增值税专用发票注明：数量300件，单价1 200元，价款360 000元，税金46 800元。货款已收存银行。

（12）11日，销售B产品，开出的增值税专用发票注明：数量300件，单价1 600元，价款480 000元，税金62 400元，甲公司收到一张面值为542 400元、期限为3个月的商业承兑汇票。

（13）12日，用现金800元，支付销售产品发生的运杂费。

（14）13日，开出转账支票78 000元，交纳上个月的税费。

（15）14日，通过银行发放上月职工薪酬350 000元。

（16）15日，开出转账支票12 000元，支付广告费。

（17）16日，出售丙材料300千克，开出的增值税专用发票注明：价款30 000元，税金3 900元。货款已收存银行。

（18）17日，转让一项长期股权投资，其成本为150 000元，价款200 000元，已收存银行。

（19）18日，用银行存款购入一辆拉货车，收到的机动车销售发票注明：价款200 000元，增值税额26 000元，当即交付仓库投入使用。

（20）19日，销售A产品，开出的增值税专用发票注明：数量200件，单价1 200元，价款240 000元，税金31 200元，货款已收存银行。

（21）20日，开出转账支票，归还到期的短期借款200 000元和本月利息2 100元。

（22）21 日，开出转账支票，支付车间职工安全生产培训费 16 000 元。

（23）22 日，开出转账支票，捐赠灾区 90 000 元。

（24）23 日，收到外单位交来的合同违约金 10 800 元，存入银行。

（25）25 日，厂长和车间主任出差归来报销差旅费 17 000 元，其中：厂长报销 8 600 元，车间主任报销 8 400 元，出纳开出现金支票支付。

（26）26 日，支付本月发生的借款利息 14 000 元。

（27）27 日，分配本月发生的水电费 17 600 元。其中：车间应分摊水电费 16 200 元，管理部门应分摊水电费 860 元，销售部门应分摊水电费 540 元。

（28）28 日，分配本月职工薪酬 350 000 元。其中：生产 A 产品工人职工薪酬 130 000 元，B 产品工人职工薪酬 125 000 元，车间管理人员职工薪酬 32 000 元，行政部门人员职工薪酬 38 000 元，销售部门人员职工薪酬 25 000 元。

（29）30 日，计提本月固定资产折旧费，车间的固定资产应提 18 800 元，行政部门的固定资产应提 4 200 元，销售部门应提 2 800 元。

（30）31 日，结转本月发生的制造费用 111 000 元。其中：A 产品应结转 56 000 元，B 产品应结转 55 000 元。

（31）31 日，本月投产的 A 产品 500 件，B 产品 400 件，全部完工，并验收入库，计算结转完工产品的成本。

（32）31 日，结转已销产品成本，A 产品销售了 500 件，B 产品销售了 300 件。

（33）31 日，结转已销丙材料成本 24 000 元。

（34）31 日，计提本月应交纳的城市维护建设税 5 642 元和教育费附加 2 418 元。

（35）31 日，结转有关损益类账户，计算本月利润。

（36）31 日，按本月利润的 25% 计提并结转所得税费用。

（37）31 日，将“本年利润”结转至“利润分配——未分配利润”账户。

（38）31 日，按全年净利润的 10% 提取法定盈余公积，按 5 % 提取任意盈余公积。

（39）31 日，按净利润的 20% 向投资者分配利润。

（40）31 日，结转利润分配各明细科目。

实训要求：

（1）开设并登记损益类账户 T 型账户，如图 4－8～图 4－19 所示，结出发生额。

主营业务收入	

图 4－8

主营业务成本	

图 4－9

其他业务收入

图 4－10

其他业务成本

图 4－11

税金及附加

图 4－12

销售费用

图 4－13

管理费用

图 4－14

财务费用

图 4－15

投资收益

图 4－16

营业外收入

图 4－17

营业外支出

图 4－18

所得税费用

图 4－19

（2）根据上述经济业务编制会计分录，填入表4－11中。

表4－11　　经济业务会计分录

业务序号	对应的会计分录	业务序号	对应的会计分录
(1)		(14)	
(2)		(15)	
(3)		(16)	
(4)		(17)	
(5)		(18)	
(6)		(19)	
(7)		(20)	
(8)		(21)	
(9)		(22)	
(10)		(23)	
(11)		(24)	
(12)		(25)	
(13)		(26)	

续表

业务序号	对应的会计分录	业务序号	对应的会计分录
(27)		(35)	
(28)		(36)	
(29)		(37)	
(30)		(38)	
(31)		(39)	
(32)		(40)	
(33)		(41)	
(34)		(42)	

（3）根据上述资料，编制总分类账户试算平衡表，如表4－12所示。

表4－12　**总分类账户试算平衡表**

2020年12月31日　单位：元

账户名称	期初余额		本期发生额		期末余额	
	借方	贷方	借方	贷方	借方	贷方
库存现金	10 000					
银行存款	929 000					
应收票据	513 000					
应收账款	980 000					
原材料	580 000					
库存商品	616 000					
长期股权投资	450 000					

续表

账户名称	期初余额		本期发生额		期末余额	
	借方	贷方	借方	贷方	借方	贷方
固定资产	2 608 000					
累计折旧		280 000				
短期借款		1 500 000				
应付账款		448 000				
应交税费		78 000				
实收资本		3 000 000				
盈余公积		280 000				
本年利润		800 000				
利润分配		300 000				
生产成本						
制造费用						
应付利润						
主营业务收入						
主营业务成本						
其他业务收入						
其他业务成本						
税金及附加						
销售费用						
管理费用						
财务费用						
投资收益						
营业外收入						
营业外支出						
所得税费用						
合　计	6 686 000	6 686 000				

第五章

会计凭证

知识目标

明确会计凭证的概念及种类，熟悉原始凭证的基本内容和填制要求，了解会计凭证的传递和保管。重点掌握记账凭证的基本内容，能熟练填制记账凭证。

课前思考

在教学中，我们用语言描述企业发生的各种经济业务，并采用借贷记账法编制相应的会计分录。而在实际工作中，企业发生的每一项经济业务如何传递于会计人员？会计人员又将如何记录在实际的“作业本”上？

第一节 会计凭证概述

一、会计凭证的含义

会计凭证是指记录经济业务发生或完成情况的书面证明，是登记账簿的依据，包括纸质会计凭证和电子会计凭证两种形式。任何单位在处理具体的经济业务时，都必须由执行和完成该项经济业务的有关人员从单位外部取得或自行填制有关凭证，以书面形式记录和证明所发生经济业务的性质、内容、数量和金额等，并在凭证上签名或盖章，以对经济业务的合法性、完整性负责。

二、会计凭证的意义

合法地取得、正确地填制和审核会计凭证，是会计核算的基本方法之一，在会计核算和经济管理工作中具有重要意义。

（一）记录经济业务，提供记账依据

会计凭证是登记账簿的依据，登记账簿必须以审核无误的会计凭证为依据，这样才能保证账簿记录的真实和正确，保证会计信息质量，防止主观随意性和弄虚作假等行为的发生。

（二）监督经济活动，控制经济运行

通过会计凭证的审核，可以检查各项经济业务的发生是否符合有关的财经法规、会计准则，是否符合业务经营、账务收支的方针和计划及预算的规定，从而发挥会计的监督作用，保护会计主体所拥有资产的安全完整，维护投资者、债权人和有关各方的利益。

（三）明确经济责任，强化内部控制

会计凭证记录了每项经济业务的内容，要求有关的经办人员对经济活动的真实性、完整

性、合法性负责。这无疑会增强有关人员的责任感，促使其严格按照有关政策、法规、准则办事，强化内部控制。如果发生违法乱纪或经济纠纷事件，也可借助会计凭证确定经办人员所负的责任，从而加强经营管理的岗位责任制。

三、会计凭证的种类

企业发生的经济业务内容非常复杂丰富，用以记录、监督经济业务的会计凭证，也是五花八门、名目繁多。为了具体地认识、掌握和运用会计凭证，首先要对会计凭证加以分类。会计凭证按照填制程序和用途可分为原始凭证和记账凭证。

（一）原始凭证

原始凭证又称单据，是指在经济业务发生或完成时取得或填制的，用以记录或证明经济业务的发生或完成的书面证明。它是编制记账凭证的直接依据。例如，出差的车船票、采购材料的增值税专用发票、仓库发出材料的领料单等。原始凭证是在经济业务发生的过程中直接产生的，是经济业务发生的最初证明，在法律上具有证明效力。

（二）记账凭证

记账凭证又称记账凭单，是指会计人员根据审核无误的原始凭证，按照经济业务内容确定会计分录后填制的会计凭证。它是登记账簿的直接依据。

企业发生经济业务需要编制会计分录，在实际工作中，会计分录是填写在记账凭证上的。记账凭证将原始凭证中的经济信息转化为会计语言，是介于原始凭证和会计账簿的中介环节。

知识链接

原始凭证与记账凭证

原始凭证与记账凭证同属会计凭证，但性质大不相同。原始凭证记录的是经济信息，是会计核算的基础；而记账凭证记录的是会计信息，是会计核算的起点。两者的主要区别如下：

1. 填制人员不同。原始凭证是由经办人员填制的，记账凭证一律由会计人员填制。

2. 填制依据不同。原始凭证根据发生或完成的经济业务填制，记账凭证根据审核后的原始凭证填制。

3. 发挥作用不同。原始凭证仅证明经济业务已经发生或完成，是填制记账凭证的依据；记账凭证要依据会计科目对经济业务进行归类、整理后编制，是登记账簿的直接依据。

在实际工作中，原始凭证作为记账凭证的附件，需要附在记账凭证后面。

资料来源：《现代经济词典》。

第二节 原始凭证

一、原始凭证的种类

（一）按取得来源分类

原始凭证按照取得来源不同，可分为自制原始凭证和外来原始凭证。

1. 自制原始凭证

自制原始凭证是指在经济业务发生或完成时，由本单位的经办人员自行填制的、仅供本单位内部使用的原始凭证。例如，领料单、产品入库单、固定资产折旧计算表等。单位内部使用的领料单格式，如表5－1所示。

表5－1　　领　料　单

领料部门：　　　　　　　　　　　　　　　　　　　　　　发料仓库：

用途：　　　　　　　　　年　　月　　日　　　　　　　　编号：

编号	材料名称	规格	计量单位	请领数量	实发数量	单价	金额

审核：　　　　领料：　　　　发料：　　　　制单：

2. 外来原始凭证

外来原始凭证是指在经济业务发生或完成时，从外单位或个人直接取得的原始凭证。例如，企业购买材料取得的增值税专用发票、职工出差报销的火车票等。增值税专用发票的格式，如表5－2所示。

（二）按填制的手续和内容分类

原始凭证按其填制手续和内容不同，可分为一次凭证、累计凭证、汇总原始凭证。

1. 一次凭证

一次凭证是指一次填制完成，只记录一笔经济业务，且仅一次有效的原始凭证。通常绝大多数的原始凭证都是一次凭证，如收料单、收款收据、餐饮发票、银行结算凭证等。收料单的一般格式，如表5－3所示。

表 5－2

1100148560　　　　北京增值税专用发票　　　　№

记账联

开票日期：　　年　月　日

<table>
<tr><td rowspan="4">购货方</td><td colspan="5">名　　称：</td><td rowspan="4">密码区</td><td colspan="3" rowspan="4"></td></tr>
<tr><td colspan="5">纳税人识别号：</td></tr>
<tr><td colspan="5">地 址 、电 话：</td></tr>
<tr><td colspan="5">开户行及账号：</td></tr>
<tr><td colspan="2">货物或应税劳务、服务名称</td><td>规格型号</td><td>单位</td><td>数量</td><td>单价</td><td colspan="2">金额</td><td>税率</td><td>税额</td></tr>
<tr><td colspan="2"></td><td></td><td></td><td></td><td></td><td colspan="2"></td><td></td><td></td></tr>
<tr><td colspan="2">合　计</td><td></td><td></td><td></td><td></td><td colspan="2"></td><td></td><td></td></tr>
<tr><td colspan="2">价税合计（大写）</td><td colspan="8">（小写）</td></tr>
<tr><td rowspan="4">销货方</td><td colspan="5">名　　称：</td><td rowspan="4">备注</td><td colspan="3" rowspan="4"></td></tr>
<tr><td colspan="5">纳税人识别号：</td></tr>
<tr><td colspan="5">地 址 、电 话：</td></tr>
<tr><td colspan="5">开户行及账号：</td></tr>
</table>

第一联　记账联　销货方记账凭证

收款人：　　复核：　　开票人：　　销货方：（章）

表 5－3

收　料　单

供货单位：　　　　凭证编号：

发票编码：　　年　月　日　　收料仓库：

<table>
<tr><td rowspan="2">材料编号</td><td rowspan="2">材料规格</td><td rowspan="2">计量单位</td><td colspan="2">数量</td><td colspan="4">金额</td></tr>
<tr><td>应收</td><td>实收</td><td>单价</td><td>买价</td><td>运杂费</td><td>合计</td></tr>
<tr><td></td><td></td><td></td><td></td><td></td><td></td><td></td><td></td><td></td></tr>
<tr><td></td><td></td><td></td><td></td><td></td><td></td><td></td><td></td><td></td></tr>
<tr><td></td><td></td><td></td><td></td><td></td><td></td><td></td><td></td><td></td></tr>
<tr><td colspan="2">合　计</td><td></td><td></td><td></td><td></td><td></td><td></td><td></td></tr>
</table>

第二联：记账联

仓库负责人：　　收料：　　审核：　　制单：

2. 累计凭证

累计凭证是指在一定时期内多次记录发生的同类经济业务且多次有效的原始凭证。累计凭证的特点是在一张凭证内可以连续登记同类经济业务，随时结出累计数和结余数，直到期末，凭证填制手续才算完成，并以期末累计数作为记账依据。它主要适用于大量重复发生的经济业务。工业企业常用的限额领料单就是累计凭证。使用累计凭证，可以简化核算手续，能对材料消耗、成本管理起事先控制作用，是企业进行计划管理的手段之一。限额领料单的一般格式，如表 5－4 所示。

表5－4 **限额领料单**

领料部门： 编号：

用 途： 年 月 发料仓库：

材料编号	材料名称	计量单位	单价	全月领用限额	全月实领	
					数量	金额
领用日期	请领数量	实发数量	累计数	结余数	领料人	发料人

仓库负责人： 领料部门负责人： 供应部门负责人：

3. 汇总原始凭证

在会计核算工作中，为简化记账凭证的编制工作，通常会将许多性质相同的原始凭证定期加以整理、归集和汇总，编制成汇总原始凭证。汇总原始凭证，又称原始凭证汇总表，是指将一定时期内反映同类经济业务的若干原始凭证，按照一定的标准综合填制的原始凭证。汇总原始凭证合并了同类型经济业务，简化了凭证编制和记账工作。例如，发料凭证汇总表、工资汇总表、差旅费报销单等。发料凭证汇总表的一般格式，如表5－5所示。

表5－5 **发料凭证汇总表**

年 月

会计科目	领料部门	成本项目（费用项目）	领用材料			
			主要材料	包装物	低值易耗品	合计
生产成本	甲产品	直接材料				
	乙产品	直接材料				
	小 计					
制造费用	生产车间	机物料消耗				
管理费用	行政部门	材料费				
销售费用	销售机构	材料费				
合 计						

会计主管： 复核： 制单：

（三）按格式不同分类

原始凭证按照格式不同，可分为通用凭证和专用凭证。

1. 通用凭证

通用凭证是指由有关部门统一印制、在一定范围内使用的具有统一格式和使用方法的原始凭证。通用凭证的使用范围因制作部门的不同而有所差别，可以是分地区、分行业使用，也可以是全国通用。例如，某省（市）印制的在该省（市）通用的发票、收据等；由中国人民银行制作的全国通用的银行转账结算凭证；由国家税务局统一印制的全国通用的增值税专用发票等。中国工商银行电汇凭证格式，如表 5－6 所示。

表 5－6

中国工商银行进账单（收账通知）3

年　月　日

<table>
<tr><td rowspan="3">出票人</td><td>全　称</td><td colspan="2"></td><td rowspan="3">收款人</td><td>全　称</td><td colspan="9"></td></tr>
<tr><td>账　号</td><td colspan="2"></td><td>账　号</td><td colspan="9"></td></tr>
<tr><td>开户银行</td><td colspan="2"></td><td>开户银行</td><td colspan="9"></td></tr>
<tr><td colspan="6" rowspan="2">人 民 币（大写）</td><td>百</td><td>十</td><td>万</td><td>千</td><td>百</td><td>十</td><td>元</td><td>角</td><td>分</td></tr>
<tr><td></td><td></td><td></td><td></td><td></td><td></td><td></td><td></td><td></td></tr>
<tr><td colspan="2">票据种类</td><td>票据张数</td><td></td><td colspan="11" rowspan="3">收款人开户行盖章</td></tr>
<tr><td colspan="2">票据号码</td><td colspan="2"></td></tr>
<tr><td colspan="2">复核</td><td colspan="2">记账</td></tr>
</table>

此联是收款人开户行给收款人的收账通知

2. 专用凭证

专用凭证是指由单位自行印制、仅在本单位内部使用的原始凭证。例如，差旅费报销单、固定资产折旧计算表和借款单等。固定资产折旧计算表的一般格式，如表 5－7 所示。

表 5－7

固定资产折旧计算表

年　月

使用部门及固定资产类别		月初固定资产原值	月折旧率	本月应计提折旧额
合　计				

会计主管：　　　　审核：　　　　制表：

二、原始凭证的基本内容

在实际工作中，由于经济业务的内容和经营管理的要求不同，原始凭证的名称、格式和内容也是多种多样的，但无论哪种原始凭证，都应当具备以下基本内容：（1）原始凭证的名称；（2）填制原始凭证的日期；（3）填制原始凭证单位名称和填制人姓名；（4）经办人员的签名或者盖章；（5）接受原始凭证单位名称；（6）经济业务内容；（7）数量、单价和金额。

三、原始凭证的填制要求

（一）记录真实

原始凭证所填列经济业务的内容和数字，必须真实可靠、数字准确，符合实际情况。记录真实就是要求实事求是地填写经济业务，不得歪曲事实、弄虚作假。

（二）内容完整

原始凭证所要求填列的项目必须逐项填列齐全，不得遗漏或省略。原始凭证中的日期要按照填制原始凭证的实际日期填写，名称要齐全，不能简化；品名或用途要填写明确，不能含糊不清。

（三）手续完备

从外单位取得的原始凭证，必须盖有填制单位的公章或者财务专用章；从个人取得的原始凭证，必须有填制人员的签名或盖章；单位自制的原始凭证必须有经办单位负责人或者其指定的人员签名或盖章；对外开出的原始凭证，必须加盖本单位公章或者财务专用章。

从外单位取得的原始凭证遗失时，应取得原签发单位盖有公章的证明，并注明原始凭证的号码、金额、内容等，由经办单位会计机构负责人、会计主管人员和单位负责人批准后，才能代作原始凭证。若确实无法取得证明的，如车票丢失，则应由当事人写明详细情况，由经办单位会计机构负责人、会计主管人员和单位负责人批准后，代作原始凭证。

（四）书写清楚、规范

原始凭证要按规定填写，文字要简明，字迹要清楚，易于辨认，不得使用未经国务院公布的简化汉字。凡填有大小写金额的原始凭证，大小写金额必须相符且填写规范，小写金额用阿拉伯数字逐个书写，不得写连笔字。在金额前要填写人民币符号“￥”（使用外币时填写相应符号），且与阿拉伯数字之间不得留有空白。金额数字一律写到角分，无角分的写“00”或符号“-”；有角分的，分位写“0”，不得用符号“-”代替。大写金额用汉字壹、贰、叁、肆、伍、陆、柒、捌、玖、拾、佰、仟、万、亿、元、角、分、零、整等，一律用正楷或行书书写。大写金额前未印有“人民币”字样的，应加写“人民币”三个字，且与大写金额之间不得留有空白。大写金额到元或角为止的，后面要写“整”字，有分的不写“整”字。例如，小写金额为￥1 368.50，大写金额应写成“人民币壹仟叁佰陆拾捌元伍角整”。

（五）编号连续

各种凭证要连续编号，以便检查。如果原始凭证已预先印制编号，如发票、支票等重要凭证，在因错作废时，应当加盖“作废”戳记，连同存根一起妥善保管，不得任意撕毁。

（六）不得涂改、刮擦、挖补

原始凭证有错误的，应当由出具单位重开或更正，更正处应当加盖出具单位印章。原始凭证金额有错误的，应当由出具单位重开，不得在原始凭证上更正。向银行提供的各种原始凭证，文字、数字一律不得更正。

（七）填制及时

各种原始凭证一定要及时填写。每笔经济业务发生或完成时，经办人员应及时取得或填制原始凭证，并按规定的程序及时送交会计部门审核、记账，不能提前，也不能事后补制。

四、原始凭证的审核

为了保证原始凭证所记录经济业务的真实、合法、完整，会计人员必须对原始凭证进行严格审核。审核原始凭证是会计机构、会计人员的法定职责，是实施会计监督的重要形式。

（一）原始凭证的审核内容

原始凭证在审核时，应主要从以下五个方面进行：

1. 审核原始凭证的真实性

真实性的审核包括凭证日期是否真实、业务内容是否真实、数据是否真实等。在审核时应注意原始凭证内容是否符合经济业务发生的真实情况，有无弄虚作假、营私舞弊、伪造和涂改原始凭证的行为。

2. 审核原始凭证的合法性、合理性

审核原始凭证记录的经济业务是否符合国家有关政策、法律的规定，是否违反财经纪律和会计准则的规定；审核原始凭证的经济业务是否符合单位的生产、经营计划，是否符合成本效益原则，有无奢侈浪费等问题。

3. 审核原始凭证的完整性

审核原始凭证的各项要素内容是否填列齐全，是否有漏项情况，日期是否完整，数字是否清晰，有关人员是否签名盖章，凭证联次是否正确等。

4. 审核原始凭证的正确性

审核原始凭证的文字书写是否规范，接受凭证单位名称是否正确，数量、单价、金额填写和计算是否正确，大、小写金额是否一致，有错误的原始凭证更正是否正确。

5. 审核原始凭证的及时性

审核原始凭证的填制日期是否是在经济业务发生或完成时填制，是否及时传递，尤其是支票、银行汇票等时效性较强的原始凭证，更应仔细验证其签发日期。

（二）原始凭证的审核方法

原始凭证审核需要丰富的实务经验，作为审核人员，既要具有较高的会计操作技能，还要具有较高的理论知识水平，精通有关财经法律和会计准则。

在长期的会计实践工作中，会计工作者摸索和积累了许多行之有效、简便易行的审核工作经验，具体可以概括为六个字，即“一看、二算、三查”。

“一看”是指拿到需要审核的原始凭证以后，认真地进行查看，主要包括：(1) 内容填写是否完整，有无漏填的项目；(2) 书写是否清晰可辨，有无文字或数字书写错误，大、小写金额是否一致；(3) 手续是否完备，有无盖章手续和有关人员的审批意见；(4) 凭证上有无涂改、伪造痕迹，有无刮擦、挖补现象。

“二算”是指对看过的原始凭证进行验算，看金额计算是否正确，各单项金额相加是否等于合计金额。

“三查”是指检查原始凭证上所记录的经济业务内容有无违反国家财经、法律制度，有无虚报冒领、铺张浪费等问题，并对在“看”和“算”的过程中发现的问题进行定性，以便于及时解决问题。

(三) 原始凭证审核结果的处理

经过严格审核后，对于正确无误的原始凭证，会计人员应及时据以填制记账凭证并登记有关账簿；对于审核不合格的原始凭证，应按照《会计法》的有关规定进行处理。

根据《会计法》的有关规定，会计机构、会计人员对不真实、不合法的原始凭证，不予受理；对记载不准确、不完整的原始凭证，予以退回，要求更正、补充。会计机构、会计人员认为是违法的收支，应当制止和纠正；制止和纠正无效的应当向单位领导人提出书面意见，要求处理。单位领导人应当在接到书面意见之日 10 日内作出书面决定，并对决定承担责任。

第三节 记账凭证

由于原始凭证来自不同的单位，种类繁多、格式不一，不能清楚地表明应记入的会计科目名称和方向，为了便于登记账簿，需要对原始凭证加以归类和整理，编制会计分录，填制具有统一格式的记账凭证，并将相关的原始凭证附在后面。这样可以简化记账工作，有利于原始凭证的保管，便于对账和查账，提高会计工作质量。

一、记账凭证的种类

(一) 按使用范围分类

记账凭证按照使用范围的不同，可分为专用记账凭证和通用记账凭证。

1. 专用记账凭证

专用记账凭证是指用来专门记录某一类经济业务的记账凭证，适用于规模较大、收付款业务较多的企业。专用记账凭证按其所记录的经济业务是否与现金和银行存款的收付有关，又分为收款凭证、付款凭证和转账凭证。

（1）收款凭证。收款凭证是指用于记录库存现金和银行存款收款业务的记账凭证。收款凭证根据有关库存现金和银行存款收入业务的原始凭证填制，是登记现金日记账、银行存款日记账的直接依据，也是出纳人员收讫款项的依据。收款凭证的格式，如表5-8所示。

表5-8

收 款 凭 证

借方科目：　　　　　　　　　　年　　月　　日　　　　　　　　收字第　　号

摘　要	贷方总账科目	明细科目	√	金　额										
				亿	千	百	十	万	千	百	十	元	角	分
合　计														

附件　张

会计主管：　　　　记账：　　　　出纳：　　　　审核：　　　　制单：

（2）付款凭证。付款凭证是指用于记录库存现金和银行存款付款业务的记账凭证。付款凭证根据有关库存现金和银行存款支付业务的原始凭证填制，是登记现金日记账、银行存款日记账的直接依据，也是出纳人员支付款项的依据。付款凭证的格式，如表5-9所示。

表5-9

付 款 凭 证

贷方科目：　　　　　　　　　　年　　月　　日　　　　　　　　付字第　　号

摘　要	借方总账科目	明细科目	√	金　额										
				亿	千	百	十	万	千	百	十	元	角	分
合　计														

附件　张

会计主管：　　　　记账：　　　　出纳：　　　　审核：　　　　制单：

（3）转账凭证。转账凭证是指用于记录不涉及库存现金和银行存款业务的记账凭证。它是根据有关转账业务的原始凭证填制的。转账凭证的格式，如表5-10所示。

表 5 – 10

转 账 凭 证

年　月　日　　　　转字第　号

摘要	会计科目		借方金额										贷方金额										√
	总账科目	明细科目	千	百	十	万	千	百	十	元	角	分	千	百	十	万	千	百	十	元	角	分	
合计																							

附件　张

会计主管：　　记账：　　审核：　　制单：

2. 通用记账凭证

通用记账凭证是指各类经济业务共同使用统一格式的记账凭证，适用于规模不大、收付款业务不多的企业。通用记账凭证的格式，与转账凭证基本相同，如表 5 – 11 所示。

表 5 – 11

记 账 凭 证

年　月　日　　　　字第　号

摘要	会计科目		借方金额										贷方金额										√
	总账科目	明细科目	千	百	十	万	千	百	十	元	角	分	千	百	十	万	千	百	十	元	角	分	
合计																							

附件　张

会计主管：　　记账：　　审核：　　制单：

（二）按填列方式分类

记账凭证按照填列方式的不同，可分为复式记账凭证和单式记账凭证。

1. 复式记账凭证

复式记账凭证是指将一项经济业务所涉及的全部会计科目及其发生额填列在一张记账凭证中的记账凭证。复式记账凭证可以全面反映账户的对应关系，便于了解经济业务的全貌，有利于检查会计分录的正确性，但是不便于会计岗位的分工记账。

在实际工作中，企业一般采用复式记账凭证，上述收款凭证、付款凭证、转账凭证以及通用记账凭证都属于复式记账凭证。

2. 单式记账凭证

单式记账凭证是指按照一项经济业务所涉及的每个会计科目单独填制的记账凭证。每张记账凭证只填列一个会计科目，其对方科目只供参考，不据以记账。填列借方科目的称为借项凭证，填列贷方科目的称为贷项凭证。某项经济业务涉及几个会计科目，就需要填列几张单式记账凭证。

单式记账凭证反映内容单一，便于分工记账，便于按会计科目汇总，但是填制记账凭证的工作量较大，不便于检查会计分录的正确性，出现差错不易查找。单式记账凭证的格式如表5－12和表5－13所示。

表5－12

借项记账凭证

年　月　日　　　　凭证编号　字第　号

摘要	总账科目	明细科目	账页	金额										
				亿	千	百	十	万	千	百	十	元	角	分
对应科目														

会计主管：　记账：　出纳：　审核：　制单：

表5－13

贷项记账凭证

年　月　日　　　　凭证编号　字第　号

摘要	总账科目	明细科目	账页	金额										
				亿	千	百	十	万	千	百	十	元	角	分
对应科目														

会计主管：　记账：　出纳：　审核：　制单：

二、记账凭证的基本内容

记账凭证是登记账簿的直接依据，为了保证账簿记录的正确性，记账凭证必须具备以下基本内容：(1) 填制记账凭证的日期；(2) 记账凭证的编号；(3) 经济业务摘要；(4) 会计科目；(5) 金额；(6) 所附原始凭证的张数；(7) 填制记账凭证人员、稽核人员、记账人员、会计机构负责人、会计主管人员签名或者盖章，收付款凭证还应当由出纳人员签名或者盖章。

三、记账凭证的填制要求

为了保证记账凭证填制的正确、规范、完整、清晰，会计人员在填制记账凭证时应做到以下要求：

（一）内容完整

记账凭证应具备的内容都应按记账凭证上所列项目逐一填写清楚，有关人员的签名或者盖章要齐全，不可缺漏。记账凭证的日期，一般为编制记账凭证当天的日期。收付款凭证的日期必须按现金或银行存款的实际收付时间填写。按权责发生制计算收益、分配费用、结转成本利润等调整分录和结账分录的记账凭证，即使是下月填制，也应填写当月月末的日期，以便在当月的账簿内进行登记。

（二）摘要简明

记账凭证的摘要栏应填写经济业务的简要说明，摘要应与原始凭证内容一致，能够正确反映经济业务的主要内容。填写摘要时既要防止简而不明，又要防止过于烦琐，使阅读者通过摘要就可了解该项经济业务的性质、特征，判断出会计分录的正确与否，不需要再去翻阅原始凭证或询问有关人员。

（三）分录正确

记账凭证可以根据一张原始凭证或者根据若干张同类原始凭证汇总填制，也可以根据原始凭证汇总表填制，但不得将不同内容或类别的原始凭证汇总填制在一张记账凭证上，且会计科目要保持正确的对应关系。

会计人员应认真分析原始凭证上所记录的经济内容，确定经济业务应记入的会计科目名称、记账方向及登记金额。在填写会计分录时，总账科目名称必须写全称，不得任意简化。金额书写必须规范，方向正确，数字准确，角分位不留空格。在金额合计前应写上人民币符号“￥”，借贷金额必须试算平衡。

（四）连续编号

为了分清会计事项处理的先后顺序，便于记账凭证与会计账簿之间的核对，确保记账凭证完整无误，填制记账凭证时，应当采用“字号编号法”连续编号。

在实务中，“字号编号法”有三种形式：一套号法是将全部记账凭证作为一类统一编号，即“记字第×号”；三套号法是按收款、付款和转账三类业务进行编号，即“收字第×号”“付字第×号”“转字第×号”；五套号法是按现金收入、现金支出、银行存款收入、银行存款支出和转账五类业务进行编号，即“现收字第×号”“银收字第×号”“现付字第×号”“银付字第×号”“转字第×号”。各单位应当根据本单位业务繁简程度、人员分工情况来选择便于记账、查账、内部稽核、简单严密的编号方法。无论采用哪一种编号方法，都应按月顺序编号，即每月都从 1 日编起，按顺序编至月末，不得跳号、重号。

一笔经济业务需要编制两张以上的记账凭证时，应采用分数编号法进行编号，例如，本月发生的一笔经济业务需要填制三张记账凭证，凭证顺序号为18，就可以编为18 $\frac{1}{3}$、18 $\frac{2}{3}$、18 $\frac{3}{3}$，前面的数字表示凭证顺序，后面的分数的分母表示该凭证共有三张，分子依次表示凭证第一张、第二张、第三张。

当本月结束时，应在本月最后一张记账凭证的编号后写“完”或“全”字，表示本月所有的记账凭证已编制完整。

（五）附件齐全

附件是用于说明和证明经济业务发生与完成的各种文字资料，包括原始凭证、汇总原始凭证、经济合同、会议文件等。会计人员应将证明或者说明某项经济业务的各种附件进行整理，清点其数量，然后注明在记账凭证“附件”中。

除期末结账业务和更正错误业务外，记账凭证必须附有原始凭证并如实填写所附原始凭证的张数。记账凭证所附原始凭证张数的计算一般应以原始凭证的自然张数为准。如果记账凭证中附有原始凭证汇总表，则应该把所附的原始凭证和原始凭证汇总表张数一起记入附件的张数之内。但是报销差旅费等零散票据，可以粘贴在一张纸上，作为一张汇总原始凭证。一张原始凭证如果涉及几张记账凭证的，可以将原始凭证附在一张主要的记账凭证后面，其他记账凭证在附件中注明“见××号凭证”或附上该原始凭证的复印件，以便复核查阅。

（六）书写清楚

除冲销错账的记账凭证可以用红色墨水笔填写外，其他记账凭证必须用蓝黑色或黑色墨水笔填写，不允许用圆珠笔和铅笔填写。书写的文字、数字必须正确、流利，清晰可辨。

填制记账凭证时发生书写错误，必须作废重填，不允许在记账凭证上出现刮擦、挖补和乱涂乱划现象。已登记入账的记账凭证发现错误，应按照规定的错账更正方法进行更正。

（七）注销空行

填制记账凭证时，应该按行次逐行填写，不得跳行或留有空行。凭证内容填制完成后，如果借方或贷方金额有空行，应当在金额栏自最后一笔金额数字下的空行至合计数上的空行处划线注销。

四、记账凭证的填制方法

（一）收款凭证的填制方法

当企业发生库存现金或银行存款收入业务时，应根据审核后的相关原始凭证编制收款凭证。编制收款凭证时，如果是现金收入业务，凭证左上角的借方科目就填写“库存现金”；如果是银行存款收入业务，凭证左上角的借方科目就填写“银行存款”。日期务必要与有关现金或银行存款的原始凭证实际收款日期一致。右上角填写收款凭证的顺序号，可以统一编号，如“收字××号”，也可分开编号，如“现收字××号”或者“银收字××号”。其他要素按照记账凭证填制要求进行填列。

记账凭证的填制

【例5-1】2020年7月6日，甲公司销售A产品，价款20 000元，增值税2 600元。收到转账支票并存入银行。

该业务为甲公司本月第9笔银行存款收入业务，所附原始凭证：增值税专用发票1张、银行进账单1张、产品销售单1张。编制的收款凭证，如表5-14所示。

表5-14 收款凭证

借方科目：银行存款 2020年7月6日 银收字第09号

摘要	贷方总账科目	明细科目	√	金额										
				亿	千	百	十	万	千	百	十	元	角	分
销售A产品	主营业务收入	A产品						2	0	0	0	0	0	0
开具增值税发票	应交税费	应交增值税（销）							2	6	0	0	0	0
合计							¥	2	2	6	0	0	0	0

附件叁张

会计主管： 记账： 出纳： 审核： 制单：

（二）付款凭证的填制方法

当企业发生现金或银行存款支付业务时，应根据审核后的相关原始凭证编制付款凭证。编制付款凭证时，如果是现金支付业务，凭证左上角的贷方科目就填写“库存现金”，如果是银行存款支付业务，凭证左上角的贷方科目就填写“银行存款”。日期务必要与有关现金或银行存款的原始凭证实际付款日期一致。右上角填写收款凭证的顺序号，可以统一编号，如“付字××号”，也可以分开编号，如“现付字××号”或者“银付字××号”。其他要素按照记账凭证填制要求进行填列。

【例5-2】2020年7月20日，甲公司用现金支付通信费600元。

该业务为甲公司本月第15笔现金支付业务，所附原始凭证：通信费专用发票1张、通信费报销单1张。编制的付款凭证，如表5-15所示。

表 5－15

付 款 凭 证

贷方科目：库存现金　　　　2020 年 7 月 20 日　　　　现付字第 15 号

摘　要	借方总账科目	明细科目	√	金　额										
				亿	千	百	十	万	千	百	十	元	角	分
支付通信费	管理费用	通信费								6	0	0	0	0
合　计									¥	6	0	0	0	0

附件贰张

会计主管：　　记账：　　出纳：　　审核：　　制单：

值得注意的是，对于涉及库存现金和银行存款之间的划转业务，如将现金存入银行或从银行提取现金，为了避免重复记账，在实际工作中一般只填制付款凭证，不再填制收款凭证。

出纳人员在办理收款或付款业务后，应在原始凭证上加盖“现金收讫”或“现金付讫”的戳记，以免重收重付。

（三）转账凭证的填制方法

凡不涉及现金和银行存款增加或减少的业务，均应填制转账凭证。企业应根据审核后的相关原始凭证填制转账凭证。填制转账凭证时，凭证编号应按照转账业务的顺序编号为“转字××号”；填写会计科目时应先写借方科目，后写贷方科目，并在合计行内填列借方金额和贷方金额合计数，并进行合计数的试算平衡。其他凭证要素按照记账凭证的填制要求进行填列。

【例 5－3】2020 年 7 月 31 日，甲公司分配结转本月发生的制造费用。

该业务为本月第 32 笔转账业务，所附原始凭证：制造费用分配表 1 张。编制的转账凭证，如表 5－16 所示。

表 5－16

转 账 凭 证

2020 年 7 月 31 日　　　　转字第 32 号

摘　要	会计科目		借方金额										贷方金额										√
	总账科目	明细科目	千	百	十	万	千	百	十	元	角	分	千	百	十	万	千	百	十	元	角	分	
结转制造费用	生产成本	A 产品				2	7	7	5	0	0	0											
		B 产品				2	4	0	5	0	0	0											
	制造费用															5	1	8	0	0	0	0	
合　计					¥	5	1	8	0	0	0	0			¥	5	1	8	0	0	0	0	

附件壹张

会计主管：　　记账：　　审核：　　制单：

此外，某些既涉及收款业务或付款业务，又涉及转账业务的综合性业务，可以分开填制不同类型的记账凭证。例如，职工报销差旅费并交回多余现金时，就应根据有关原始凭证按实际报销金额填制一张转账凭证，同时按收回的现金数额填制一张收款凭证。

（四）通用记账凭证的填制方法

通用记账凭证的名称为记账凭证，它集收款、付款和转账凭证于一身，通用于所有类型的经济业务。填制通用记账凭证时，统一按照本月发生的所有经济业务顺序进行编号，标记为“记字××号”；其格式和填制方法与转账凭证相同，不再赘述。

【例5-4】 2020年8月15日，甲公司购入F材料，价款30 000元，增值税3 900元，运输费3 000元，增值税270元。甲公司开出转账支票支付所有款项，材料已验收入库。

该业务为甲公司本月第75笔业务，所附原始凭证：货物增值税专用发票1张、运输增值税专用发票1张、转账支票存根1张、材料入库单1张。编制的记账凭证，如表5-17所示。

表5-17

记 账 凭 证

2020年8月15日　　　　记字第75号

摘要	会计科目		借方金额										贷方金额										√
	总账科目	明细科目	千	百	十	万	千	百	十	元	角	分	千	百	十	万	千	百	十	元	角	分	
购入原材料	原材料	F材料				3	3	0	0	0	0	0											
收到增值税发票	应交税费	增值税（进）					4	1	7	0	0	0											
	银行存款															3	7	1	7	0	0	0	
合计					¥	3	7	1	7	0	0	0			¥	3	7	1	7	0	0	0	

附件肆张

会计主管：　　记账：　　审核：　　制单：

五、记账凭证的审核方法

为了保证会计信息的质量、账簿记录的正确性，在记账之前应由有关稽核人员对记账凭证进行严格审核，只有经过审核无误的记账凭证才能作为登记账簿的依据。记账凭证的审核主要包括：

（一）完整性审核

审核人员拿到记账凭证后要对其进行全面细致地观察，查看记账凭证各要素项目是否填列齐全，有无遗漏问题，如日期是否填列，凭证是否已经编号，是否写了摘要，剩余空行是否已经注销，制证人是否已经签名或盖章等。出纳人员在办理收款或付款业务后，是否已在原始凭证上加盖“收讫”或“付讫”的戳记。

（二）正确性审核

正确性审核主要审核会计分录编制、凭证编号是否正确，这是记账凭证审核的重点。审核时，稽核人员应翻阅记账凭证所附的原始凭证，认真分析经济业务，对会计分录进行对照检查，以确认制证人编制的会计分录三要素是否都正确，有没有科目应用错误、记账方向判断错误或者记账金额错误等问题，特别是要检查借方金额与贷方金额合计数是否相符。另外还要查看凭证编号，检查凭证编号是否正确，有无重号、漏号等问题。

（三）一致性审核

一致性审核主要从两个方面进行：一是审核记账凭证所反映的经济业务与所附原始凭证记录的经济业务是否一致；二是审核记账凭证上所填列的附件张数与实际附在记账凭证后面的原始凭证等附件数量是否一致，有无附件不全问题。

对审核无误的记账凭证，稽核人员应在记账凭证上的“审核”栏签名或者盖章，然后交由记账人员据以登记账簿；对内容不全的记账凭证，应退回给原制证人进行补充填写；对填制错误的记账凭证应退回给原制证人，作废重新填制。

第四节　会计凭证的传递、装订和保管

一、会计凭证的传递

会计凭证的传递是指各种会计凭证从取得、填制到归档保管过程中，在单位内部有关部门和人员之间传送、交接的过程。会计凭证的传递是会计核算得以正常、有效进行的前提。会计凭证的传递，要求能够满足内部控制制度的要求，使传递程序合理有效，同时尽量节约传递时间，减少传递工作量。

会计凭证的传递包括传递程序和传递时间。各单位应根据经济业务的特点、内部机构设置、人员分工和管理要求，具体规定各种凭证的传递程序；根据有关部门和经办人员办理业务的情况，确定传递时间。例如，收料单的传递中应规定：材料到达企业后多长时间内验收入库，收料单由谁填制，一式几联，各联次的用途是什么，何时传递到会计部门，会计部门由谁负责收料单的审核工作，由谁据以编制记账凭证、登记账簿、整理归档等。会计凭证的传递是否科学、严密、有效，对于企业加强管理、提高会计信息质量具有重要的影响。

二、会计凭证的装订

会计部门在依据会计凭证记账以后，应定期对各种会计凭证进行分类整理，将各种记账凭证按照编号顺序，连同所附的原始凭证一起加具封面和封底，装订成册，并在装订线上加贴封签，由装订人员在封签处签名或盖章，入档保管。

（一）会计凭证的装订准备

会计凭证装订前的准备，是指对会计凭证进行排序、粘贴和折叠。

会计人员应认真整理检查记账凭证顺序号，如有颠倒要重新排序，发现缺号要查明原因。

若原始凭证的纸张与记账凭证的纸张不一样，需要适当整理。较大的原始凭证，可按记账凭证的面积尺寸，先自右向后，再自下向后两次折叠，注意应把凭证的左上角或左侧面让出来，以便装订后，还可以展开查阅。对于较小的原始凭证，一般不能直接装订，可先按一定次序和类别排列，粘贴在“原始凭证粘贴单”上，粘贴时宜用胶水。证、票应分张排列，同类、同金额的单据尽量粘在一起；同时，在一旁注明张数和合计金额。

若原始凭证数量较多，可单独装订，但应在凭证封面注明所属记账凭证的日期、编号和种类，同时在所属的记账凭证上应注明“附件另订”及原始凭证的名称和编号，以便查阅。

对于各种重要的原始单据，以及各种需要随时查阅和退回的单据，应另编目录，单独登记保管，并在有关的记账凭证和原始凭证上相互注明日期和编号。

（二）会计凭证的装订方法

会计凭证装订的要求应该既美观大方又便于翻阅，所以在装订时要先设计好装订册数及每册的厚度。一般来说，一本凭证厚度以1.5～2.0cm为宜，太厚了不便于翻阅核查，太薄了又不利于放置。凭证装订册数可根据凭证多少来定，原则上以月份为单位装订，每月订成一册或若干册。有些单位业务量小，凭证不多，也可以把若干个月份的凭证合并订成一册，并在凭证封面注明本册所含的凭证月份。

会计凭证装订录像

知识链接

如何装订会计凭证

在装订会计凭证时，一般采用角订法，装订简单易行，具体操作步骤如下：

1. 将凭证封面和封底裁开，分别附在凭证上面和下面，再拿凭证包角放在封面左上角，做护角纸，其左边和上边与记账凭证取齐。

2. 在凭证的左上角（包角上）画边长约5厘米的等腰三角形，用夹子夹住，用装订机在底线上分布均匀地打两个装订孔，为了牢固可在等腰三角形顶点下方再打一个装订孔。

3. 用穿线的大针分别穿过装订孔引线，最后在凭证的背面打线结。

4. 将护角向左上侧折叠，并将一侧剪开至凭证的左上角，然后抹上胶水，向后折叠，并将侧面和背面的线绳扣粘死。

资料来源：《新财会人员岗位培训与办事手册》。

装订好的会计凭证封面应注明单位名称、凭证种类、凭证张数、起止号数、年度、月份、会计主管人员、装订人员等有关事项，会计主管人员和保管人员应在封面上签章，并在装订线处加盖骑缝图章。会计凭证封面格式，如表5－18所示。

表 5-18

会计凭证封面

自　　年　月　日至　年　月　日

凭证名称	凭证起讫号码		凭证张数	附件张数	第　册	共　册
	自	至				

会计档案	全宗号	目录号	案卷号	保管年限

会计主管：　　　　装订：

三、会计凭证的保管

会计凭证的归档保管是指会计凭证装订后的归档和存查工作。会计凭证作为记账的依据，是重要的会计档案和经济资料。任何单位在完成经济业务手续和记账后，必须将会计凭证按规定的立卷归档制度形成会计资料，妥善保管，防止丢失，不得任意销毁，以便日后随时查阅。会计凭证的归档保管要求主要包括：

（一）会计凭证的归档保管

每一年度的会计凭证都应由会计部门按照归档的要求，负责整理立卷或装订成册。当年的会计凭证，在会计年度终了后，可暂由会计部门保管一年，期满后应当移交本单位档案机构统一保管。未设立档案机构的，应当在会计机构内部指定专人保管。出纳人员不得兼管会计档案。会计凭证必须做到妥善保管，存放有序，查找方便，并要严防毁损、丢失和泄密。

（二）会计凭证的借阅

一般来说，原始凭证不得外借，其他单位因特殊原因确实需要使用时，经本单位会计机构负责人、会计主管人员批准，可以复制。向外单位提供的原始凭证复制件，应在专设的登记簿上登记，并由提供人员和收取人员共同签名、盖章。需要查阅已入档的会计凭证时，必须办理借阅手续。

（三）会计凭证的销毁

原始凭证和记账凭证的保管期限均为 30 年。各单位应严格遵守会计凭证的保管期限要求，期满前任何人不得随意销毁会计凭证。按规定销毁会计凭证时，必须开列清单，报经批准后，由档案部门和会计部门共同派员监销。在销毁会计凭证前，监督销毁人员应认真清点核对。销毁后，要在销毁清册上签名或盖章，并将监销情况报告本单位负责人。

第五节 会计凭证实训

实训目标

通过实训，明确会计凭证的概念及种类，熟悉原始凭证的基本内容和填制要求，了解会计凭证的传递和保管。重点掌握记账凭证的基本内容，能熟练填制各种记账凭证。

重要知识清单
一、会计凭证
含义：是记录经济业务发生或完成情况的书面证明，是登记账簿的依据。
二、原始凭证
1. 含义：是指在经济业务发生或完成时取得或填制的，用以记录或证明经济业务的发生或完成的书面证明。 2. 分类：(1) 按来源不同：外来原始凭证和自制原始凭证；(2) 按照填制手续及内容不同：一次凭证、累计凭证和汇总凭证；(3) 按照格式不同：通用凭证和专用凭证。 3. 基本内容：(1) 原始凭证名称和编号；(2) 填制原始凭证的日期；(3) 接受单位名称；(4) 经济业务内容；(5) 填制单位签章；(6) 有关人员签名盖章；(7) 附件。 4. 填制要求：(1) 记录真实；(2) 内容完整；(3) 手续完备；(4) 书写清楚、规范；(5) 编号连续；(6) 不得涂改、刮擦、挖补；(7) 填制及时。 5. 审核内容：(1) 真实性；(2) 合法性、合理性；(3) 完整性；(4) 正确性；(5) 及时性。
三、记账凭证
1. 含义：是指会计人员根据审核无误的原始凭证，按照经济业务内容确定会计分录后填制的会计凭证。 2. 分类：(1) 按用途及使用范围：专用记账凭证和通用记账凭证；(2) 按照反映经济业务内容：收款凭证、付款凭证和转账凭证；(3) 按照填列方式：复式凭证和单式凭证。 3. 基本内容：(1) 日期；(2) 名称和编号；(3) 摘要；(4) 应记科目、方向及金额；(5) 记账符号；(6) 凭证张数；(7) 签章。 4. 填制要求：(1) 内容完整；(2) 摘要简明；(3) 分录正确；(4) 连续编号；(5) 附件齐全；(6) 书写清楚；(7) 注销空行。 5. 填制方法：(1) 收款凭证；(2) 付款凭证；(3) 转账凭证；(4) 通用记账凭证。 6. 审核内容：(1) 完整性；(2) 正确性；(3) 一致性。
四、会计凭证的传递、装订与保管
1. 传递：是指会计凭证从取得、填制到归档保管的过程中，在单位内部有关人员和部门之间传送、交接的过程。 2. 装订：将记账凭证按照编号顺序，连同所附的原始凭证一起加具封面和封底，采用角订法装订成册。 3. 保管：(1) 归档保管：当年的会计凭证由单位财会部门保管1年，期满后交档案机构；(2) 借阅：经批准后可以借阅、复印；(3) 销毁：会计凭证保管年限为30年，期满前不得随意销毁。

任务一 基础知识训练

一、单项选择题

1. 会计凭证按（　　）分类，分为原始凭证和记账凭证。

A. 填制程序和用途 B. 取得来源 C. 经济内容 D. 填制方式

2. 下列原始凭证中，属于外来原始凭证的是（　　）。

A. 库存商品出库单 B. 购货发票

C. 发出材料汇总表 D. 领料单

3. 如果企业规模较小、业务较少，可选用（　　）进行业务核算。

A. 专用记账凭证 B. 通用记账凭证

C. 复式记账凭证 D. 单式记账凭证

4. 记账凭证的填制是由（　　）完成的。

A. 出纳人员 B. 经办人员 C. 会计人员 D. 主管人员

5. 凡是不涉及现金和银行存款收付的业务，应编制的记账凭证是（　　）。

A. 收款凭证 B. 原始凭证 C. 付款凭证 D. 转账凭证

6. 用转账支票支付前欠供应商的货款，应填制（　　）。

A. 转账凭证 B. 收款凭证 C. 付款凭证 D. 原始凭证

7. 下列凭证中，不能作为编制记账凭证依据的是（　　）。

A. 限额领料单 B. 差旅费报销单 C. 银行进账单 D. 购销合同

8. 将现金存入银行，应编制（　　）。

A. 现金付款凭证 B. 银行存款收款凭证

C. 银行存款付款凭证 D. 转账凭证

9. 企业销售商品，收到商业汇票，则会计人员应该编制（　　）。

A. 收款凭证 B. 转账凭证 C. 付款凭证 D. 原始凭证

10. 职工出差归来报销差旅费，并交回多余现金，根据差旅费报销单和收据编制记账凭证，以下选项正确的是（　　）。

A. 只编制转账凭证

B. 只编制现金收款凭证

C. 需要编制两张现金收款凭证

D. 需要编制现金收款凭证和转账凭证各一张

11. 记账凭证编制的直接依据是（　　）。

A. 会计分录 B. 经济业务 C. 原始凭证 D. 账簿记录

12. 关于会计凭证的传递、保管与销毁，以下说法不正确的是（　　）。

A. 会计凭证的传递是会计核算得以正常、有效进行的前提

B. 经本单位会计主管人员批准，可以复制原始凭证

C. 当年形成的会计凭证由单位财会部门保管 1 年，期满后交档案机构

D. 会计凭证期满前任何人不得随意销毁会计凭证

二、多项选择题

1. 下列关于会计凭证的表述中，正确的有（　　）。
A. 它是记录经济业务发生或完成情况的书面证明
B. 登记账簿必须以审核无误的会计凭证为依据
C. 在会计核算和经济管理工作中具有重要意义
D. 按照填制程序和用途可分为原始凭证和记账凭证
2. 原始凭证按照填制手续不同，可分为（　　）。
A. 一次凭证　　B. 累计凭证
C. 汇总原始凭证　　D. 通用原始凭证
3. 下列单据中，可作为原始凭证的有（　　）。
A. 购销发票　　B. 出差车票
C. 购料申请表　　D. 现金支票存根
4. 专用记账凭证按照反映经济业务是否与现金和银行存款有关，分为（　　）。
A. 转账凭证　　B. 收款凭证　　C. 记账凭证　　D. 付款凭证
5. 下列业务中，应编制转账凭证的有（　　）。
A. 生产车间领用原材料　　B. 月末计提固定资产折旧
C. 销售产品货款尚未收回　　D. 以银行存款支付材料采购的运费
6. 原始凭证上小写金额为￥1 248.50，对应大写金额不正确的有（　　）。
A. 人民币壹仟贰佰肆拾捌元伍角　　B. 人民币壹仟贰佰肆拾捌元伍角整
C. 人民币壹仟贰佰肆拾捌元伍角零分　　D. 人民币一千二百四十八元五角
7. 下列原始凭证中，属于自制原始凭证的有（　　）。
A. 购货发票　　B. 职工薪酬计算表
C. 领料单　　D. 制造费用分配表
8. 以下属于汇总原始凭证的有（　　）。
A. 限额领料单　　B. 职工薪酬汇总表
C. 差旅费报销单　　D. 发料凭证汇总表
9. 各种原始凭证必须具备的基本内容包括（　　）。
A. 原始凭证的名称和填制日期　　B. 填制和接受单位的名称
C. 对应的记账凭证号数　　D. 经济业务的内容
10. 在（　　）情况下，企业编制的记账凭证可以不附原始凭证。
A. 结账　　B. 成本计算　　C. 更正错账　　D. 财产清查
11. 对于收付款凭证，应在凭证签名或盖章的人员有（　　）。
A. 审核人员　　B. 制单人员　　C. 会计主管人员　　D. 出纳人员
12. 以下项目中，属于记账凭证审核内容的有（　　）。
A. 会计分录编制、凭证编号是否正确
B. 记账凭证各要素项目是否填列齐全，有无遗漏
C. 记账凭证所反映的经济业务与所附原始凭证记录的经济业务是否一致
D. 附件张数与实际附在记账凭证后面的原始凭证数量是否一致

三、判断题

1. 原始凭证是登记明细分类账的依据，记账凭证是登记总分类账的依据。（ ）

2. 一笔经济业务需要两张及两张以上记账凭证的，可以采用分数编号法编号。（ ）

3. 一张原始凭证所列支出需要几个单位共同负担的，应当将其他单位负担的部分用复印件提供给其他单位。（ ）

4. 从外单位取得的原始凭证遗失，应取得原签发单位盖有公章的证明，由本单位负责人批准后，才可以作为原始凭证。（ ）

5. 对于不真实、不合法的原始凭证，会计人员有权不予接受。（ ）

6. 记账凭证和原始凭证的保管期限均为30年。（ ）

7. 记账凭证如果发生书写错误，不论是否登记入账，均可撕毁作废重新填制。（ ）

8. 出纳人员在办理收款或付款业务后，应在原始凭证上加盖“现金收讫”或“现金付讫”的戳记，以免重收重付。（ ）

9. 记账凭证的编号应该从会计年度开始直至结束顺序排列。（ ）

10. 向银行提交的原始凭证填写错误，可以在原凭证上进行更正。（ ）

11. 涉及库存现金和银行存款之间的划转业务，为了避免重复记账，在实际工作中一般只填制收款凭证，不再填制付款凭证。（ ）

12. 销毁会计凭证时，必须开列清单，报经批准后，由档案部门派员监销。（ ）

任务二 专项实训

实训一 专用记账凭证填制实训

实训目的：练习收款凭证、付款凭证的填制。

实训资料：佳美公司为增值税一般纳税人，适用的增值税税率为13%，公司负责人张三，财务主管李四，会计王华，出纳赵静。2020年11月，发生部分经济业务如下：

（1）1日，出纳赵静开出现金支票，提取现金10 000元备用。（原始凭证1张）

（2）3日，进行职工岗位培训，以现金支付培训师讲课费5 000元。（原始凭证1张）

（3）5日，向甲公司销售A产品，开出的增值税专用发票注明：价款10 000元，增值税1 300元，货款已收存银行。（原始凭证3张）

（4）6日，以现金支付销售产品发生的运杂费900元。（原始凭证1张）

（5）7日，开出转账支票，支付上月所欠乙公司材料款45 200元。（原始凭证1张）

（6）8日，向乙公司购入C材料，收到的增值税专用发票注明：价款30 000元，增值税3 900元。材料已验收入库，货款尚未支付。（原始凭证2张）

（7）10日，开出转账支票支付城建税3 150元和教育费附加1 350元。（原始凭证2张）

（8）15日，接银行通知，收到丙公司归还的销货款56 500元。（原始凭证2张）

（9）20日，通过银行转账预付丁公司货款50 000元。（原始凭证2张）

（10）22日，职工报销差旅费6 800元，出纳开出现金支票支付。（原始凭证7张）

实训要求：根据相关经济业务填制专用记账凭证，如表5－19～表5－28所示。

表 5-19

付 款 凭 证

贷方科目： 年 月 日 付字第 号

摘 要	借方总账科目	明细科目	√	金 额										
				亿	千	百	十	万	千	百	十	元	角	分
合 计														

附件 张

会计主管： 记账： 出纳： 审核： 制单：

表 5-20

付 款 凭 证

贷方科目： 年 月 日 付字第 号

摘 要	借方总账科目	明细科目	√	金 额										
				亿	千	百	十	万	千	百	十	元	角	分
合 计														

附件 张

会计主管： 记账： 出纳： 审核： 制单：

表 5-21

收 款 凭 证

借方科目： 年 月 日 收字第 号

摘 要	贷方总账科目	明细科目	√	金 额										
				亿	千	百	十	万	千	百	十	元	角	分
合 计														

附件 张

会计主管： 记账： 出纳： 审核： 制单：

表 5－22

付 款 凭 证

贷方科目： 年 月 日 付字第 号

摘 要	借方总账科目	明细科目	√	金 额										
				亿	千	百	十	万	千	百	十	元	角	分
合 计														

附件 张

会计主管： 记账： 出纳： 审核： 制单：

表 5－23

付 款 凭 证

贷方科目： 年 月 日 付字第 号

摘 要	借方总账科目	明细科目	√	金 额										
				亿	千	百	十	万	千	百	十	元	角	分
合 计														

附件 张

会计主管： 记账： 出纳： 审核： 制单：

表 5－24

转 账 凭 证

年 月 日 转字第 号

摘 要	会计科目		借方金额										贷方金额										√
	总账科目	明细科目	千	百	十	万	千	百	十	元	角	分	千	百	十	万	千	百	十	元	角	分	
合 计																							

附件 张

会计主管： 记账： 审核： 制单：

表 5－25

付 款 凭 证

贷方科目： 年 月 日 付字第 号

摘 要	借方总账科目	明细科目	√	金 额										
				亿	千	百	十	万	千	百	十	元	角	分
合 计														

附件 张

会计主管： 记账： 出纳： 审核： 制单：

表 5－26

收 款 凭 证

借方科目： 年 月 日 收字第 号

摘 要	贷方总账科目	明细科目	√	金 额										
				亿	千	百	十	万	千	百	十	元	角	分
合 计														

附件 张

会计主管： 记账： 出纳： 审核： 制单：

表 5－27

付 款 凭 证

贷方科目： 年 月 日 付字第 号

摘 要	借方总账科目	明细科目	√	金 额										
				亿	千	百	十	万	千	百	十	元	角	分
合 计														

附件 张

会计主管： 记账： 出纳： 审核： 制单：

表 5-28

付 款 凭 证

贷方科目：　　　　　　　　　　年　　月　　日　　　　　　　　付字第　　号

摘　要	借方总账科目	明细科目	√	金　额										
				亿	千	百	十	万	千	百	十	元	角	分
合　计														

附件　　张

会计主管：　　记账：　　出纳：　　审核：　　制单：

实训二　通用记账凭证填制实训

实训目的：练习原始凭证、通用记账凭证的填制。

实训资料：华远木器有限责任公司为增值税一般纳税人，适用的增值税率为13%，公司负责人赵亮，财务主管李莹，会计张小明，出纳赵静。2020 年 11 月，发生部分经济业务如下：

实训要求：

（1）2020 年 11 月 8 日，华远木器有限责任公司从红旗涂料有限责任公司购入原材料，取得增值税专用发票。同日，仓库保管员刘锋将材料验收无误，开出原材料入库单；出纳赵静开出转账支票支付货款。有关原始凭证如表 5-29～表 5-31 所示，假设该业务凭证号为 15 号，填制完成转账支票以及相应的通用记账凭证，如表 5-32 所示。

表 5-29

1100145806　　　　北京增值税专用发票　　　　№ 0014856

（印章：全国统一发票监制 北京 发票联 国家税务局监制）

开票日期：2020 年 11 月 8 日

购货方	名　　称：华远木器有限责任公司 纳税人识别号：610498521463985 地 址 、电 话：北京市西郊　38621504 开户行及账号：工行中山支行 786423100501	密码区	273489 << 67 + 64829 - 6248 <> 加密版本：0 * 48921 * 0798 + >> 7896 + 8 * 4 34561 358 << + * 65265865　0046752

货物或应税劳务、服务名称	规格型号	单位	数量	单价	金额	税率	税额
滑石粉	1	袋	200	50.00	10 000.00	13%	1 300.00
乳胶漆	5	桶	10	300.00	3 000.00	13%	390.00
合　计					¥13 000.00		¥1 690.00
价税合计（大写）	人民币壹万肆仟陆佰玖拾元整				（小写）¥14 690.00		

销货方	名　　称：红旗涂料有限责任公司 纳税人识别号：610498352647816 地 址 、电 话：朝阳路 5 号　33375489 开户行及账号：工行朝阳西路支行	备注	（印章：红旗涂料有限责任公司 610498352647816 发票专用章）

收款人：　　复核：　　开票人：王永民　　销货方：（章）

第三联　发票联　购货方记账凭证

表 5－30

中国工商银行
转账支票存根
支票号码：Ⅳ V46151513
附加信息________________
____
出票日期____年____月____日

收款人：
金额：
用途：

单位主管　　会计

中国工商银行 转账支票　　支票号：Ⅳ V46151513
出票日期（大写）　　年　　月　　日　　付款行名称：
收款人：　　出票人账号：

人民币（大写）	千	百	十	万	千	百	十	元	角	分

本支票付款期十天

用途：____________
上列款项请从
我账户内支付
出票人签章

木器有限责任公司 财务专用

赵亮

科目（借）____________
对方科目（贷）____________
转账日期　　年　　月　　日
复核　　记账

表 5－31

材料入库单

类别：原料及主要材料
供应单位：红旗涂料公司　　2020 年 11 月 8 日　　验收单编号：05

品名	规格	单位	数量		实际成本			
			应收数	实收数	单位成本	金额	运杂费	合计
滑石粉	001	袋	200	200	50.00	10 000.00		10 000.00
乳胶漆	005	桶	10	10	300.00	3 000.00		3 000.00
合计								13 000.00

第二联：财务科记账

仓库主管：张敏　　验收保管：刘峰　　采购：李明　　制单：刘峰

表 5－32

记　账　凭　证

年　　月　　日　　字第　　号

摘要	会计科目		借方金额										贷方金额										√
	总账科目	明细科目	千	百	十	万	千	百	十	元	角	分	千	百	十	万	千	百	十	元	角	分	
合计																							

附件　　张

会计主管：　　记账：　　审核：　　制单：

（2）2020 年 11 月 18 日，向安达建筑工程公司销售产品，货款已收。有关原始凭证如表 5－33 和表 5－34 所示，假设该业务凭证号为 38 号，填制完成相应的通用记账凭证，如表 5－35 所示。

表 5－33

1100147632　　　　北京增值税专用发票　　　　№ 0018634

记 账 联　　　　开票日期：2020 年 11 月 18 日

购货方	名　　称：安达建筑工程有限责任公司 纳税人识别号：521260095533 地 址 、电 话：新华路 8 号　56882234 开户行及账号：工行新华路支行			密码区	273489 << 67 + 64829 － 6248 <> 加密版本：0 ＊ 48921 ＊ 0798 + >> 7896 + 8 ＊ 4 34561 358 << + ＊65265865　0046752		
货物或应税劳务、服务名称	规格型号	单位	数量	单价	金额	税率	税额
A 产品	A01	件	10	5 000.00	50 000.00	13%	6 500.00
B 产品	B02	件	15	4 000.00	60 000.00	13%	7 800.00
合　计					¥110 000.00		¥14 300.00
价税合计（大写）	人民币壹拾贰万肆仟叁佰元整				（小写）¥124 300.00		
销货方	名　　称：华远木器有限责任公司 纳税人识别号：610498521463985 地 址 、电 话：北京市西郊　38621504 开户行及账号：工行中山支行 786423100501			备注	华远木器有限责任公司 610498521463985 发票专用章		

收款人：　　　　复核：　　　　开票人：张小明　　　　销货方：（章）

第一联　记账联　销货方记账凭证

表 5－34

中国工商银行进账单　（收账通知）3

2020 年 11 月 18 日

出票人	全　称	安达建筑工程公司	收款人	全　　称	华远木器有限责任公司
	账　号	521260095533		账　　号	610498521463985
	开户银行	工行新华路支行		开户银行	工行朝阳西路支行
人 民 币（大写）壹拾贰万捌仟柒佰元整				千 百 十 万 千 百 十 元 角 分	¥ 1 2 8 7 0 0 0 0
票据种类	转账支票	票据张数	1 张		
票据号码	Ⅴ Ⅵ34552022			中国工商银行 朝阳西路支行 2020.11.18 业务章 收款人开户行盖章	
复核		记账			

此联是收款人开户行给收款人的收账通知

表 5－35

记　账　凭　证

年　月　日　　　　字第　　号

摘要	会计科目		借方金额										贷方金额										√
	总账科目	明细科目	千	百	十	万	千	百	十	元	角	分	千	百	十	万	千	百	十	元	角	分	
合　计																							

附件　张

会计主管：　　　　记账：　　　　审核：　　　　制单：

（3）11 月 25 日，出纳以现金交纳有线电视网络费共计 800 元，有关原始凭证如表 5－36 所示，假设该业务凭证号为 50 号，填制完成相应的通用记账凭证，如表 5－37 所示。

表 5－36

北京市广播电视网络集团有限公司收费专用票

全国统一发票监制 北京票京联 国家税务局监制

发票代码：010237360321
发票号码：01852750
信息码：59600058

2020 年 11 月 25 日

用户名称：华远木器有限责任公司　　用户编号 01011246023　　用户类型：互动电视

用户地址：北京市西郊 11—2—2301　　终端类型：主端

发票科目	产品名称	不含税金额	税率	税金	备注
基本收视维护费	数字电视基木包	588.68	6%	35.32	20201125—20221125
付费电视节目费	基本付费节目包	90.57	6%	5.43	20201125　20221125
高清电视节目费	乐享高清套餐 2 年包	75.47	6%	4.53	20201125—20221125

操作员：bbb71　　　　操作流水：5484033381

北京市广播电视网络集团有限公司 011501037326472E 发票专用章

本发票请妥善保管、三年备查，遗失不补

价税合计金额（大写）：捌佰元整　　　　小写：￥800.00

第一联：付款方记账凭证

收费单位：（盖章）

表 5-37

记 账 凭 证

年 月 日 字第 号

摘 要	会计科目		借方金额										贷方金额										√
	总账科目	明细科目	千	百	十	万	千	百	十	元	角	分	千	百	十	万	千	百	十	元	角	分	
合 计																							

附件 张

会计主管： 记账： 审核： 制单：

（4）2020 年 11 月 30 日，会计张小明分配本月职工薪酬，有关原始凭证如表 5-38 所示，假设该业务凭证号为 83 号，填制完成相应的通用记账凭证，如表 5-39 和表 5-40 所示。

表 5-38

职 工 薪 酬 分 配 表

2020 年 11 月 30 日 金额单位：元

应借记科目		成本项目或费用项目	分配计入		应分配职工薪酬
			生产工时	分配率（元/小时）	
生产成本	A 产品	直接人工	1 400		38 640.00
	B 产品	直接人工	1 100		30 360.00
	C 产品	直接人工	1 000		27 600.00
	小 计		3 500	27.60	96 600.00
制造费用	第一车间	职工薪酬			15 750.00
	第二车间	职工薪酬			22 300.00
管理费用		职工薪酬			30 500.00
销售费用		职工薪酬			19 750.00
合 计					184 900.00

制表：张小明 审核：李莹

表 5－39

记　账　凭　证

年　月　日　　　　　　字第　号

摘要	会计科目		借方金额										贷方金额										√
	总账科目	明细科目	千	百	十	万	千	百	十	元	角	分	千	百	十	万	千	百	十	元	角	分	
合计																							

附件　张

会计主管：　　记账：　　审核：　　制单：

表 5－40

记　账　凭　证

年　月　日　　　　　　字第　号

摘要	会计科目		借方金额										贷方金额										√
	总账科目	明细科目	千	百	十	万	千	百	十	元	角	分	千	百	十	万	千	百	十	元	角	分	
合计																							

附件　张

会计主管：　　记账：　　审核：　　制单：

第六章

会计账簿

知识目标

熟悉会计账簿的种类及格式，理解会计账簿的设置、登记方法，明确错账更正、对账和结账方法。重点掌握现金日记账、明细分类账和总分类账的登记方法。

课前思考

企业发生的各种经济业务事项，通过会计凭证记录了全部数据，但是，这种记录是零散的，仅仅表现为大量个别数据的集合，还缺乏科学的分析和加工，不能满足会计信息使用者的需要。在实际工作中，我们还需要对会计凭证所反映的信息进一步加工处理，这项工作是通过账簿来实现的。

在实务中，账簿如何开设登记，和“T”型账一样吗？我们一起来学习吧！

第一节 会计账簿概述

一、会计账簿的概念

会计账簿是指由一定格式账页组成的，以经过审核的会计凭证为依据，全面、系统、连续地记录各项经济业务的簿籍。它是会计信息形成的重要环节，是会计资料的主要载体之一。

账簿与账户既有联系又有区别。账簿和账户所反映的经济业务内容是一致的，账户只是在账簿中按规定的会计科目设置的户头，而账簿是连续、系统、全面地进行分类记录、积累和贮存会计信息资料的载体。账簿是账户的外表形式，账户记录才是账簿的内容。

二、会计账簿的作用

设置和登记账簿是会计核算的专门方法之一，是会计工作的重要环节，是编制会计报表的基础，是连接会计凭证和会计报表的中间环节。科学地设置和正确地登记账簿，对于加强经济管理、发挥会计职能具有重要作用。

（一）记载、储存会计信息

各单位通过设置和登记账簿，将会计凭证上所反映的零散会计核算资料加以归类、整理和汇总，形成全面、连续和系统的会计核算资料，可以综合反映各项资金运动情况及其结果，储存所需要的各项会计信息，为经营管理者提供系统完整的会计资料。

（二）分类、汇总会计信息

会计账簿由不同的相互关联的账户所构成。通过账簿记录，可以分门别类地反映各项会计信息，提供一定时期内经济活动的详细情况；也可以通过发生额、余额的计算，提供各方面所需要的总括会计信息，反映财务状况、经营成果和现金流量的综合价值指标。

（三）检查、校正会计信息

会计账簿是会计凭证的进一步整理，也是会计分析、会计检查的重要依据。各单位通过设置和登记账簿，可以具体反映单位内部各项财产物资的增减变动及其结存情况。定期将账簿记录与财产物资进行核对，确认盘盈或盘亏，明确经济责任，保护单位财产物资的安全和完整，做到账实相符，提供如实、可靠的会计信息。

（四）编报、输出会计信息

会计账簿所提供的各种会计信息，经过加工整理后，成为编制会计报表的依据。各单位应定期进行结账和对账，计算出本期发生额和余额，据以编制会计报表，向有关各方提供所需要的会计信息。会计报表是否正确、及时，与会计账簿的记录有着密切的关系。

三、会计账簿的分类

在实际工作中，为了便于了解和运用账簿，需要对账簿进行分类。会计账簿的种类很多，不同类别的会计账簿可以提供不同的信息，满足会计信息使用者不同的需要。

（一）账簿按用途分类

会计账簿按用途，可分为序时账簿、分类账簿和备查账簿。

1. 序时账簿

序时账簿又称日记账，它是根据经济业务发生时间的先后顺序逐日、逐笔进行登记的账簿。序时账簿可以用来核算和监督某一类型经济业务的发生或完成情况。在我国企业、行政事业单位中，通常只对库存现金和银行存款设置日记账，进行序时登记，以加强对货币资金的管理。

2. 分类账簿

分类账簿是指按照会计要素的具体类别而设置的分类账户进行分类登记的账簿。分类账簿是会计账簿的主体，也是编制财务报表的主要依据。按其反映经济业务的详略程度，可分为总分类账簿和明细分类账簿。

总分类账簿，简称总账，是根据总分类账户开设的，全面反映企业的某类经济活动，提供总括核算资料的分类账簿。它主要为编制会计报表提供直接数据资料。

明细分类账簿，简称明细账，是根据明细分类账户开设的，用来提供明细核算资料的分类账簿。

3. 备查账簿

备查账簿，又称补充登记簿或辅助登记簿，是对某些在序时账簿和分类账簿中未能记载或记载不全的经济业务进行补充登记的账簿。它主要用来记录一些供日后查考的有关经济事项，如“代销商品登记簿”“租入固定资产登记簿”。

备查账簿只是对其他账簿记录的一种补充，与其他账簿之间不存在严密的依存和勾稽关系。备查账簿的记录与编制会计报表无直接关系，是一种表外账簿。

（二）账簿按外形特征分类

会计账簿按外形特征，可分为订本式账簿、活页式账簿和卡片式账簿。

1. 订本式账簿

订本式账簿，简称订本账，是在账簿启用前将编有顺序页码的账页固定装订成册的账簿。采用订本式账簿，能够避免账页散失和防止抽换账页，有利于保证账簿的安全。但订本式账簿由于账页固定，不能随意增减，预留账页数较难估计。在我国，总分类账、现金日记账和银行存款日记账采用订本式账簿。

2. 活页式账簿

活页式账簿，简称活页账，是将一定数量的账页置于活页夹内，可根据记账内容的变化而随时增加或减少部分账页的账簿。活页账的优点是可以根据实际需要，随时将空白账页装入账簿，或抽取不需要的账页，便于分工记账，提高工作效率。其缺点是如果管理不善，容易造成账页的散失和故意抽换账页。活页账登记使用完后，应装订成册妥善保管。活页式账簿一般适用于明细分类账。

3. 卡片式账簿

卡片式账簿，简称卡片账，是将一定数量的卡片式账页存放于专设的卡片箱内，可以根据需要随时增添账页的账簿。卡片式账簿使用比较灵活，反映的内容比较具体详细，可以跨年度长期使用，无须更换账簿，一物一卡，卡随物走。使用完毕后，应将卡片穿孔，固定保存。在我国，企业一般只对固定资产的核算采用卡片式形式，也有少数企业在材料核算中使用材料卡片。

（三）账簿按账页格式分类

会计账簿按账页格式，主要分为三栏式账簿、多栏式账簿和数量金额式账簿。

1. 三栏式账簿

三栏式账簿是指设有借方、贷方和余额三个金额栏目的账簿。各种日记账、总分类账以及资本、债权、债务明细账均可采用三栏式账簿。三栏式账簿的一般格式，如表6-1所示。

表6-1 三栏式账簿

年		凭证		摘要	借方	贷方	借或贷	余额
月	日	字	号					

2. 多栏式账簿

多栏式账簿是指在账簿的两个金额栏目（借方和贷方）按需要分设若干专栏的账簿。

这种账簿可以按“借方”和“贷方”分设专栏，也可以只设“借方”或“贷方”专栏，设多少栏则根据需要确定。收入、费用和成本明细账多采用这种格式的账簿。多栏式账簿的一般格式，如表6－2所示。

表6－2

多栏式账簿

年		凭证		摘要	借方				贷方	借或贷	余额
月	日	字	号								

3. **数量金额式账簿**

数量金额式账簿是指在账簿的借方、贷方和余额三个栏目内都分设数量、单价和金额三小栏，借以反映财产物资的实物数量和价值量的账簿。原材料、库存商品等存货类明细账通常采用数量金额式账簿。数量金额式账簿的格式，如表6－3所示。

表6－3

数量金额式账簿

年		凭证		摘要	收入			发出			结存		
月	日	字	号		数量	单价	金额	数量	单价	金额	数量	单价	金额

第二节 会计账簿的启用和登记要求

一、会计账簿的基本内容

在实际工作中，各种账簿所记录的经济内容不同，格式多种多样，但各种账簿都应具有封面、扉页、账页三项基本内容。

（一）封面

封面主要注明账簿名称、记账单位及会计年度，如总分类账、现金日记账、银行存款日记账和各类明细账等。

（二）扉页

扉页主要列示账簿启用表及科目索引。账簿启用表包括账簿的启用日期、截止日期、页数、册次、经管账簿人员一览表、会计主管人员签章等。科目索引标明了账簿中每个账户的名称和页次，方便查阅和登记。“账簿启用和经管人员一览表”如表6－4和表6－5所示。

表6－4

账簿启用和经管人员一览表

账簿名称：________ 单位名称：________

账簿编号：________ 账簿册数：________

账簿页数：________ 启用日期：________

会计主管：________ 记账人员：________

移交日期			移交人		接管日期			接管人		会计主管	
年	月	日	签名	签章	年	月	日	签名	签章	签名	签章
备注										印花税票粘贴处	

表6－5

科目索引

页数	科目	页数	科目	页数	科目	页数	科目

（三）账页

账页是账簿的主体，是用来具体记录经济业务的载体。一本账簿一般由几十到几百个账页联结而成，每个账页都有事先印制好的格式。尽管不同的账簿格式有差异，但一般都包括以下基本内容：（1）账户的名称；（2）登记日期栏；（3）凭证种类和编号栏；（4）摘要栏；（5）金额栏；（6）总页次和分户页次。

二、会计账簿的启用

启用会计账簿时，应当在账簿封面上写明单位名称和账簿名称，并填写账簿扉页上的“账簿启用和经管人员一览表”。账簿是重要的会计档案，必须要有专人负责登记。记账人员或会计机构负责人调动工作或因故离职时，应办理交接手续，将本人所经管的会计工作移交给接替人员，并在“账簿启用和经管人员一览表”中交接记录栏内注明交接日期、接替人员和监交人员姓名，并由交接双方人员签名或盖章。

启用订本式账簿应当从第一页到最后一页顺序编订页数，不得跳页、缺号。使用活页式账簿应当按账户顺序编号，并须定期装订成册。

三、会计账簿的记账规则

为了保证账簿记录的正确、规范，必须根据审核无误的会计凭证登记会计账簿，并要符合有关法律、行政法规和国家统一的会计准则制度规定。登记账簿时应遵循以下规则：

（一）准确完整

登记账簿时，将凭证日期、编号、业务内容摘要、金额和其他有关资料逐项记入账内，做到数字准确、摘要清楚、登记及时、字迹工整。账簿记录中的日期，应该填写记账凭证上的日期；以自制原始凭证作为记账依据的，账簿记录中的日期应按有关自制凭证日期填列。

（二）记账使用蓝黑墨水或碳素墨水

为了保持账簿记录的持久性，防止涂改，登记账簿必须使用蓝黑墨水或碳素墨水书写，不得使用圆珠笔（银行的复写账簿除外）或者铅笔书写。需要注意的是，除结账、改错、冲销账簿记录、负余额外不得使用红色墨水登记账簿。

知识链接

会计处理可以使用红色墨水的情况

根据规定，下列情况可以使用红色墨水：

1. 按照红字冲账的记账凭证，冲销错误记录。
2. 在不设借贷等栏的多栏式账页中，登记减少数。
3. 在三栏式账户的余额栏前，如未印明余额方向的，在余额栏内登记负数余额。
4. 根据国家规定可以用红字登记的其他会计记录。

例如，企业发生销售货物退回，开出红字增值税专票，应在“应交税费——应交增值税”明细账户下，“销项税额”专栏中用红字登记应冲销的销项税额；企业发生购货退回，收到红字增值税专票，应在“进项税额”专栏中用红字登记应冲销的进项税额。

资料来源：新财会人员岗位培训与办事手册。

（三）书写留空

账簿书写的文字、数字上面应留有适当的空距，不要写满格，一般应占格距的1/2。如果发生登记错误，能利用空距进行更正，同时也方便查账工作。

（四）结出余额

凡是需要结出余额的账户，应在“借或贷”栏目内注明“借”或“贷”字样，以示余额的方向。没有余额的账户，应在“借或贷”栏目内写“平”字，并在余额栏“元”位处用“0”表示。

（五）顺序连续登记

会计账簿应当按照连续编号的页码顺序登记，不得跳行、缺号、隔页。如果记账时发生隔页、跳行，应在空行、空页处用红色墨水划对角线注销，或者注明“此页空白”或“此行空白”字样，并由记账人员和会计机构负责人在更正处签章，以示负责。

（六）过次承前

每一账页登记完毕时，应在账页的最末一行“摘要”栏注明“过次页”或“转次页”，并结出本月本页借、贷方发生额和余额，登记在最末一行金额栏内；账簿下页第一行“摘要”栏内注明“承前页”，并将上页借、贷方发生额和余额顺序记入金额栏内，以保持账簿记录的连续性和衔接性，便于对账和结账。

（七）注明记账符号

账簿登记完毕后，应在记账凭证上签名或盖章，并在记账凭证的“过账”栏内注明过入账簿的页次或画“√”，表示已经登账，防止漏记、重记。

（八）正确更正错账

如果账簿记录发生错误，不得涂改、刮擦、挖补或用褪色药水更改字迹，应采用规定的方法更正。

第三节　会计账簿的格式和登记方法

一、日记账的格式和登记方法

日记账是逐日逐笔按顺序连续记录经济业务的序时账簿。设置日记账的目的，是为了使经济业务的时间顺序清晰地反映在账簿记录中。在我国，大多数企业一般只设置库存现金日记账和银行存款日记账。

（一）库存现金日记账的格式和登记方法

库存现金日记账是用来核算和监督库存现金每日收、付和结存情况的序时账簿。库存现金日记账必须使用订本账，其格式主要为三栏式，如表6－6所示。

表 6－6

库存现金日记账

年		凭证号数		摘　要	对方科目	借方	贷方	√	余额
月	日								

库存现金日记账是由出纳人员根据审核后的库存现金收款、付款凭证和有关的银行存款付款凭证（如提取现金的业务），逐日逐笔按顺序进行登记。库存现金日记账的登记方法如下：

（1）日期栏：登记记账凭证的日期，应与库存现金的实际收付日期一致；

（2）凭证号数栏：登记收款凭证或付款凭证的种类和编号，如 15 号现金收款凭证，就记为“现收 15 号”；

（3）摘要栏：登记经济业务的简要说明；

（4）对方科目栏：登记现金收入和支出的对应科目名称；

（5）借方、贷方和余额栏：借方登记实际发生的现金收入金额，贷方登记实际发生的现金支出金额，每日终了，结出当日现金余额，并与库存现金实有数核对，即“日清”。

（二）银行存款日记账的格式和登记方法

银行存款日记账是用来核算和监督银行存款每日的收入、支出和结余情况的账簿。银行存款日记账应按企业在银行开立的账户和币种分别设置，每个银行账户设置一本日记账。

银行存款日记账必须使用订本账，其格式与库存现金日记账基本相同，一般采用三栏式，如表 6－7 所示。

表 6－7

银行存款日记账

年		凭证号数	摘 要	对方科目	结算凭证		借方	贷方	√	余额
月	日				种类	号数				

银行存款日记账由出纳员根据银行存款收款、付款凭证和有关的库存现金付款凭证（如库存现金存入银行的业务），按时间先后顺序逐日逐笔进行登记。其登记方法与现金日

记账基本相同，只是增加了“结算凭证”一栏。如果经济业务是以支票结算的，应在本栏内填明支票的种类和号码，以便与银行核对账目。

二、分类账的格式和登记方法

（一）总分类账的格式和登记方法

总分类账是按总分类科目开设的，分类登记以提供总括会计信息的账簿。总分类账簿采用订本式，最常用的格式为三栏式，其格式如表6－8所示。

会计账簿登记

总分类账的登记方法因登记的依据不同而有所不同，主要取决于企业所采用的会计核算程序。在不同的会计核算程序下，总分类账可以直接根据各种记账凭证逐笔进行登记，也可以将一定时期内的各种记账凭证先汇总编制成科目汇总表或汇总记账凭证，再定期登记。无论采取哪一种方式，会计人员每月都应将已发生的经济业务全部登记入账，并于月末结出总分类账各账户的本期发生额和期末余额，作为编制会计报表的主要依据。

表6－8 总分类账

会计科目＿＿＿＿＿＿＿＿

年		凭证		摘要	借方	贷方	借或贷	余额
月	日	字	号					

（二）明细分类账的格式和登记方法

明细分类账是根据有关明细分类账户设置并登记的账簿。它能提供交易或事项比较详细、具体的核算资料，以弥补总账所提供核算资料的不足。因此，各单位在设置总账的同时，还应设置必要的明细账。明细分类账一般根据记账凭证和相应的原始凭证来逐笔登记。

明细分类账通常采用活页式账簿，常用格式主要有三栏式、多栏式、数量金额式。

1. 三栏式明细分类账

三栏式明细分类账与三栏式总分类账格式基本相同，设有借方、贷方和余额三个金额栏目。这种格式适用于只需要进行金额核算的明细分类账使用，如应收账款、应付账款、长期借款、短期借款和实收资本等科目。

2. 多栏式明细分类账

多栏式明细分类账又称为专栏式明细账，在一张账页内按明细项目分设若干专栏，用以集中反映明细项目的核算资料。这种明细账簿适用于需要对金额进一步分析的明细分类账，如生产成本、制造费用和管理费用等科目。生产成本明细账格式，如表 6－9 所示。

表 6－9　生产成本明细账

年		凭证		摘　要	借　方			贷　方	借或贷	余　额
月	日	字	号		直接材料	直接人工	制造费用			

3. 数量金额式明细分类账

数量金额式明细分类账的账页，需要在收入、发出和结存栏内，分设数量、单价和金额栏。它适用于既要进行金额核算，又要进行数量核算的账户，如原材料、库存商品等存货账户。原材料明细账的格式，如表 6－10 所示。

表 6－10　原材料明细账

材料类别：＿＿＿＿　　最高存量：＿＿＿＿

材料名称：＿＿＿＿　规格：＿＿＿＿　计量单位：＿＿＿＿　最低存量：＿＿＿＿

年		凭证		摘　要	收　入			发　出			结　存		
月	日	字	号		数量	单价	金额	数量	单价	金额	数量	单价	金额

三、备查账簿的格式与登记方法

备查账簿一般没有固定的格式，更注重用文字来表述某项经济业务的发生，每个单位可根据实际需要灵活设置。

使用备查账簿能够为企业经营管理提供必要的补充资料。例如，为了加强经营租入固定资产的管理，记录其租入、使用和归还等情况供日后查考，可设置“租入固定资产备查登记簿”，其格式如表 6－11 所示。

表 6－11 租入固定资产备查登记簿

租入日期	名称及规格	租约号数	出租单位	使用日期	租金	使用部门	归还日期

第四节 错账查找与更正方法

一、错账查找方法

在记账过程中，可能会发生各种各样的差错，产生错账，从而影响会计信息的准确性。常见的差错有重记、漏记、数字颠倒、数字错位、数字记错、科目记错、借贷方向记反等。为了迅速地更正错账，首先必须采用比较合理的方法和技巧查找错账。查找错账可以通过偶合法进行。偶合法是根据账簿记录错误中最常见的规律，推测错账的类型与错账有关的记录进行查账的方法。常用的方法主要有以下几种：

（一）差数法

差数法适用于记账时重记或漏记了借方或贷方，从而造成试算平衡中借方合计或贷方合计不等。其表现形式为：借方金额遗漏，会使贷方金额超出；贷方金额遗漏，会使借方金额超出。对于类似差错，会计人员应通过回忆与错账差数相关金额的记账凭证，进行查找。

（二）尾数法

尾数法适用于借贷方金额其他位数都一致，只有末位数出现差错的情况。如发生的角、分的差错可以只查找小数部分，以提高查错的效率。

（三）除 2 法

除 2 法是指以差数除以 2 来查找错账的方法。在记账时，有时由于会计人员疏忽，错将借方金额登记到贷方（或相反），出现错账的差数表现为错误的 2 倍，用差数除以 2，得出的商数就是账簿中记账方向的反方向数字。如应记入“其他应收款”明细账科目借方的 500 元错记入贷方，就会出现总账期末借方余额大于明细账借方余额 1 000 元，将 1 000 元除以 2，正好是贷方记错的 500 元。

(四) 除9法

在登记账目时，会计人员有时会把位数看错，出现数字错位，这时应采用除9法。除9法是指用对账差额除以9来查找差错的一种方法，适用于以下三种情况：

1. 将数字写小

例如，将4 000元错看成400元并登记入账，错误数字小于正确数字9倍。查找的方法是：以差数除以9得出的商即为错误数字，商乘以10后所得的积即为正确数字。上例差数3 600除以9，商400即为错数，乘以10即可得正确的数字4 000。

2. 将数字写大

例如，将700元错看成7 000元并登记入账，错误数字大于正确数字9倍。查找的方法是：以差数除以9得出的商即为正确数字，商乘以10后所得的积即为错误数字。上例差数6 300除以9得出的商700为正确数字，商乘以10后所得的积7 000为错误数字。

3. 邻数颠倒

在记账时，有时易将相邻的两位数或三位数的数字登记颠倒，它们共同特点是错账差数一定是9的倍数。如将714误记为174，其差异数540除以9，商为60，根据商数的首位是6，则可判断颠倒的两个数字差异是6，这样在账簿记录中就可查找百位数与十位数之间的下列数字1与7、2与8、3与9等。即查找17、28、39中哪一个数字颠倒了，当查到17这个数字时就可结合该项业务的会计凭证核对其是否将8 714元误记成8 174元。

二、错账更正方法

账簿记录中的错误一经发现后，应立即更正。错账更正是一件非常严肃的事情，为了明确责任，也为了防止出现舞弊行为，必须采用正确、规范的方法予以更正，不得涂改、挖补、刮擦或者用药水消除字迹。错账的更正方法一般有划线更正法、红字更正法和补充登记法三种。

(一) 划线更正法

划线更正法，又称红线更正法，就是把账簿记录中错误的文字或数字用红线全部划去，然后用蓝字写上正确的文字或数字，再由记账人员在更正处盖章，以示负责。采用这种方法，更正时不得只划销错误数字，应将错误数字全部划去，并保持原有数字清晰可辨，以便事后审查。若文字错误，则只划去错误文字即可。

划线更正法适用于记账凭证没有错误，只是登记账簿时发生笔误的情况。如会计人员把3 657元错写为3 567元时，更正的方法是：将错误数字3 567全部用红线划去（~~3 567~~），表示注销，然后在账格上1/2处用蓝黑色记账笔写上正确的3 657，并在更正处加盖印章。

(二) 红字更正法

红字更正法又叫红字冲账法，是指用红字冲销或冲减原有的错误记录，以更正或调整记账错误的方法。红字更正法适用于两种情况：

(1) 记账后发现记账凭证中的应借或应贷会计科目错误，导致账簿记录中记错账户。

更正时，先用红字填制一张与原错误记账凭证完全相同的记账凭证，在其摘要栏内注明“注销某月某日某号凭证错账”，并据以用红字登记入账，以示注销原错误记账凭证；然后再用蓝字填制一张正确的记账凭证，在其摘要栏内注明“更正某月某日某号凭证错账”，重新登记入账。

【例6－1】2020年6月5日，甲公司生产车间领用价值3 000元的包装物，直接用于生产A产品，会计人员编制如下记账凭证，如表6－12所示。

表6－12

转 账 凭 证

2020年6月5日　　　　转字第32号

摘要	会计科目		借方金额										贷方金额										√
	总账科目	明细科目	千	百	十	万	千	百	十	元	角	分	千	百	十	万	千	百	十	元	角	分	
领用包装物	制造费用	机物料消耗					3	0	0	0	0	0											
	周转材料	包装物															3	0	0	0	0	0	
合计						¥	3	0	0	0	0	0				¥	3	0	0	0	0	0	

附件壹张

会计主管：张三　　记账：李丽　　审核：赵玉　　制单：王浩

6月7日，会计人员据以登记入账后，发现会计科目错误，采用红字更正法予以更正。首先编制红字注销凭证（假设为第40号），如表6－13所示。

表6－13

转 账 凭 证

2020年6月7日　　　　转字第40号

摘要	会计科目		借方金额										贷方金额										√
	总账科目	明细科目	千	百	十	万	千	百	十	元	角	分	千	百	十	万	千	百	十	元	角	分	
注销6月5日32号凭证错账	制造费用	机物料消耗					3	0	0	0	0	0											
	周转材料	包装物															3	0	0	0	0	0	
合计						¥	3	0	0	0	0	0				¥	3	0	0	0	0	0	

附件张

会计主管：张三　　记账：李丽　　审核：赵玉　　制单：王浩

然后编制蓝字正确凭证（假设为第41号凭证），如表6－14所示。最后，会计人员根据红、蓝两张会计凭证登记相关账簿，错账得以更正。

表 6－14

转　账　凭　证

2020 年 6 月 7 日　　　　　　　　　　　　　　　　　　转字第 41 号

摘　要	会计科目		借方金额										贷方金额										√
	总账科目	明细科目	千	百	十	万	千	百	十	元	角	分	千	百	十	万	千	百	十	元	角	分	
更正 6 月 5 日 32 号凭证错误	生产成本	A 产品					3	0	0	0	0	0											
	周转材料	包装物															3	0	0	0	0	0	
合　计						¥	3	0	0	0	0	0				¥	3	0	0	0	0	0	

附件　张

会计主管：张三　　　记账：李丽　　　审核：赵玉　　　制单：王浩

（2）记账后发现记账凭证和账簿记录中应借、应贷会计科目无误，只是所记金额大于应记金额。更正时，可将多记金额用红字填制一张与原来记账凭证应借、应贷科目完全相同的记账凭证，在其摘要栏内注明“冲销某月某日某号凭证多记金额”，并据以用红字登记入账，冲销原有的多记金额。

【例 6－2】2020 年 7 月 8 日，甲公司以银行存款支付欠乙公司的货款 15 860 元。会计人员编制的付字第 15 号记账凭证（错误凭证略），误将金额记为 18 560 元，并据以登记银行存款日记账。当日，会计人员发现错账，采用红字更正法予以更正。先编制红字冲销凭证（假设为第 18 号），如表 6－15 所示。然后根据红字冲销凭证登记入账即可。

表 6－15

付　款　凭　证

贷方科目：银行存款　　　　　2020 年 7 月 8 日　　　　　　　付字第 18 号

摘　要	借方总账科目	明细科目	√	金　额										
				亿	千	百	十	万	千	百	十	元	角	分
冲销付字 15 号凭证多记金额	应付账款	乙公司							2	7	0	0	0	0
合　计								¥	2	7	0	0	0	0

附件　张

会计主管：张三　　　记账：李丽　　出纳：周静　　　审核：赵玉　　　制单：王浩

（三）补充登记法

补充登记法又称补充更正法，是指将记账凭证和账簿记录中少计金额补充登记入账的方法。其适用的情形：记账后发现记账凭证和账簿记录中应借、应贷会计科目无误，只是所记金额小于应记金额。更正时，可将少记金额用蓝字填制一张与原来记账凭证应借、应贷科目完全相同的记账凭证，在其摘要栏内注明“补充某月某日某号凭证少记金额”，并据以登记入账。

【例6－3】 2020 年 8 月 7 日，甲公司生产车间领用原材料 15 000 元用于 A 产品生产，会计人员编制的转字第 4 号记账凭证（错误凭证略），误将金额记为 1 500 元，并已登记入账。

8 月 9 日，会计人员发现错账，采用补充登记法予以更正。先编制一张蓝字补充凭证（假设为第 8 号），如表 6－16 所示，然后根据蓝字补充凭证登记入账即可。

表 6－16 **转账凭证**

2020 年 8 月 9 日 转字第 8 号

摘要	会计科目		借方金额										贷方金额										√
	总账科目	明细科目	千	百	十	万	千	百	十	元	角	分	千	百	十	万	千	百	十	元	角	分	
补记8月7日4号凭证少记金额	生产成本	A产品				1	3	5	0	0	0	0											
	原材料	主要材料														1	3	5	0	0	0	0	
合计					¥	1	3	5	0	0	0	0			¥	1	3	5	0	0	0	0	

附件 张

会计主管：张三 记账：李丽 审核：赵玉 制单：王浩

总结错账更正方法，如表 6－17 所示。

表 6－17 **错账更正方法**

更正方法	错账类型	更正步骤
划线更正法	记账凭证正确，登记账簿笔误	（1）数字错误，划红线全部注销；文字错误部分注销； （2）上方蓝字登记正确记录； （3）更正人盖章
红字更正法	记账凭证会计科目用错并已入账	（1）先编制红字记账凭证注销； （2）后编制蓝字记账凭证； （3）根据红、蓝凭证登记入账
	记账凭证科目金额多记，并已入账	编制红字记账凭证冲销多记金额，然后登记入账
补充登记法	记账凭证科目金额少记，并已入账	编制蓝字记账凭证补记少记金额，然后登记入账

第五节 对账与结账

一、对账

对账就是核对账目，是对账簿记录进行的核对工作。在会计核算工作中，由于种种原因，有时难免会发生各种差错和账实不符的现象。对账的目的就是保证账簿记录的真实、正确和完整，做到账证相符、账账相符和账实相符。

建立定期对账制度，是确保会计信息质量的一项重要措施。对账包括以下内容：

（一）账证核对

账证核对就是将账簿的各项记录与有关的会计凭证进行核对，以检查其是否相符。账证核对是对账工作的第一步，一般是在日常核算中通过会计人员登记账簿工作进行的。账证核对的主要内容是将总账、明细账、日记账的记录分别与记账凭证及所附的原始凭证进行核对，看其时间、凭证字号、业务内容、金额是否一致，记账方向是否相符等。

（二）账账核对

账账核对就是核对有关存在对应关系的账簿之间记录是否相符一致，一般是在账证核对基础上进行的。账账核对主要包括：

1. 总分类账簿之间的核对

按照“资产 = 负债 + 所有者权益”这一会计等式和“有借必有贷、借贷必相等”的记账规则，总分类账簿全部账户的借方发生额合计数应与贷方发生额合计数核对相等，全部账户的借方余额合计数应与贷方余额合计数核对相等。通过这种等式和平衡关系，可以检查总账记录是否正确、完整。

2. 总分类账簿与所属明细分类账簿之间的核对

总账的借方发生额、贷方发生额及余额应分别与所属的全部明细账的借方发生额合计数、贷方发生额合计数及余额合计数保持相等。

3. 总分类账簿与序时账簿之间的核对

库存现金总账和银行存款总账的期末余额应分别与库存现金日记账和银行存款日记账的期末余额相等。

4. 明细分类账簿之间的核对

财务部门的实物资产明细账簿记录应与财产物资保管和使用部门的有关明细账簿定期核对，以检查余额是否相符。核对方法一般是由财产物资保管部门或使用部门定期编制收发结存汇总表报会计机构。

（三）账实核对

账实核对是指各种财产物资、债权债务等账面余额与实存数据之间的核对。账实核对是在账账核对的基础上，结合财产清查进行的，目的是保证账实相符。账实核对主要包括：

（1）现金日记账账面余额与现金实际库存数逐日进行核对是否相符。

（2）银行存款日记账账面余额与银行对账单余额定期进行核对是否相符。

（3）各项财产物资明细账账面余额与其实存数额定期核对是否相符。

（4）有关债权、债务明细账账面余额与对方单位债权、债务账面记录核对是否相符。

二、结账

结账是指将账簿记录定期结算清楚的一项会计工作。在一定会计时期结束时，为编制会计报表，需要进行结账，计算出本期借方发生额、贷方发生额和期末余额，具体包括月结、季结和年结。结账前，一定要检查本期所发生的经济业务是否已全部入账，如查出有漏记、重记、错记的情况，应及时补记和更正。为了保证会计资料的真实可靠，不得提前或推后结账。

结账方法一般采用划线结账法。月结、季结时通栏划单红线，年结时通栏划双红线。

（一）月结

每月终了，应在各账簿记录的最后一笔经济业务下面通栏划单红线，结出本月借方发生额、贷方发生额和余额，在摘要栏内注明“本月合计”字样，并在下面通栏划单红线。

在实务中，对于本月只发生一笔经济业务的账簿，可简化结账手续，在本月经济业务记录下面通栏划单红线即可。

（二）季结

季结类似月结。每季度终了，应在“本月合计”下行，结出本季度的借方发生额、贷方发生额和余额，在摘要栏内注明“第×季度合计”字样，并在下面通栏划单红线，完成季结工作。

（三）年结

年度终了，所有账户结账时，应在12月份月结、季结的单红线下，计算出全年的借方发生额、贷方发生额和年末余额，并在摘要栏内注明“本年累计”字样，然后在下面通栏划双红线，表示年末封账。凡是有余额的账户，都应将其余额结转下年，须在“本年累计”下行的摘要栏内注明“结转下年”，无须编制转账凭证。转入下年新账时，应在账页第一行摘要栏内注明“上年结转”字样，并在余额栏内填写上年结转数据。结账方法如表6－18所示。

表 6-18 **总分类账**

会计科目：应收账款

20××年		凭证编号	摘要	借方	贷方	借或贷	余额
月	日						
1	1		上年结转			借	120 000.00
1	15	科汇 1	根据科汇 1-15 日汇总	63 000.00	78 000.00		
	31	科汇 2	根据科汇 16-31 日汇总	26 000.00	30 000.00		
			本月合计	89 000.00	108 000.00	借	101 000.00
2	15	科汇 1	根据科汇 1-15 日汇总	57 000.00	34 000.00		
12	31		本月合计	56 000.00	87 000.00	借	131 000.00
			本年累计	1 263 000.00	1 252 000.00	借	131 000.00
			结转下年				

注：┈┈表示单红线；══表示双红线。

第六节　会计账簿的更换与保管

一、会计账簿的更换

为了保持账簿资料的连续性，每年年末都要更换新账。总账、日记账和大部分的明细账，每年更换一次，备查账簿可以连续使用。

会计账簿的更换通常在新会计年度建账时进行。年初将有余额的旧账账户年末余额直接转记到新账各账户的第一行余额栏中，并在摘要栏内加盖“上年结转”戳记。旧账余额过入新账时，无须编制记账凭证。

二、会计账簿的保管

年末结账后，会计人员应将活页账簿的空白账页抽出，并在填写齐全的“账簿启用及经营人员一览表”前加上封面，装订成册，经统一编号后，与各种订本账一起归档保管。

年度终了，各种账簿在结转下年、建立新账后，一般应将旧账集中统一管理。同会计凭证一样，当年形成的会计账簿暂由本单位财会部门保管 1 年，期满后，由财务部门编造清册移交本单位的档案部门保管。

会计账簿是企业重要的会计档案和历史资料，必须妥善保管，不得丢失和随意销毁。根据国家《会计档案管理办法》规定，各种账簿的保管年限应为 30 年。保管期满后，还要按照规定的审批程序经批准后才能销毁。

会计档案
保管期限

第七节 会计账簿实训

实训目标

通过实训，熟悉会计账簿的种类及格式，掌握会计账簿记账规则，掌握错账更正规则以及对账和结账方法。重点掌握总分类账、明细分类账和日记账的登记方法。

重要知识清单
一、会计账簿
1. 含义：由一定格式的账页组成，以经过审核的会计凭证为依据，记录各项经济业务的簿籍。 2. 分类：（1）按用途：序时账、分类账和备查账；（2）按外表形式：订本式、活页式和卡片式；（3）按账页格式：三栏式、多栏式和数量金额式。
二、会计账簿的启用与记账规则
1. 基本内容：封面、扉页、账页。 2. 启用：登记账簿启用和经管人员一览表。 3. 记账规则：（1）准确完整；（2）记账使用蓝黑墨水或碳素墨水；（3）书写留空；（4）结出余额；（5）顺序连续登记；（6）过次承前；（7）注明记账符号；（8）正确更正错账。
三、会计账簿的格式与登记方法
1. 日记账：库存现金日记账、银行存款日记账均采用订本式，格式为三栏式，由出纳人员根据收款凭证、付款凭证逐日逐笔登记，日清月结。 2. 分类账：（1）总分类账采用订本式，格式为三栏式，可逐笔登记或汇总登记。 （2）明细分类账采用活页式，不同的明细账适用不同格式的明细账。 3. 备查账：没有固定的格式，注重用文字来表述经济业务，企业自行设置。
四、错账更正方法
更正方法：（1）划线更正法；（2）红字更正法；（3）补充登记法。
五、对账与结账
1. 对账：是对账簿记录进行核对，主要包括：账证核对、账账核对、账实核对。 2. 结账：是指将账簿记录定期结算清楚的一项会计工作方法，月结、季结划单红线，年结划双红线。
六、会计账簿的更换与保管
1. 更换：总账、日记账和大部分的明细账每年更换一次，备查账簿连续使用。 2. 保管：（1）当年形成的会计账簿由单位财会部门保管1年，期满后交档案机构保管。 （2）保管年限为30年，期满前不得随意销毁。

任务一　基础知识训练

一、单项选择题

1. 账簿按（　　）可分为序时账、分类账和备查账。

A. 用途　　B. 经济内容　　C. 外表形式　　D. 会计要素

2.（　　）是按照经济业务发生先后顺序，逐日逐笔登记经济业务的账簿。

A. 分类账　　B. 序时账　　C. 明细账　　D. 备查账

3. 下列各项中，适用于记账过程中漏记一方的错账查找方法的是（　　）。

A. 尾数法　　B. 差数法　　C. 除 2 法　　D. 除 9 法

4. 现金日记账和银行存款日记账由（　　）登记。

A. 经办人员　　B. 财务负责人　　C. 总账会计　　D. 出纳人员

5.（　　）适宜采用多栏式明细账。

A. 库存商品明细账　　B. 生产成本明细账

C. 固定资产明细账　　D. 原材料明细账

6. 记账后发现记账凭证没有错，仅仅是账簿记录中的文字或数字发生错误，应用（　　）更正。

A. 补充登记法　　B. 红字更正法　　C. 划线更正法　　D. 以上方法均可

7. 下列关于会计账簿登记要求的表述中，正确的是（　　）。

A. 登账笔误可使用红色墨水　　B. 文字书写必须满格

C. 发生空行应补充书写　　D. 账簿书写可以使用圆珠笔

8. 用补充登记法更正错账时，应（　　）。

A. 用红字按少记金额填制一张补记凭证

B. 用蓝字按少记金额填制一张补记凭证

C. 用红字按应记金额填制一张补记凭证

D. 用蓝字按应记金额填制一张补记凭证

9. 在结账前，若发现记账凭证中所记金额大于应记金额，而应借、应贷科目没有错误，并已过账，应用（　　）更正。

A. 补充登记法　　B. 划线更正法

C. 红字更正法　　D. 以上方法均可

10. 关于会计账簿，以下说法正确的是（　　）。

A. 库存现金总账与库存现金日记账核对属于账实核对

B. 各种明细账与原始凭证核对属于账证核对

C. 保存期满的会计账簿可以任意销毁

D. 当年形成的会计账簿应于下年度开始移交档案部门

11. 对账时，账账核对不包括（　　）。

A. 总账各账户的余额核对　　B. 总账与明细账之间的核对

C. 总账与日记账之间的核对　　D. 总账与备查账之间的核对

12. 下列关于结账的表述，错误的是（　　）。
A. 每月只能结账一次　B. 结账时应结出发生额及余额
C. 月结时应上下划通栏单红线　D. 年结时应上下划通栏双红线

二、多项选择题

1. 下列各项中，应采用订本式账簿的有（　　）。
A. 总分类账　B. 日记账　C. 明细分类账　D. 备查账
2. 以下有关库存现金日记账和银行存款日记账的表述中，正确的有（　　）。
A. 一般采用订本式账簿和三栏式账页　B. 由出纳人员登记
C. 根据审核后的收款、付款凭证登记　D. 逐日逐笔序时登记
3. 下列明细账中，应采用数量金额式明细账格式的有（　　）。
A. 实收资本　B. 原材料　C. 库存商品　D. 应付账款
4. 会计账簿的登记规则包括（　　）。
A. 登记时以审核无误的会计凭证为依据
B. 必须逐页、逐行按顺序连续登记
C. 每一账页登记完毕时，需结出本月本页借方、贷方发生额和余额，过次承前
D. 必须使用蓝黑墨水或碳素墨水书写
5. 明细账常用的格式有（　　）。
A. 三栏式　B. 多栏式　C. 数量金额式　D. 两栏式
6. 采用红字更正法适用的条件有（　　）。
A. 记账凭证会计科目错误且已记账
B. 记账凭证正确，登记账簿数字写错
C. 记账凭证科目正确，金额记小且已记账
D. 记账凭证科目正确，金额记大且已记账
7. 对账包括（　　）。
A. 账证核对　B. 账账核对　C. 账表核对　D. 账实核对
8. 下列各项中，属于账账核对的内容有（　　）。
A. 总账与日记账的核对　B. 总账与总账之间的核对
C. 总账与所属明细账之间的核对　D. 明细账与备查账之间的核对
9. 在会计账簿扉页上填列的内容包括（　　）。
A. 账簿名称　B. 单位名称
C. 启用日期　D. 记账人员签名或盖章
10. 下列关于会计账簿的更换和保管的表述中，正确的有（　　）。
A. 旧账余额过入新账时，应在摘要栏内加盖“上年结转”戳记
B. 当年形成的会计账簿可暂由财会部门保管1年
C. 会计账簿的保管期限为30年
D. 总账、日记账每年更换一次，备查账可以连续使用
11. 下列情形中，可用红色墨水记账的有（　　）。
A. 结账划线　B. 划线注销　C. 负余额　D. 冲销错误记录

12. 账实核对的主要内容包括（　　）。
A. 现金日记账账面余额与现金实际库存数核对
B. 银行存款日记账账面余额与银行对账单余额核对
C. 各项财产物资明细账账面余额与其实存数额核对
D. 有关债权、债务明细账账面余额与对方单位债权、债务账面记录核对

三、判断题

1. 有余额的账户年末更换账簿时需要编制转账凭证。（　　）
2. 每日经济业务登记完毕，应计算现金日记账的当日余额，并与库存现金的实存额进行核对，检查账实是否相符。（　　）
3. 总账的登记依据可以是记账凭证、科目汇总表或汇总记账凭证。（　　）
4. 如果账簿记录发生错误，应根据错误的具体情况，采用规定的方法予以更正，不得涂改、挖补、刮擦或用褪色药水更改字迹。（　　）
5. 在会计年度中间变更记账人员，可不办理有关交接手续。（　　）
6. 银行存款日记账是由出纳人员根据审核后的银行存款收款、付款凭证逐日逐笔按经济业务发生先后顺序进行登记的。（　　）
7. 期末结账和更正错账的记账凭证可以不附原始凭证。（　　）
8. 年度终了结账时，应在全年累计发生额下面通栏划双红线，并在下一行摘要栏内写“结转下年”。（　　）
9. 企业的银行存款日记账与银行对账单进行核对属于账账核对。（　　）
10. 明细账一般使用活页式账簿，以便根据实际需要，随时添加账页。（　　）
11. 采用划线更正法时，无论数字还是文字错误，只需划去错误部分更正即可。（　　）
12. 资本、债权、债务明细账均可以采用三栏式账簿。（　　）

任务二　专项实训

实训一　银行存款日记账登记实训

实训目的：练习登记银行存款日记账。

实训资料：2020 年 8 月，甲公司发生以下与银行存款有关的经济业务：

（1）1 日，开出现金支票（Ⅳ11025318）提取现金 10 000 元备用。
（2）2 日，开出转账支票（Ⅳ20211059）支付购买 A 材料货款 113 000 元。
（3）5 日，通过银行转账支付所欠乙公司货款 80 000 元。
（4）6 日，销售 F 产品价税合计 56 500 元，收到转账支票（Ⅸ34119805）存入银行。
（5）8 日，开出转账支票（Ⅳ20211060）支付销售货物运杂费 26 000 元。
（6）12 日，通过银行发放职工薪酬 182 300 元。
（7）17 日，收到银行进账单，系丙公司偿还的购货款 45 200 元。
（8）20 日，销售 W 产品价税合计 226 000 元，收到转账支票（Ⅸ53248190）存入银行。
（9）23 日，开出转账支票（Ⅳ20211061）支付购买 B 材料货款 95 400 元。

（10）28 日，开出现金支票（Ⅳ11025319）15 600 元报销职工差旅费。

实训要求：根据以上业务，登记银行存款日记账并结账，如表 6 – 19 所示。

表 6 – 19　　　　　　　　　　银行存款日记账

2020 年		凭证号数	摘要	结算凭证		借方	贷方	√	余额
月	日			种类	号数				
8	1		承前页						680 000.00

实训二　多栏式明细账登记实训

实训目的：练习登记多栏式明细账。

实训资料：参见第四章实训三——生产过程业务实训相关资料。

实训要求：根据实训三所编制的会计分录，逐笔登记生产成本、制造费用、管理费用多栏式明细账并结账，如表 6 – 20 ~ 表 6 – 23 所示。

表 6 – 20　　　　　　　　　　生产成本明细账

科目名称：________

年		凭证		摘要	借方			贷方	借或贷	余额
月	日	字	号		直接材料	直接人工	制造费用			

表 6－21　　生产成本明细账

科目名称：________

年		凭证		摘　要	借　方			贷　方	借或贷	余　额
月	日	字	号		直接材料	直接人工	制造费用			

表 6－22　　制造费用明细账

科目名称：________

年		摘　要	借　方						贷　方	借或贷	余　额
月	日		机物料	办公费	职工薪酬	水电费	折旧费	差旅费			

表 6－23　　管理费用明细账

科目名称：________

年		摘　要	借　方						贷　方	借或贷	余　额
月	日		办公费	会议费	职工薪酬	水电费	折旧费	差旅费			

实训三 明细账、总账登记实训

实训目的：练习登记三栏式、数量金额式明细账和三栏式总账。

实训资料：参见第三章实训五——平行登记实训相关资料。

实训要求：根据实训五所编制的会计分录，开设并逐笔登记“原材料”与“应付账款”的总账与所属明细账，结账，如表6－24～表6－29所示。

表6－24 原材料总分类账

年		凭证		摘 要	借 方	贷 方	借或贷	余额
月	日	字	号					

表6－25 原材料明细分类账

科目名称：________ 数量单位：________

年		凭证		摘 要	收 入			发 出			结 存		
月	日	字	号		数量	单价	金额	数量	单价	金额	数量	单价	金额

表 6－26

原材料明细分类账

科目名称：________　　　　数量单位：________

年		凭证		摘要	收入			发出			结存		
月	日	字	号		数量	单价	金额	数量	单价	金额	数量	单价	金额

表 6－27

应付账款总分类账

年		凭证		摘要	借方	贷方	借或贷	余额
月	日	字	号					

表 6－28

应付账款明细分类账

科目名称：________

年		凭证		摘要	借方	贷方	借或贷	余额
月	日	字	号					

表 6－29　　应付账款明细分类账

科目名称：________

年		凭证		摘　要	借　方	贷　方	借或贷	余额
月	日	字	号					

实训四　错账更正实训

实训目的：练习错账更正。

实训资料：甲公司在 2020 年 3 月发生以下经济业务：

（1）开出转账支票 56 586 元偿还前欠乙公司货款，编制如下记账凭证，但在记账时记录为"56 856.00 "。

借：应付账款——乙公司　　56 586

　　贷：银行存款　　56 586

（2）用银行存款支付企业办公楼租赁费 58 000 元，编制如下会计分录并据以登记入账。

借：管理费用　　85 000

　　贷：银行存款　　85 000

（3）计提车间固定资产折旧 3 200 元，编制如下会计分录并据以登记入账。

借：制造费用　　2 300

　　贷：累计折旧　　2 300

（4）销售部门销售企业多余的原材料 20 000 元，编制如下的会计分录并据以登记入账。

借：销售费用　　20 000

　　贷：原材料　　20 000

实训要求：根据以上错账，填写表 6－30。

表 6－30 错账更正

序号	应采用的更正方法	具 体 更 正
(1)		
(2)		
(3)		
(4)		

第七章 财产清查

知识目标

理解财产清查的含义、种类，明确财产物资的盘存制度，熟悉各种财产物资的清查方法。重点掌握财产清查的会计处理，能熟练编制银行存款余额调节表。

课前思考

在日常会计核算中，会计人员根据会计信息质量要求和会计核算程序，严格按照要求进行记账、算账、报账，真实地记录企业财产物资的增减变动及结余情况，以提供真实可靠的会计资料。尽管如此，在实际工作中也会因发生自然损耗、计量差错、贪污偷盗等这样会导致账簿记录和财产物资的实有数不相符，从而影响到会计核算工作的质量。面对这样的情况，作为会计人员应该如何处理？

第一节 财产清查概述

一、财产清查的概念

（一）财产清查的含义

财产清查是指通过对货币资金、实物资产和往来款项等财产物资的盘点或核对，确定其实有存数与账存数是否相符的一种专门方法。

2017 年 11 月，修订后的《中华人民共和国会计法》第十七条明确指出："各单位应当定期将会计账簿记录与实物、款项及有关资料相互核对，保证会计账簿记录与实物及款项的实有数额相符、会计账簿记录与会计凭证的有关内容相符、会计账簿之间相对应的记录相符、会计账簿记录与会计报表的有关内容相符。"

（二）财产清查的作用

1. 保证会计信息真实可靠

通过财产清查，可以查明各项财产物资的实存数与账存数是否相符，发现差异及时调整账面记录，达到账实相符，以保证会计资料的真实可靠，提高会计信息的有用性。

2. 保护财产物资安全完整

通过财产清查，可以及时查明各项财产物资有无毁损、短缺、变质等情况，及时发现问题，研究改进措施，消除不安全因素的隐患，切实保护财产物资完好无损。

3. 提高财产物资的使用效率

通过财产清查，能够掌握资产的使用情况，及时发现超储积压物资和未使用财产，充分挖掘现有财产物资的潜力，促进财产物资的有效使用。

4. 维护财经纪律

通过财产清查，可以检查财产物资的管理状况和往来款项的结算情况，发现是否有化公为私、营私舞弊等行为，有针对性地改进管理办法，建立健全有关管理制度，促使企业遵守财经纪律和结算纪律。

知识链接

账实不符的原因

在实际工作中，造成账实不符的原因一般有以下几个方面：

1. 各种财产物资在收发过程中，由于计量检验器具不准确或者是保管人员工作疏忽发生差错。

2. 财产物资发生增减变动时，会计人员没有及时填制凭证登记入账或出现漏记、重记、多记、少记等错账现象。

3. 由于规章制度不健全、管理不善或工作人员失职造成财产物资损坏、变质和短缺等差错。

4. 不法分子贪污盗窃、营私舞弊而发生的财产损失。

5. 自然灾害或人为事故造成财产损失。

6. 其他原因造成财产损失或升溢。

资料来源：《中国会计百科全书》。

二、财产清查的种类

财产清查可以按照清查范围、实施时间等进行不同的分类。

（一）按照清查范围分类

1. 全面清查

全面清查是指对企业所有财产进行全面的盘点和核对。全面清查涉及的范围广、内容多，工作量大且时间长，不宜经常进行。

需要进行全面清查的情况通常有：

（1）年终决算前，为了保证决算资料的真实性，需要进行全面清查；

（2）开展全面资产评估、清产核资等专项经济活动前，需要进行全面清查；

（3）企业合并、撤销或改变隶属关系时，为了明确经济责任，需要进行全面清查；

（4）中外合资、国内合资前，需要进行全面清查；

（5）企业进行股份制改制前，需要进行全面清查；

（6）单位主要领导调离工作前，需要进行全面清查。

2. 局部清查

局部清查是指根据需要只对部分财产进行盘点和核对。局部清查的范围和对象应根据业务需要和相关具体情况确定。一般而言，局部清查的主要对象是流动性较大又易于损耗的物资和比较贵重的财产。局部清查涉及的范围小、内容少，涉及的人员较少，但专业性较强。需要进行清查局部的情况通常有：

（1）库存现金，每日终了，应由出纳人员进行清点核对；
（2）银行存款，至少每月同银行核对一次；
（3）原材料、在产品、产成品等存货，应随时轮流盘点或重点抽查；
（4）各种债权、债务等结算款项，每年至少要同对方核对1~2次。

（二）按照清查的时间分类

1. 定期清查

定期清查是指按照预先计划安排的时间对财产进行的盘点和核对。这种清查一般是在月末、季末或年终结账前进行。定期清查可以是局部清查，也可以是全面清查。通常情况下，企业在月末、季末进行局部清查，在年末进行全面清查。

2. 不定期清查

不定期清查又称临时清查，是指事前不规定清查时间，而根据实际需要临时进行的盘点和核对。不定期清查可以是局部清查，也可以是全面清查。主要在以下情况下进行：

（1）更换财产物资的经管人员，要对其保管的财产物资进行清查，以分清经济责任，便于办理交接手续；

（2）发生自然灾害和意外事故致使财产物资损失，要对受损的财产物资进行清查，以查明损失情况；

（3）上级主管部门、财政、审计和银行等有关部门，对本单位进行会计检查，应按检查的要求和范围对财产物资进行清查，以验证会计资料的可靠性；

（4）进行临时性清产核资，要对本单位的财产物资进行清查，以便摸清家底。

（三）按照清查的执行系统分类

1. 内部清查

内部清查是指由本单位内部自行组织清查小组所进行的财产清查工作。大多数的财产清查都是内部清查。

2. 外部清查

外部清查是指由上级主管部门、审计机关、司法部门、注册会计师等根据国家有关规定或情况需要对本单位进行的财产清查。一般来讲，进行外部清查应由本单位相关人员参加。

三、财产清查的一般程序

财产清查是会计核算的一种专门方法，又是财产物资管理的一项重要制度。为了保证财产清查工作的顺利进行，企业必须有计划、有组织地进行财产清查。

财产清查一般包括以下程序：（1）成立财产清查小组，一般由单位领导、财会人员和职工组成，负责具体清查工作；（2）组织清查人员学习，掌握有关法律、法规和相关业务知识，培训技术方法，以确保清查工作的质量；（3）制订财产清查方案，明确清查对象、范围和工作人员的分工与责任，具体安排清查内容、时间、步骤、方法；（4）进行清查时，应先清查数量、核对有关账簿记录等，后认定财产物资质量，并填制相应的盘存清单；（5）清查结束后，根据盘存清单，填制实物、往来账项清查结果报告表。

四、财产清查应设置的账户

为了核算企业在财产清查中发现的各种财产物资盘盈、盘亏和毁损，以及盘盈、盘亏、毁损的处理情况，企业应设置“待处理财产损溢”科目。

“待处理财产损溢”科目属于资产类，借方登记各种财产物资的盘亏、毁损数及按规定批准转销的盘盈数；贷方登记各种财产物资的盘盈数及按规定批准转销的盘亏、毁损数。企业发生的各种盘盈、盘亏和毁损，应在期末结账前处理完毕，所以该科目期末无余额。该科目应设置“待处理流动资产损溢”和“待处理非流动资产损溢”两个明细科目，分别核算流动资产和非流动资产的盘盈、盘亏和毁损及其转销处理。

五、财产物资的盘存制度

财产物资的盘存制度有永续盘存制和实地盘存制两种。不同的财产物资盘存制度下，各项财产物资在账簿中的记录方法是不同的。

（一）永续盘存制

永续盘存制又称账面盘存制，是指在日常会计核算中，对各项财产物资的增加、减少，都要根据有关凭证在财产物资明细账中进行连续登记，并随时结出余额的一种盘存制度。

永续盘存制下，期末账面结存数的计算公式为：

期末结存数 = 期初结存数 + 本期收入数 − 本期发出数

永续盘存制可以通过账簿记录，随时了解各种财产物资的收入、发出和结存情况，便于从数量和金额两方面进行控制，有利于加强财产物资管理。其缺点是核算工作量较大，需要投入较多的人力和费用。

永续盘存制手续严密，在控制和保护财产物资方面具有明显的优越性，除特殊情况外，企业一般都应采用这种盘存制度。

（二）实地盘存制

实地盘存制是指平时在财产账簿中只登记财产物资的增加数，不登记减少数，期末结账时，对财产物资进行实地盘点确定实存数，从而倒推出本期减少数，并据以登记入账的一种盘存制度。

实地盘存制下，本期减少数的计算公式为：

本期减少数 = 期初结存数 + 本期收入数 − 期末盘点实存数

采用实地盘存制，核算工作简单，登记账簿的工作量小。其缺点是由于平时账面不登记减少数，不能随时反映财产物资的结存数量，不利于加强财产物资的日常管理；而且工作中出现差错、毁损、盗窃、丢失等人为损耗，也会隐含在减少数量之内，不利于保护财产物资的安全。

实地盘存制只适用于价值低、品种杂、进出频繁的材料物资。企业一般不宜采用这种盘存制度。

第二节 财产清查的处理方法

一、库存现金的清查

（一）清查的方法

库存现金的清查应采用实地盘点法。实地盘点法是指在财产物资的存放现场逐一清点数量或用计量仪器确定其实存数的一种方法。该方法数字准确可靠，适用范围较广，大多数财产物资清查均可采用这种方法。

（二）清查的过程

库存现金的清查包括两方面的内容：其一，由出纳人员每日清点库存现金的实有数，并与现金日记账余额相核对，这是经常性的现金清查工作，是现金出纳人员的分内职责。其二，由专门的清查小组对库存现金进行定期或不定期清查。

为了明确责任，清查小组对库存现金进行盘点时，出纳人员必须在场，现金由出纳人员亲手盘点，并与现金日记账余额核对，查明账实是否相符；清查小组人员负责监督，并检查是否有违反现金管理制度的情况。例如，库存现金是否超过规定的限额，是否按规定范围使用现金，有无白条抵库、挪用现金等现象。库存现金盘点结束后，清查小组人员应填写“库存现金盘点报告表”，盘点人员、出纳及相关负责人签名盖章。“库存现金盘点报告表”格式如表 7－1 所示。

库存现金盘点报告表

表 7－1

库存现金盘点报告表

年　　月　　日

实存金额	账存金额	对比结果		备注
		现金长款	现金短款	

盘点人员签章：　　　　　　　　　　　　出纳人员签章：

（三）清查结果的处理

库存现金发生盘盈或盘亏时，会计人员应按照管理权限将“库存现金盘点报告表”等原始凭证上报相关领导，领导审批后，会计人员应根据审批意见，进行相应的账务处理。

1. 库存现金盘盈

报经批准前：按实际溢余的金额，借记“库存现金”科目，贷记“待处理财产损溢”科目。

报经批准后：借记“待处理财产损溢”科目，属于应支付给有关人员或单位的，贷记“其他应付款”科目；属于无法查明原因的，贷记“营业外收入”科目。

【例 7-1】 2020 年 6 月 28 日，甲公司进行财产清查，发现库存现金溢余 100 元。经查属于应付职工张曙光的款项。甲公司应编制会计分录：

（1）发生现金溢余。

借：库存现金　　100

　　贷：待处理财产损溢——待处理流动资产损溢　　100

（2）审批转销处理。

借：待处理财产损溢——待处理流动资产损溢　　100

　　贷：其他应付款——张曙光　　100

如果上述现金溢余无法查明原因，应作如下会计分录：

借：待处理财产损溢——待处理流动资产损溢　　100

　　贷：营业外收入　　100

2. 库存现金盘亏

报经批准前：按实际短缺的金额，借记“待处理财产损溢”科目，贷记“库存现金”科目。

报经批准后：属于应由有关责任人或保险公司赔偿的，借记“其他应收款”科目；属于无法查明原因的，借记“管理费用”科目，贷记“待处理财产损溢”科目。

【例 7-2】 2020 年 9 月 8 日，甲公司在财产清查中发现库存现金短缺 520 元，经查属于出纳王芳工作疏忽所致，应由出纳负责赔偿。甲公司应编制会计分录：

（1）发现库存现金短缺。

借：待处理财产损溢　　520

　　贷：库存现金　　520

（2）根据领导的审批意见转销处理。

借：其他应收款——王芳　　520

　　贷：待处理财产损溢　　520

如果上述现金短缺无法查明原因，应编制如下会计分录：

借：管理费用　　520

　　贷：待处理财产损溢　　520

二、银行存款的清查

（一）清查的方法

银行存款的清查是通过与开户银行核对账目的方法进行的，即将本单位银行存款日记账与开户银行发来的银行对账单逐笔进行核对，查明银行存款的实有数额。

（二）清查的过程

企业的银行存款日记账与银行对账单账面余额，如果相符，通常说明没有错误；如果不相符，可能是一方记账有误或者存在未达账项。

所谓未达账项，是指由于收款、付款结算凭证在企业与银行之间传递需要时间，导致一方收到凭证已经入账；另一方未收到凭证尚未入账的账项。

未达账项具体分为四种情况：（1）企业已收款记账，银行尚未收款记账；（2）企业已付款记账，银行尚未付款记账；（3）银行已收款记账，企业尚未收款记账；（4）银行已付款记账，企业尚未付款记账。

银行存款清查时，应根据经济业务、结算凭证的种类、号码和金额等资料，逐日逐笔核对银行存款日记账和银行对账单。凡双方都有记录的，用铅笔在金额旁做上标记；凡双方没有标记的金额，就是未达账项。

（三）清查结果的处理

如果在核对中，发现属于企业方面的记账差错，经确定后企业应立即更正；如果属于银行方面的记账差错，应通知银行更正；如果属于未达账项，企业应编制“银行存款余额调节表”进行调整。“银行存款余额调节表”的格式，如表7－2所示。

表7－2 银行存款余额调节表

年　月　日　　　　单位：元

项　目	金额	项　目	金额
企业银行存款日记账余额		银行对账单余额	
加：银行已收款，企业未收款 减：银行已付款，企业未付款		加：企业已收款，银行未收款 减：业已付款，银行未付款	
调节后的存款余额		调节后的存款余额	

调节后的余额表示企业可以动用的银行存款的实有数额。银行存款余额调节表不是原始凭证，不能作为调整账户的依据。对于银行已经入账，企业尚未入账的未达账项，企业应该在收到有关凭证后，再进行账务处理。

【例7－3】2020年6月30日，甲公司银行存款日记账余额为612 000元，银行对账单余额为644 000元，经逐笔核对，发现以下未达账项：

（1）28日，甲公司收到购货单位的转账支票20 000元，已送存银行并登记银行存款日记账，但银行尚未记账。

（2）29日，甲公司开出现金支票8 000元支付职工差旅费，已登记银行存款日记账，因持票人尚未到银行办理提现，故银行尚未记账。

（3）30日，银行收到甲公司委托代收销货款50 000元，已登记入账，甲公司尚未收到收款通知而未记账。

（4）30日，银行扣除甲公司借款利息6 000元，甲公司尚未收到付款通知而未记账。

甲公司编制“银行存款余额调节表”，如表7－3所示。

表7－3

银行存款余额调节表

2020年6月30日

单位：元

项　　目	金额	项　　目	金额
企业银行存款日记账余额	612 000.00	银行对账单余额	644 000.00
加：银行已收款，企业未收款 减：银行已付款，企业未付款	50 000.00 6 000.00	加：企业已收款，银行未收款 减：企业已付款，银行未付款	20 000.00 8 000.00
调节后的存款余额	656 000.00	调节后的存款余额	656 000.00

三、存货的清查

（一）清查的方法

存货包括原材料、在产品、产成品等实物资产，由于各种存货的形态、体积、重量及码放方式的不同，所以采用的清查方法也不同。

大部分的存货可以采用实地盘点法，通过点数、过磅、量尺等方法来确定其实存数。有些特殊存货可以采用技术推算法。技术推算法是指利用技术方法推算财产物资的实存数的方法，主要适用于一些体积较大、不宜逐一清点的财产物资。例如，露天存放的煤炭、砂石等。

（二）清查的过程

存货清查时，保管人员和盘点人员必须同时在场。对于盘点结果，应如实登记“盘存单”，并由盘点人员和保管人员共同签章，以明确经济责任。“盘存单”的一般格式，如表7－4所示。

表7－4

盘存单

财产类别：　　　　年　　月　　日　　　　存放地点：

编号	名称	计量单位	数量	单价	金额	备注

盘点人员（签章）：　　　　保管人员（签章）：

对于清盘中发现账实不符的存货，还需要填制“存货盘点报告表”，进一步确定存货盘盈或盘亏。“存货盘点报告表”是调整账簿记录的重要原始凭证，其格式如表 7－5 所示。

表 7－5　　存货盘点报告表

存货类别：　　　　　　　　年　月　日

编号	名称	计量单位	单价	实存		账存		盘盈		盘亏		备注
				数量	金额	数量	金额	数量	金额	数量	金额	

实物保管人（签章）：　　　　盘点人（签章）：　　　　制表人（签章）：

对于清查中发现的残存变质、毁损存货，应另行编制情况说明表，写明损害程度和损失金额，若情况比较严重，还应做专项说明。

（三）清查结果的处理

存货发生盘盈、盘亏或毁损时，会计人员应按照管理权限将“盘存单”和“存货盘点报告表”等原始凭证上报相关领导，领导审批后，会计人员应根据审批意见，进行相应的账务处理。

1. 存货盘盈

报经批准前：借记“原材料”等科目，贷记“待处理财产损溢”科目。

报经批准后：借记“待处理财产损溢”科目，贷记“管理费用”科目。存货盘盈一般属于计量不准造成的，应冲减“管理费用”。

【例 7－4】2020 年 8 月 31 日，甲公司在财产清查中发现盘盈 A 材料 10 千克，160 元/千克。经查明材料盘盈属于收发计量差错，经批准冲减管理费用。甲公司应编制会计分录：

（1）发生原材料盘盈。

借：原材料　　1 600

　　贷：待处理财产损溢　　1 600

（2）根据领导的审批意见转销处理。

借：待处理财产损溢　　1 600

　　贷：管理费用　　1 600

2. 存货盘亏、毁损

报经批准前：借记“待处理财产损溢”科目，贷记“原材料”科目。

报经批准后：属于应由过失人或保险公司赔偿的部分，借记“其他应收款”科目；属于残料入库的部分，借记“原材料”科目；扣除残料和赔偿后的净损失，如属于管理不善、计量差错、定额内损耗等一般经营损失，借记“管理费用”科目；如属于因自然灾害等造成的非常损失，借记“营业外支出”科目；贷记“待处理财产损溢”科日。

【例7－5】甲公司在财产清查中发现毁损B材料100千克，300元/千克。经查属于材料保管员张某过失造成，残料价值2 000元已入库，经批准由保管员赔偿20 000元，其余净损失由企业负担（假定不考虑相关税费）。甲公司应编制会计分录：

（1）发现原材料毁损。

借：待处理财产损溢　30 000
　贷：原材料　30 000

（2）根据领导的审批意见转销处理。

借：其他应收款——张某　20 000
　原材料　2 000
　管理费用　8 000
　贷：待处理财产损溢　30 000

如果上述材料因自然灾害导致毁损，应编制如下会计分录：

借：原材料　2 000
　营业外支出　28 000
　贷：待处理财产损溢　30 000

四、固定资产的清查

（一）清查的方法

固定资产的清查是指从实物管理的角度对企业拥有的固定资产进行清查，通常采用实地盘点法。

（二）清查的过程

固定资产清查时，保管人员和盘点人员必须同时在场。若发现存在固定资产盘盈、盘亏情况，应编制“固定资产清查盘点报告表”，并由盘点人员和保管人员共同签章，以明确经济责任。“固定资产清查盘点报告表”的一般格式，如表7－6所示。

表7－6　固定资产清查盘点报告表

财产类别：　年　月　日　存放地点：

编号	名称	计量单位	盘盈		盘亏			备注
			数量	重置成本	数量	原值	已提折旧	

实物保管人（签章）：　盘点人（签章）：　制表人（签章）：

（三）清查结果的处理

固定资产发生盘盈、盘亏时，应按照管理权限将“固定资产清查盘点报告表”等原始凭证上报相关领导，领导审批后，会计人员应根据审批意见，进行相应的账务处理。

1. 固定资产盘盈

固定资产是企业重要的实物资产，发生盘盈，应作为前期差错处理。按照重要项原则，固定资产盘盈需要追溯调整，其账务处理应通过“以前年度损益调整”科目核算，不通过“待处理财产损溢”科目核算。

2. 固定资产盘亏

报经批准前：按照固定资产的账面价值，借记“待处理财产损溢”科目；按照已计提的折旧，借记“累计折旧”科目；按照固定资产原值，贷记“固定资产”科目。

报经批准后：属于应由过失人或保险公司赔偿的部分，借记“其他应收款”科目；扣除赔偿后的净损失，借记“营业外支出”科目；贷记“待处理财产损溢”科目。

【例7-6】2020年末，甲公司进行全面清查，发现短缺一台生产替换设备。该设备原值100 000元，已提折旧30 000元，经查明，保险公司应赔偿50 000元。甲公司应编制会计分录：

（1）发现设备短缺。

借：待处理财产损溢	70 000	
累计折旧	30 000	
贷：固定资产		100 000

（2）根据领导的审批意见转销处理。

借：其他应收款——保险公司	50 000	
营业外支出	20 000	
贷：待处理财产损溢		70 000

五、往来款项的清查

（一）清查的方法

往来款项主要包括应收款项和应付款项。往来款项的清查，应采用发函询证的方法进行核对。

（二）清查的过程

清查往来款项时，会计人员首先应确定本单位往来款项账簿记录准确无误，编制“往来款项对账单”，发往有关往来单位核对。“往来款项对账单”一般为一式两联，其中一联作为回单，对方单位核对后在回单联上盖章，退回本单位；如果双方账目不符，对方单位应将有关情况在回单上注明。“往来款项对账单”的一般格式，如表7-7所示。

收到回单后，对于双方账目核对不相符的款项按有争议、未达账项、无法收回等情况进行归类合并，编制“往来款项清查报告表”。“往来款项清查表”的一般格式，如表7-8所示。

表 7－7 往来款项对账单

××公司：

贵公司于××××年×月×日从我公司________（事项摘要），价款总计______元，尚有______元货款未付，请核对后将回单寄回。

清查单位：（盖章）

年 月 日

沿此虚线裁开将以下回单寄回。

往来款项对账单（回单）

××单位：

来函收悉，本公司与贵单位的往来账目，经核对相符。

××公司：（盖章）

年 月 日

表 7－8 往来款项清查报告表

年 月 日

明细账户		清查结果		核对不符原因			备注
名称	账面余额	核对相符金额	核对不符金额	未达账项金额	争执款项金额	无法收回	

清查人员（签章）： 记账人员（签章）：

（三）清查结果的处理

核对不相符的往来款项，应按照管理权限将“往来款项清查报告表”等原始凭证上报相关领导，领导审批后，会计人员应根据审批意见，进行相应的账务处理。

1. 应收款项的处理

对于在财产清查中，长期挂账的应收款项，应采取有力措施及时追缴；确实无法收回的应收款项，会计人员按照管理权限报经批准后，应作坏账处理，冲减应收款项。

2. 应付款项的处理

对于在财产清查中，确实无法支付的应付款项，会计人员按照管理权限报经批准后，直接转作营业外收入。

【例 7－7】甲公司在往来款项清查中，查出应付 F 公司的货款 80 000 元，因为对方单位撤销，确定无法支付，经批准，作为营业外收入处理。甲公司应编制会计分录：

借：应付账款——F 公司 80 000

　　贷：营业外收入 80 000

第三节 财产清查实训

实训目标

通过实训，明确财产清查的概念，理解财产物资的盘存制度，熟悉各种实物资产、货币资金、债权债务的清查方法，重点掌握财产清查的相关会计处理。

<table>
<tr><td colspan="2">重要知识清单</td></tr>
<tr><td colspan="2">一、财产清查的概念</td></tr>
<tr><td colspan="2">1. 含义：是指通过对财产物资的盘点或核对，确定其实有存数与账存数是否相符的一种专门方法。
2. 种类：(1) 按照清查的范围：全面清查和局部清查；(2) 按照清查的时间：定期清查和不定期清查；(3) 按照清查的执行系统：内部清查和外部清查。
3. 财产物资的盘存制度：永续盘存制和实地盘存制。</td></tr>
<tr><td colspan="2">二、财产清查的处理方法</td></tr>
<tr><td colspan="2">(一) 库存现金的清查：(1) 实地盘点法；(2) 编制“库存现金盘点报告表”。</td></tr>
<tr><td>盘盈审批前：
借：库存现金
　　贷：待处理财产损溢
审批后：
借：待处理财产损溢
　　贷：其他应付款
　　　　营业外收入</td><td>盘亏审批前：
借：待处理财产损溢
　　贷：库存现金
审批后：
借：其他应收款
　　管理费用
　　贷：待处理财产损溢</td></tr>
<tr><td colspan="2">(二) 银行存款的清查：(1) 核对账目法；(2) 清查结果的处理。
若存在未达账项，编制“银行存款余额调节表”；若记账错误，错账更正。</td></tr>
<tr><td colspan="2">(三) 存货的清查：(1) 实地盘点法、技术推算法；(2) 编制“存货盘点报告表”。</td></tr>
<tr><td>盘盈审批前：
借：原材料等
　　贷：待处理财产损溢
审批后：
借：待处理财产损溢
　　贷：管理费用</td><td>盘亏审批前：
借：待处理财产损溢
　　贷：原材料等
审批后：
借：其他应收款、原材料
　　管理费用、营业外支出
　　贷：待处理财产损溢</td></tr>
<tr><td colspan="2">(四) 固定资产的清查：(1) 实地盘点法；(2) 编制“固定资产清查盘点报告表”</td></tr>
<tr><td>盘盈：作为前期差错处理，采用追溯调整法。
　　　通过“以前年度损益”账户核算。</td><td>盘亏审批前：
借：待处理财产损溢
　　累计折旧
　　贷：固定资产
审批后：
借：其他应收款
　　营业外支出
　　贷：待处理财产损溢</td></tr>
<tr><td colspan="2">(五) 往来款项的清查：(1) 函证法；(2) 编制“往来款项清查盘点报告表”。</td></tr>
</table>

任务一 基础知识训练

一、单项选择题

1. 下列关于永续盘存制的表述，错误的是（　　）。
A. 有利于财产物资的管理
B. 平时增减都要记录，记账工作量较小
C. 能随时掌握财产物资的账面余额
D. 手续严密，在控制和保护财产方面具有明显的优越性
2. 按清查时间分类，下列属于不定期清查的是（　　）。
A. 更换出纳时对库存现金的清查
B. 季度末核对银行存款日记账与银行对账单
C. 年末对存货、固定资产的清查
D. 年终结账前，对所有的往来款项发询证函核对账目
3. 下列财产物资的盘盈盘亏，不需要通过“待处理财产损溢”科目核算的是（　　）。
A. 存货盘盈　　B. 固定资产盘盈
C. 库存现金盘亏　　D. 存货盘亏
4. 出纳员每日业务终了对库存现金进行清点，属于（　　）。
A. 局部清查和不定期清查　　B. 全面清查和定期清查
C. 局部清查和定期清查　　D. 全面清查和不定期清查
5. 企业银行存款日记账与银行对账单的核对属于（　　）。
A. 账表核对　　B. 账证核对　　C. 账账核对　　D. 账实核对
6. 下列关于库存现金的清查，表述错误的是（　　）。
A. 每日终了，出纳人员应清点库存现金，并与库存现金日记账核对，确保账实相符
B. 清查小组对库存现金清查宜采用不定期清查
C. 清查小组应在出纳不在场时清查库存现金
D. 清查中如发现挪用现金、白条抵库等违规现象，应及时向领导报告
7. 下列未达账项中，导致银行存款日记账余额大于银行对账单余额的是（　　）。
A. 企业开出现金支票，企业已登记入账，持票人尚未去银行提取现金
B. 银行已将企业的存款利息划账转入，企业尚未得到划账凭证，尚未入账
C. 企业委托银行收取的货款已到账，企业尚未得到凭证，尚未入账
D. 企业收到转账支票，已存入银行并已登记入账，银行尚未入账
8. 平时只登记财产物资的增加数，不登记减少数的盘存制度属于（　　）。
A. 权责发生制　　B. 收付实现制
C. 实地盘存制　　D. 永续盘存制
9. 反映企业银行存款实有数额的是（　　）。
A. 企业银行存款日记账余额　　B. 银行对账单余额
C. 企业银行存款总账余额　　D. 银行存款余额调节表调节后的余额

10. 关于存货盘盈转销处理的表述中，正确的是（　　）。
A. 记入管理费用　　B. 冲减管理费用
C. 可能记入管理费用　　D. 可能记入营业外支出
11. 无法查明原因的现金盘盈，经批准转销处理应记入（　　）。
A. 管理费用　　B. 坏账准备　　C. 营业外收入　　D. 营业外支出
12. 企业在财产清查中发现盘亏一台机器，原值 80 000 元，已提折旧 50 000 元，经批准后转入损失。该项业务影响企业当期利润的金额为（　　）元。
A. +80 000　　B. －80 000　　C. +30 000　　D. －30 000

二、多项选择题

1. 下列各项财产物资中，可以采用实地盘点法的有（　　）。
A. 固定资产　　B. 应收账款　　C. 银行存款　　D. 库存现金
2. 下列各项中，应通过“待处理财产损溢”科目借方核算的有（　　）。
A. 发现盘亏的财产物资　　B. 发现盘盈的财产物资
C. 批准转销盘亏的财产物资　　D. 批准转销盘盈的财产物资
3. 企业银行存款日记账余额小于银行对账单余额的原因有（　　）。
A. 企业账簿记录有差错
B. 银行账簿记录有差错
C. 银行已计收入入账，企业未记账
D. 企业已计支出入账，银行未记账
4. 财产清查中遇到账实不符时，用以调整账簿记录的原始凭证有（　　）。
A. 存货实存账存对比表　　B. 库存现金盘点报告表
C. 银行对账单　　D. 银行存款余额调节表
5. 适宜采用函证方法清查的对象有（　　）。
A. 应收账款　　B. 其他应收款　　C. 其他应付款　　D. 应付账款
6. 经批准，转销盘亏、毁损的存货，其会计处理可能涉及的会计科目有（　　）。
A. 其他应收款　　B. 原材料　　C. 管理费用　　D. 营业外支出
7. 下列各项中，需要进行全面清查的有（　　）。
A. 年终决算前　　B. 单位主要负责人调离工作岗位前
C. 仓库保管更换时　　D. 单位撤销、合并或改变隶属关系
8. 下列各项中，适宜采用不定期清查的有（　　）。
A. 审计部门对本单位进行财务检查　　B. 仓库保管员变动
C. 自然灾害造成财产毁损　　D. 部分财产霉烂变质
9. 编制银行存款余额调节表时，应在银行对账单余额上做加减调整的有（　　）。
A. 企业已收款入账，而银行尚未入账　　B. 企业已付款入账，而银行尚未入账
C. 银行已收款入账，而企业尚未入账　　D. 银行已付款入账，而企业尚未入账
10. 库存现金发生短缺，经批准转销处理时，可能涉及的会计科目有（　　）。
A. 管理费用　　B. 待处理财产损益
C. 其他应付款　　D. 其他应收款

11. 下列关于实地盘存制的表述，正确的有（　　）。

A. 平时有关存货账户只记增加，不计减少

B. 期末必须要对存货进行实地盘点，其目的是账实相符

C. 又称为“以存计销”或“以存计耗”

D. 适宜单价较低、难以清点、进出频繁的存货

12. 下列关于存货清查核算的表述中，正确的有（　　）。

A. 因管理不善造成的存货盘亏，记入管理费用

B. 因自然灾害造成的存货净损失，记入营业外支出

C. 盘盈的存货一般应冲减管理费用

D. 存货发生定额内损耗、一般经营损耗，应记入管理费用

三、判断题

1. 银行存款的清查，主要是将银行存款日记账与银行存款总账进行核对。（　　）

2. 企业银行存款日记账与银行对账单余额不等，一定是未达账项造成的。（　　）

3. 月末，企业银行存款的实有数额是银行对账单调整后的余额，企业应根据银行对账单调整银行存款日记账账面余额。（　　）

4. 产生未达账项的原因可能是记账错误，应采用适当的方法予以纠正。（　　）

5. “库存现金盘点报告表”“存货盘点报告表”“银行存款余额调节表”以及“固定资产清查盘点报告表”都是原始凭证。（　　）

6. 年终决算前，对企业财产物资所进行的清查一般属于全面清查。（　　）

7. 在采用“永续盘存制”下，一般不需要对各项财产物资进行盘点。（　　）

8. 存货清查可以采用实地盘点法和技术推算法。（　　）

9. 库存现金溢余，经批准转销记入“营业外收入”，库存现金短缺，经批准应记入“营业外支出”。（　　）

10. 对盘亏存货的净损失，属于一般营业损失部分经批准应记入管理费用。（　　）

11. 对财产清查结果处理时，都必须通过“待处理财产损溢”账户。（　　）

12. 局部清查的主要对象是流动性较强的物资和比较贵重的财产。（　　）

任务二　专项实训

实训一　银行存款余额调节表实训

实训目的：练习银行存款余额调节表的编制。

实训资料1：2020 年 5 月 31 日，甲公司银行存款日记账余额为 432 000 元，银行转来对账单余额为 664 000 元，经逐笔核对后，发现有以下未达账项：

（1）28 日，甲公司将 480 000 元的转账支票送存银行，但银行尚未记账。

（2）29 日，甲公司开出转账支票支付 A 公司材料款 377 000 元，A 公司尚未到银行办理。

（3）30 日，甲公司开出现金支票支付职工张三差旅费 8 000 元，张三尚未到银行办理。

（4）银行代甲公司支付水电费22 000元，企业尚未接到银行的付款通知。

（5）银行代企业划付借款利息35 000元，付款通知尚未送达企业。

（6）甲公司委托银行代收销货款384 000元，银行已收妥并登记入账，但甲公司尚未收到收款通知。

实训要求：编制银行存款余额调节表，如表7－9所示。

表7－9 银行存款余额调节表

单位名称： 年 月 日 单位：元

项 目	金额	项 目	金额
企业银行存款日记账余额		银行对账单余额	
加：银行已收款，企业未收款 减：银行已付款，企业未付款		加：企业已收款，银行未收款 减：企业已付款，银行未付款	
调节后的余额		调节后的余额	

实训资料2：甲公司2020年9月份银行存款日记账和银行对账单记录如表7－10和表7－11所示。

表7－10 中国工商银行对账单

单位名称：甲公司 单位：元

日期		交易类型	结算凭证号	借方	贷方	余额
月	日					
8	31	略				200 000.00
9	2	转账支票	Ⅳ 25644506	23 510.00		176 490.00
	8	转账支票	Ⅳ 25644507	40 800.00		135 690.00
	15	转账支票	Ⅳ 25644508	12 000.00		123 690.00
	18	电汇			132 500.00	256 190.00
	22	现金支票	Ⅱ 32165301	18 000.00		238 190.00
	26	转账支票	Ⅳ 25644509	30 890.00		207 300.00
	28	电汇			51 360.00	258 660.00
	29	其他		3 285.00		255 375.00
	30	利息			1 930.00	257 305.00

表 7-11

银行存款日记账

单位名称：甲公司　　　　　　　　　　　　　　　　　　　　　　　　　　单位：元

2020年		结算凭证号	摘　要	借方	贷方	余额
月	日					
8	31		承上页			200 000.00
9	1	转支Ⅳ44506	支付圆钢款		23 510.00	176 490.00
	5	转支Ⅳ44507	支付方钢款		40 800.00	135 690.00
	10	转支Ⅳ44508	支付广告费		12 000.00	123 690.00
	20	电汇	收取销货款	132 500.00		256 190.00
	22	现支Ⅱ65301	提取现金		18 000.00	238 190.00
	25	转支Ⅳ44509	支付购买专利款		30 890.00	207 300.00
	26		收取销货款	16 800.00		224 100.00
	28	现支Ⅱ65302	支付差旅费		15 450.00	208 650.00
	30		本月合计	149 300.00	140 650.00	

实训要求：编制甲公司9月份的“银行存款余额调节表”，如表7-12所示。

表 7-12

银行存款余额调节表

单位名称：　　　　　　　　　年　　月　　日　　　　　　　　　　单位：元

项　目	金额	项　目	金额
企业银行存款日记账余额		银行对账单余额	
加：银行已收款，企业未收款 减：银行已付款，企业未付款		加：企业已收款，银行未收款 减：企业已付款，银行未付款	
调节后的余额		调节后的余额	

实训二　财产清查实训

实训目的：练习财产清查的会计处理。

实训资料：2020年6月末，甲公司在进行财产清查中发现下列事项：

（1）现金日记账余额为9 850元，实际为6 750元，经批准，由出纳赔偿1 000元，其余部分甲公司负担。

（2）A材料账面余额为160千克，总成本为16 000元，盘存实际数量为130千克，短缺30千克为保管人员失职造成，经批准，由保管人员负责赔偿80%，其余部分由甲公司负担。

（3）C 材料盘盈 10 千克，每千克 30 元，经查明属于日常收发计量差错，经批准转销。

（4）因暴雨导致 F 产品毁损 1 000 件，总成本为 400 000 元，整理后部分毁损产品可回收利用，经评估确定入库残料价值为 10 000 元，保险公司应赔偿 310 000 元，其余净损失由甲公司负担。

（5）盘亏设备一台，该设备原价为 12 400 元，账面已提折旧 8 400 元，经批准转销。

（6）应收丁公司的销货款 20 000 元，因该公司破产无法收回，经批准转销。

（7）甲公司前欠丙公司一笔其他应付款 8 000 元，因该公司已注销解散，无法支付，经批准转销。

实训要求：根据上述资料编制相关的会计分录，填入表 7 – 13 中。

表 7 – 13　　**经济业务会计分录**

业务序号	审批前会计分录	审批后会计分录
（1）		
（2）		
（3）		
（4）		
（5）		
（6）		
（7）		

第八章

财务报表

第八章

知识目标

熟悉财务报表的含义和种类，了解现金流量表、所有者权益变动表和附注的基本内容，明确资产负债表、利润表的编制原理。重点掌握资产负债表和利润表的基本编制方法。

课前思考

在日常的会计工作中，会计人员通过填制和审核会计凭证，对会计资料进行了第一步的加工整理；将记账凭证分门别类地登记到各种账簿中，是对会计资料进行第二步整理，但是账簿提供的各类信息资料仍然是分散的。如何将账簿记录结果集中提供给信息使用者？我们需要进行第三次的加工整理，整理出来的会计资料就是财务报表。

第一节 财务报表概述

一、财务报表的含义

财务报表是对企业财务状况、经营成果和现金流量的结构性表述。

我国《企业会计准则第30号——财务报表列报》规定，一套完整的财务报表至少应当包括“四表一注”，即资产负债表、利润表、现金流量表、所有者权益（或股东权益）变动表和报表附注。小企业编制的报表可以不包括现金流量表。

财务报表是企业根据日常的会计核算资料归集、加工和汇总后形成的，是企业会计核算的最终成果。在资产负债表日，企业应根据账簿上记录的资料，按照规定的报表格式、内容和编制方法，作出进一步的归集、加工和汇总，编制成相应的会计报表，全面、综合反映企业的财务状况、经营成果和现金流量情况，为有关各方提供全面的信息。

小企业会计核算相关知识

二、财务报表的目标

我国《企业会计准则——基本准则》将财务报表的目标明确定位为“保护投资者利益、满足投资者信息需求”。企业编制财务报表的主要目的，就是向财务报表使用者提供与企业财务状况、经营成果和现金流量等有关的会计信息，反映企业管理层受托责任履行情况，有助于财务报表使用者作出经济决策。

财务报表使用者通常包括投资者、债权人、政府及其相关部门、企业管理人员、职工和社会公众等。不同的报表使用者对财务会计报告所提供信息的需求各有侧重。

投资人（股东）主要关注投资的内在风险和投资报酬，他们需要会计信息来帮助他们评估企业的支付能力，帮助他们作出决策，如决定是否买进、持有或者卖出企业的股票或者股权，充分保护投资者利益是市场经济发展的必然。

债权人主要关注企业的偿债能力和财务风险。他们需要信息来分析其提供给企业的资金是否安全，债权能否按期如数收回。

政府及其相关部门作为经济管理和经济监督部门，主要关注国家资源分配的公平、合理，市场经济秩序的公正、有序，需要了解与经济政策（如税收政策）的制定、国民收入的统计等有关方面的信息。

企业管理人员主要关注的是企业财务状况的好坏、经营业绩的大小以及现金的流动情况，以便确保妥善保管并合理、有效运用企业资产。

企业职工主要关注的是企业为其所提供的就业机会及其稳定性、劳动报酬高低和职工福利等方面的信息；社会公众主要关注企业的兴衰及其发展情况，包括对所在地区经济做的贡献。

财务报表是向投资者等财务报告使用者提供决策有用信息的媒介和渠道，是沟通投资者、债权人等使用者与企业管理层之间信息的桥梁和纽带。

三、财务报表的种类

（一）按照编报的时间分类

1. 中期财务报表

中期财务报表是指以短于一个完整会计年度的报告期间为基础编制的财务报表，包括月度财务报表、季度财务报表和半年度财务报表。

月报通常在每月终了后 6 天内报出，季报须在季度终了后 15 天内报出，半年报须在年度中期结束后 60 天内报出。中期财务报表主要包括资产负债表、利润表。

2. 年度财务报表

年度财务报表是指企业于每个会计年度末编制的会计报表，包括资产负债表、利润表、现金流量表、所有者权益变动表和附注。年报通常在年度终了后 4 个月内对外报出。

（二）按照编报的主体分类

1. 个别财务报表

个别财务报表是由企业在自身会计核算基础上对账簿记录进行加工而编制的报表，主要反映企业自身的财务状况、经营成果和现金流量情况。

2. 合并财务报表

合并财务报表是以母公司和子公司组成的企业集团为会计主体，根据母公司和所属子公司的个别财务报表，由母公司编制的综合反映企业集团财务状况、经营成果和现金流量的财务报表。

四、财务报表编制的基本要求

（一）以持续经营为基础

企业应当以持续经营为基础，根据实际发生的交易和事项，按照《企业会计准则——

基本准则》和其他各项会计准则的规定进行确认和计量，在此基础上编制财务报表。

（二）会计基础

会计基础是指会计确认、计量和报告的基础，包括权责发生制和收付实现制。除现金流量表按照收付实现制原则编制外，企业应当按照权责发生制原则编制报表。

（三）财务报表项目的列报

财务报表项目的列报应当在各个会计期间保持一致，不得随意变更，但下列情况除外：

（1）会计准则要求改变财务报表项目的列报；

（2）企业经营业务的性质发生重大变化后，变更财务报表项目的列报能够提供更可靠、更相关的会计信息。

（四）重要性要求

在编制报表的过程中，企业应当充分考虑报表项目的重要性。重要性是指财务报表某项目的省略或错报会影响使用者据此作出经济决策的，该项目具有重要性。

（五）不得抵销列报

财务报表中的资产项目和负债项目的金额、收入项目和费用项目的金额不得相互抵销，但满足抵销条件的除外。

资产项目按扣除减值准备后的净额列示，不属于抵销。对资产计提减值准备，表明资产的价值已经发生减损，按扣除减值准备后的净额列示，能够反映资产给企业带来的经济利益，不属于抵销。

（六）列报项目的可比性

当期财务报表的列报，至少应当提供所有列报项目上一可比会计期间的比较数据，以及与理解当期财务报表相关的说明，但另有规定的除外。

财务报表项目的列报发生变更的，应当对上期比较数据按照当期的列报要求进行调整，并在附注中披露调整的原因和性质，以及调整的各项目金额。对上期比较数据进行调整不切实可行的，应当在附注中披露不能调整的原因。

（七）报表披露

企业应当在财务报表的显著位置至少披露：（1）编报企业的名称；（2）资产负债表或财务报表涵盖的会计期间；（3）人民币金额单位；（4）财务报表是合并财务报表的，应当予以标明。

（八）定期编报

企业至少应当按年编制财务报表。年度财务报表涵盖的期间短于一年的，应当披露年度财务报表的涵盖期间，以及短于一年的原因。

第二节　资产负债表

一、资产负债表概述

（一）资产负债表的含义

资产负债表是反映企业在某一特定日期财务状况的报表，是企业经营活动的静态体现。资产负债表根据“资产＝负债＋所有者权益”这一平衡公式，反映了企业在某一特定日期所拥有或控制的经济资源、所承担的现时义务和所有者对净资产的要求权。

资产负债表主要反映企业资产、负债和所有者权益的总体规模和结构。其中，资产按照流动性分为流动资产和非流动资产；负债按照流动性分为流动负债和非流动负债；所有者权益包括实收资本、其他权益工具、资本公积、其他综合收益、盈余公积和未分配利润。

（二）资产负债表的作用

通过资产负债表，可以为报表使用者提供以下信息：

（1）可以提供企业某一特定日期的资产总额及其结构，表明企业拥有或控制的资源及其分布情况，即有多少资源是流动资产、有多少资源是长期股权投资、有多少资源是固定资产等。

（2）可以提供企业某一特定日期的负债总额及其结构，表明企业未来需要用多少资产或劳务清偿债务以及清偿时间，即流动负债有多少、非流动负债有多少、非流动负债中有多少需要用当期流动资金进行偿还等。

（3）可以反映企业所有者权益的情况，表明投资者在企业资产中所占的份额，了解所有者权益的构成情况，据以判断资本保值、增值的情况以及对负债的保障程度。

（4）可以提供进行财务分析的基本资料，计算出流动比率、速动比率、资产负债率等，了解企业资产的质量、偿债能力，从而有助于财务报表使用者作出经济决策。

二、资产负债表的结构

资产负债表一般由表头、表体两部分组成。其中，表头部分应列明报表名称、编制单位名称、编制日期、报表编号和计量单位；表体部分是资产负债表的主体，列示了用以说明企业财务状况的各个项目。资产负债表的表体格式一般有报告式和账户式两种。

我国企业采用账户式结构，分为左右两方。左边列示资产，大体按资产的流动性大小排列。流动性大的资产排在前面，如“货币资金”“交易性金融资产”等；流动性小的资产排在后面，如“长期股权投资”“固定资产”等。右边列示负债和所有者权益，一般按要求清偿时间的先后顺序排列。偿还期较短的排在前面，如“短期借款”“应付票据及应付账款”等；偿还期较长的排在中间，如“长期借款”“应付债券”等；在企业清算之前无须偿还的所有者权益排在最后。

账户式资产负债表中的资产各项目的合计等于负债和所有者权益各项目的合计，即“资产＝负债＋所有者权益”。资产负债表格式如表 8－1 所示。

表 8 – 1

资产负债表

会企 01 表

编制单位： 年 月 日 单位：元

资产	期末余额	上年年末余额	负债和所有者权益（或股东权益）	期末余额	上年年末余额
流动资产：			流动负债：		
货币资金			短期借款		
交易性金融资产			交易性金融负债		
衍生金融资产			衍生金融负债		
应收票据			应付票据		
应收账款			应付账款		
应收款项融资			预收款项		
预付款项			合同负债		
其他应收款			应付职工薪酬		
存货			应交税费		
合同资产			其他应付款		
持有待售资产			持有待售负债		
一年内到期的非流动资产			一年内到期的非流动负债		
其他流动资产			其他流动负债		
流动资产合计			流动负债合计		
非流动资产：			非流动负债：		
债权投资			长期借款		
其他债权投资			应付债券		
长期应收款			租赁负债		
长期股权投资			长期应付款		
其他权益工具投资			预计负债		
其他非流动金融资产			递延收益		
投资性房地产			递延所得税负债		
固定资产			其他非流动负债		
在建工程			非流动负债合计		
生产性生物资产			负债合计		
油气资产			所有者权益（或股东权益）：		
使用权资产			实收资本（或股本）		
无形资产			其他权益工具		
开发支出			资本公积		

续表

资产	期末余额	上年年末余额	负债和所有者权益（或股东权益）	期末余额	上年年末余额
商誉			减：库存股		
长期待摊费用			其他综合收益		
递延所得税资产			专项储备		
其他非流动资产			盈余公积		
非流动资产合计			未分配利润		
			所有者权益（或股东权益）合计		
资产总计			负债和所有者权益总计		

三、资产负债表的编制方法

（一）资产负债表项目的填列方法

资产负债表各项目均需填列“上年年末余额”和“期末余额”两栏。

资产负债表的“上年年末余额”栏内各项数字，应根据上年年末资产负债表的“期末余额”栏内所列数字填列。如果上年度资产负债表中各个项目的名称和内容与本年度不一致，应按照本年度的规定对上年年末资产负债表各项目的名称和数字进行调整，填入本表“上年年末余额”栏内。

资产负债表的“期末余额”栏主要有以下几种填列方法：

（1）根据总账科目余额直接填列。例如，“短期借款”“资本公积”等项目，根据“短期借款”“资本公积”各总账科目的期末余额直接填列。

（2）根据总账科目余额计算填列。例如，“货币资金”项目，应根据“库存现金”“银行存款”“其他货币资金”科目的期末余额合计数计算填列。

（3）根据明细科目余额计算填列。例如，“开发支出”项目，应根据“研发支出”科目所属的“资本化支出”明细科目的期末余额计算填列。

（4）根据总账科目和明细科目余额分析计算填列。例如，“长期借款”项目，应根据“长期借款”总账科目期末余额，扣除“长期借款”科目所属明细科目中将于一年内到期且企业不能自主将清偿义务展期的长期借款后的金额，计算填列。

（5）根据有关科目余额减去其备抵科目余额后的净额填列。例如，“无形资产”项目，应根据“无形资产”科目的期末余额，减去“累计摊销”“无形资产减值准备”备抵科目余额后的净额填列。

（6）综合运用上述填列方法分析填列。例如，“存货”项目，应根据“原材料”“库存商品”“委托加工物资”“周转材料”“材料采购”“在途物资”“发出商品”“材料成本差异”等总账科目期末余额的分析汇总数，再减去“存货跌价准备”科目余额后的净额填列。

（二）资产负债表项目的填列说明

资产负债表中主要项目的填列说明如下：

（1）“货币资金”项目，反映企业库存现金、银行存款、外埠存款、银行汇票存款、信用卡存款等的合计数。本项目应根据“库存现金”“银行存款”和“其他货币资金”科目期末余额的合计数填列。

【例8-1】 2020年12月31日，甲公司“库存现金”结余12 800元，“银行存款”余额为414 250元，“其他货币资金”余额为271 500元。甲公司12月31日资产负债表中“货币资金”项目“期末余额”的列报金额=12 800+414 250+271 500=698 550（元）。

（2）“应收账款”项目，反映企业资产负债表日以摊余成本计量的、企业因销售商品、提供服务等经营活动应收取的款项。本项目应根据“应收账款”所属明细科目的期末借方余额，减去“坏账准备”科目中相关坏账准备期末余额后的金额填列。若“预收账款”科目所属明细科目期末有借方余额的，也应在该项目列示。

【例8-2】 2020年12月31日，甲公司“应收账款”总账余额为120 000元，其中，应收A公司借方余额180 000元，应收B公司贷方余额60 000元。相应的“坏账准备”余额为6 000元。“预收账款”总账余额为30 000元，其中，预收C公司贷方余额100 000元，预收D公司借方余额70 000元。则甲公司12月31日资产负债表中“应收账款”项目“期末余额”的列报金额=180 000+70 000-6 000=244 000（元）。

（3）“预付款项”项目，反映企业预付给供应单位的款项。本项目应根据“预付账款”和“应付账款”科目所属各明细科目的期末借方余额合计数，减去“坏账准备”科目中相关坏账准备期末余额后的金额填列。如果“预付账款”科目所属有关明细科目期末有贷方余额的，则应在本表“应付票据及应付账款”项目内填列。

（4）“其他应收款”项目，反映企业除应收票据及应收账款、预付账款等经营活动以外的其他各种应收、暂付的款项。本项目应根据“应收利息”“应收股利”“其他应收款”科目的期末余额合计数，减去“坏账准备”科目中相关坏账准备期末余额后的金额填列。

（5）“存货”项目，反映企业期末库存、在途和加工中的各项存货的可变现净值，包括各种材料、商品、在产品、包装物、低值易耗品、分期收款发出商品、委托代销商品等。本项目应根据“在途物资”“原材料”“材料采购”“材料成本差异”“库存商品”“周转材料”“委托加工物资”“生产成本”等科目的期末余额合计数，减去“存货跌价准备”科目期末余额后的净额填列。

【例8-3】 2020年12月31日，甲公司“原材料”总账余额为264 000元，“在途物资”总账余额为58 000元，“库存商品”总账余额518 000元，“周转材料”总账余额13 200元，“生产成本”总账余额为397 800元。甲公司12月31日资产负债表中“存货”项目“期末余额”的列报金额=264 000+58 000+518 000+13 200+397 800=1 251 000（元）。

（6）“合同资产”项目，反映企业按照修订后收入准则的相关规定，根据本企业履行履约义务与客户付款之间的关系在资产负债表中列示合同资产。“合同资产”项目应根据“合同资产”科目的相关明细科目期末余额分析填列，已计提减值准备的，应当减去“合同资产减值准备”科目的期末余额后的金额填列。

（7）“持有待售资产”项目，反映资产负债表日划分为持有待售类别的资产的期末账面价值。本项目应根据“持有待售资产”科目的期末余额，减去“持有待售资产减值准备”科目的期末余额后的金额填列。

（8）“一年内到期的非流动资产”项目，反映企业将于一年内（含一年）到期的非流动资产项目金额。本项目应根据“债权投资”“其他债权投资”等科目的期末余额分析填列。

（9）“债权投资”项目，反映资产负债表日企业以摊余成本计量的长期债权投资的期末账面价值。本项目根据“债权投资”科目的相关明细科目期末余额，减去“债权投资减值准备”科目中相关减值准备的期末余额后的金额分析填列。自资产负债表日起1年内到期的长期债权投资的期末账面价值，在“1年内到期的非流动资产”项目反映。

（10）“其他债权投资”项目，反映资产负债表日企业分类为以公允价值计量且其变动记入其他综合收益的长期债权投资的期末账面价值。本项目根据“其他债权投资”科目的相关明细科目期末余额分析填列。自资产负债表日起一年内到期的长期债权投资的期末账面价值，在“一年内到期的非流动资产”项目反映。

（11）“长期应收款”项目，反映企业融资租赁产生的应收款项和采用递延方式分期收款、实质上具有融资性质的销售商品和提供劳务等经营活动产生的应收款项。本项目应根据“长期应收款”科目的期末余额，减去相应的“未确认融资收益”科目和“坏账准备”科目所属相关明细科目期末余额后的金额填列。

（12）“长期股权投资”项目，反映企业长期股权投资的可收回金额。本项目应根据“长期股权投资”科目的期末余额，减去“长期股权投资减值准备”科目期末余额后的净额填列。

（13）“固定资产”项目，反映资产负债表日企业固定资产的期末账面价值和企业尚未清理完毕的固定资产清理净损益。本项目应根据“固定资产”科目的期末余额，减去“累计折旧”和“固定资产减值准备”科目的期末余额后的金额，以及“固定资产清理”科目的期末余额填列。

【例8-4】2020年12月31日，甲公司“固定资产”总账余额为580 000元，“累计折旧”总账贷方余额为214 000元，“固定资产减值准备”总账贷方余额为270 000元。则甲公司12月31日资产负债表中“固定资产”项目“期末余额”的列报金额＝580 000－214 000－27 000＝339 000（元）。

（14）“在建工程”项目，反映资产负债表日企业尚未达到预定可使用状态的在建工程的期末账面价值和为企业在建工程准备的各种物资的期末账面价值。本项目应根据“在建工程”“工程物资”科目的期末余额合计数，减去“在建工程减值准备”和“工程物资减值准备”科目期末余额后的净额填列。

（15）“使用权资产”项目，反映资产负债表日承租人（企业）持有的使用权资产的期末账面价值。本项目应根据“使用权资产”科目的期末余额，减去“使用权资产累计折旧”“使用权资产减值准备”科目期末余额后的净额填列。

（16）“无形资产”项目，反映企业持有的专利权、非专利技术、商标权、土地使用权等无形资产的期末账面价值。本项目应根据“无形资产”科目的期末余额，减去“累计摊销”“无形资产减值准备”科目期末余额后的净额填列。

（17）“开发支出”项目，反映企业开发无形资产过程中能够资本化形成无形资产成本的支出部分。本项目根据“研发支出”科目中所属的“资本化支出”明细科目期末余额填列。

（18）“长期待摊费用”项目，反映企业已经发生但应由本期和以后各期负担的摊销期限在1年以上的各种费用。摊销期限在1年以内（含1年）的长期待摊费用部分，应在“一年内到期的非流动资产”项目中填列。本项目应根据“长期待摊费用”科目的期末余额，减去将于1年内（含1年）摊销的数额后的金额分析填列。

（19）“应付账款”项目，反映企业资产负债表日以摊余成本计量的、因购买货物或接受劳务等经营活动应支付的款项。本项目应根据“应付账款”和“预付账款”科目所属的相关明细科目的期末贷方余额合计数填列。

【例8－5】2020年12月31日，乙公司“应付账款”总账余额为88万元，其中，应付S公司贷方余额98万元，应付E公司借方余额10万元。“预付账款”总账余额为50万元，其中，预付F公司借方余额55万元，预付W公司贷方余额5万元。甲公司12月31日资产负债表中“应付账款”项目“期末余额”的列报金额＝980 000＋50 000＝1 030 000（元）。

（20）“预收款项”项目，反映企业预收购货单位的账款。本项目应根据“预收账款”和“应收账款”科目所属各有关明细科目的期末贷方余额合计填列。如果“预收账款”科目所属有关明细科目有借方余额，则应在本表“应收账款”项目内填列。

（21）“合同负债”项目，反映企业按照修订后收入准则的相关规定，根据本企业履行履约义务与客户付款之间的关系在资产负债表中列示合同负债。“合同负债”项目应根据“合同负债”科目的相关明细科目期末余额分析填列。

（22）“应付职工薪酬”项目，反映企业为获得职工提供的服务或解除劳动关系而给予的各种形式的报酬和补偿。本项目应根据“应付职工薪酬”科目期末贷方余额填列。如果“应付职工薪酬”科目期末有借方余额，则以“－”号填列。

（23）“应交税费”项目，反映企业按照税法规定计算应交纳的各种税费，包括增值税、消费税、所得税、资源税、土地增值税、城市维护建设税、教育费附加、房产税、土地使用税、车船税、矿产资源补偿费等。本项目应根据“应交税费”科目的期末贷方余额填列，如果“应交税费”科目期末为借方余额，则以“－”号填列。

（24）“其他应付款”项目，反映企业除应付票据、应付账款、预收账款、应付职工薪酬、应交税费等经营活动以外的其他各项应付、暂收等款项。本项目应根据“应付利息”“应付股利”“其他应付款”科目的期末余额合计数填列。

（25）“一年内到期的非流动负债”项目，反映企业非流动负债中将于资产负债表日后1年内（含1年）到期的部分。本项目应当根据“长期借款”“长期应付款”“应付债券”“租赁负债”科目的期末余额分析计算填列。

（26）“长期借款”项目，反映企业向银行或其他金融机构借入的期限在1年以上（不含1年）的各项借款。本项目应根据“长期借款”科目的期末余额，扣除将于1年内（含1年）到期且企业不能自主将清偿义务展期的长期借款后的金额，计算填列。

【例8－6】2020年6月30日，甲公司“长期借款”总账余额为355万元，其中自乙银行借入的120万元借款将于1年内到期，甲公司不具有自主展期清偿的权力。甲公司6月30日资产负债表中“长期借款”项目“期末余额”的列报金额＝355－120＝235（万元），“1年内到期的非流动负债”项目“期末余额”的列报金额为120万元。

（27）“应付债券”项目，反映企业为筹集长期资金而发行的债券本息。本项目应根据“应付债券”科目的期末余额减去将于1年内（含1年）到期的数额后的金额填列。

(28)“租赁负债”项目，反映资产负债表日承租人（企业）尚未支付的租赁付款额的期末账面价值。本项目应根据“租赁负债”科目的期末余额填列。自资产负债表日起1年内到期应予以清偿的租赁负债的期末账面价值，在“一年内到期的非流动负债”项目反映。

(29)“长期应付款”项目，反映企业除了长期借款和应付债券以外的其他各种长期应付款。本项目应根据“长期应付款”科目的期末余额，减去相应的“未确认融资费用”“专项应付款”科目的期末余额，再减去所属相关明细科目中将于1年内到期的部分后的金额填列。

(30)“递延收益”项目，反映尚待确认的收入或收益。本项目核算包括企业根据政府补助准则确认的应在以后期间记入当期损益的政府补助金额、售后租回形成融资租赁的售价与资产账面价值差额等其他递延性收入。本项目应根据“递延收益”科目的期末余额填列。摊销期限只剩1年或不足1年的，或预计在1年或1年内进行摊销的部分不得归类为流动负债，仍在本项目中填列。不转入“一年内到期的非流动负债”项目。

(31)“其他权益工具”项目，反映企业发行的除普通股以外分类为权益工具的金融工具的账面价值，并下设“优先股”和“永续债”两个项目，分别反映企业发行的分类为权益工具的优先股和永续债的账面价值。本项目应根据“其他权益工具”科目的相关明细科目期末余额分析填列。

(32)“未分配利润”项目，反映企业尚未分配的利润。本项目应根据“本年利润”科目和“利润分配”科目的期末余额计算填列。未弥补的亏损，则以“-”号填列。

【例8-7】2020年6月30日，丙公司“本年利润”总账余额为56万元，“利润分配”总账借方余额为98万元。则丙公司6月30日资产负债表中“未分配利润”项目“期末余额”的列报金额=560 000+(-980 000)=-420 000（元）。

上述未说明的项目，如“交易性金融资产”“短期借款”“实收资本”等项目应根据对应科目的期末余额直接填列，不再赘述。

四、资产负债表编制举例

【例8-8】2020年6月30日，甲公司有关科目试算平衡表，如表8-2所示。其中只有应收账款计提坏账准备。

表8-2

科目余额表

2020年6月30日

单位：元

会计科目	借方余额		会计科目	贷方余额	
	2020年6月30日	2019年12月31日		2020年6月30日	2019年12月31日
库存现金	13 017.00	12 500.00	坏账准备	9 350.00	11 495.00
银行存款	458 770.00	562 706.80	累计折旧	119 000.00	89 000.00
其他货币资金	150 000.00	120 000.00	累计摊销	42 000.00	28 026.00
交易性金融资产	250 500.00	—	短期借款	400 000.00	430 000.00

续表

会计科目	借方余额		会计科目	贷方余额	
	2020年6月30日	2019年12月31日		2020年6月30日	2019年12月31日
应收票据	246 200.00	220 800.00	应付票据	76 580.00	128 432.00
应收账款	196 350.00	241 395.00	应付账款	219 660.00	136 000.00
应收股利	12 000.00	—	合同负债	213 000.00	—
其他应收款	8 500.00	9 954.00	应付职工薪酬	153 380.00	35 257.60
合同资产	100 000.00	—	应交税费	28 690.00	26 500.00
在途物资	87 500.00	—	应付利息	22 547.00	24 000.00
原材料	231 500.00	680 108.80	其他应付款	15 000.00	30 789.00
周转材料	29 610.00	—	长期借款	742 000.00	800 000.00
库存商品	485 680.00	—	实收资本	2 000 000.00	2 000 000.00
生产成本	238 905.00	—	盈余公积	102 892.80	102 892.80
固定资产	1 680 700.00	1 730 935.60	本年利润	460 303.60	—
无形资产	472 500.00	321 320.80	利润分配	57 328.60	57 328.60
合 计	4 661 732.00	3 899 721.00	合 计	4 661 732.00	3 899 721.00

根据表8-2，编制甲公司2020年6月30的资产负债表，如表8-3所示。

表8-3 资产负债表（简表）

会企01表

编制单位：甲公司　　2020年6月30日　　单位：元

资 产	期末余额	上年年末余额	负债和所有者权益（或股东权益）	期末余额	上年年末余额
流动资产：			流动负债：		
货币资金	621 787.00	695 206.80	短期借款	400 000.00	430 000.00
交易性金融资产	250 500.00	—	交易性金融负债	—	—
应收票据	246 200.00	220 800.00	应付票据	76 580.00	128 432.00
应收账款	187 000.00	229 900.00	应付账款	219 660.00	136 000.00
预付款项	—	—	预收账款	—	—
其他应收款	20 500.00	9 954.00	合同负债	213 000.00	—
存货	1 073 195.00	680 108.80	应付职工薪酬	153 380.00	35 257.60
合同资产	100 000.00	—	应交税费	28 690.00	26 500.00

续表

资　产	期末余额	上年年末余额	负债和所有者权益（或股东权益）	期末余额	上年年末余额
持有待售资产	—	—	其他应付款	37 547.00	54 789.00
流动资产合计	2 499 182.00	1 835 969.60	流动负债合计	1 128 857.00	810 978.60
非流动资产：			非流动负债：		
债权投资	—	—	长期借款	742 000.00	800 000.00
其他债权投资	—	—	应付债券	—	—
长期应收款	—	—	长期应付款	—	—
长期股权投资	—	—	非流动负债合计	742 000.00	800 000.00
投资性房地产	—	—	负债总计	1 720 857.00	1 610 978.60
固定资产	1 561 700.00	1 641 935.60	所有者权益：		
在建工程	—	—	实收资本(或股本)	2 000 000.00	2 000 000.00
生产性生物资产	—	—	其他权益工具	—	—
无形资产	430 500.00	293 294.80	资本公积	—	—
开发支出	—	—	减：库存股	—	—
商誉	—	—	其他综合收益	—	—
长期待摊费用	—	—	盈余公积	102 892.80	102 892.80
其他非流动资产	—	—	未分配利润	517 632.20	57 328.60
非流动资产合计	1 992 200.00	1 835 230.40	所有者权益合计	2 620 525.00	2 060 221.40
资产总计	4 491 382.00	3 771 200.00	负债和所有者权益（或股东权益）总计	4 491 382.00	3 771 200.00

第三节　利润表

一、利润表概述

（一）利润表的含义

利润表又称损益表，是反映企业在一定会计期间经营成果的报表。

利润表编制的原理是“收入－费用＝利润”的会计平衡公式和收入与费用的配比原则，反映了企业在一定会计期间实现的收入、发生的费用以及应当记入当期利润的利得和损失等构成情况。

利润表分项列示了企业在一定会计期间取得的各项收入以及同时发生的各种费用、成本，取得的收入与发生的相关费用加以对比就是企业的经营成果。

（二）利润表的作用

通过利润表，可以为报表使用者提供如下信息：

（1）可以从总体上了解企业一定会计期间的收入、费用、利得和损失构成情况，即实现的营业收入、投资收益、利得有多少，发生的营业成本、期间费用、损失有多少。从而掌握一个企业营业活动的经营成果。

（2）可以反映企业的经营成果，即净利润（或净亏损）的实现及构成情况，分析投入资本保值、增值情况，为考核经营效益和效果提供数据。

（3）通过比较利润表不同时期的数字，利润的变化情况和未来发展趋势，可以分析企业的获利能力，评价企业经营业绩。

（4）可以提供进行财务分析的基本资料，利用利润表中的数据结合资产负债表，计算出应收账款周转率、存货周转率、净资产收益率等，可以了解资金营运能力和盈利能力，便于财务报表使用者作出经济决策。

二、利润表的结构

利润表一般由表头、表体两部分组成。表头部分应列明报表名称、编制单位名称、编制日期、报表编号和计量单位。表体部分是利润表的主体，列示了形成经营成果的各个项目和计算过程。

利润表的表体格式一般有单步式和多步式两种。我国企业的利润表多采用多步式结构。

多步式利润表是通过对当期的收入、费用、支出项目按性质加以归类，按利润形成的主要环节列示一些中间性利润指标，分步计算当期净损益。

利润表的项目有营业收入、营业利润、利润总额、净利润、其他综合收益的税后净额、综合收益总额和每股收益。利润表的格式如表 8－4 所示。

表 8－4 利润表 会企 02 表

编制单位：________ 年 月 单位：元

项　　目	本期金额	上期金额
一、营业收入		
减：营业成本		
税金及附加		
销售费用		
管理费用		
研发费用		
财务费用		

续表

项　目	本期金额	上期金额
加：其他收益		
投资收益（损失以“－”号填列）		
净敞口套期收益（损失以“－”号填列）		
公允价值变动收益（损失以“－”号填列）		
信用减值损失（损失以“－”号填列）		
资产减值损失（损失以“－”号填列）		
资产处置收益（损失以“－”号填列）		
二、营业利润（亏损以“－”号填列）		
加：营业外收入		
减：营业外支出		
三、利润总额（亏损以“－”号填列）		
减：所得税费用		
四、净利润（净亏损以“－”号填列）		
（一）持续经营净利润（净亏损以“－”号填列）		
（二）终止经营净利润（净亏损以“－”号填列）		
五、其他综合收益的税后净额		
（一）不能重分类进损益的其他综合收益		
（二）将重分类进损益的其他综合收益		
六、综合收益总额		
七、每股收益		
（一）基本每股收益		
（二）稀释每股收益		

三、利润表的编制方法

（一）利润表项目的填列方法

利润表各项目均需填列“本期金额”和“上期金额”两栏。

利润表的“上期金额”栏内各项数字，应当根据上年该期利润表的“本期金额”栏内所列数字填列。如果上年度利润表中各个项目的名称和内容与本年度不一致，应按照本年度的规定对上年年末利润表各项目的名称和数字进行调整，填入本表“上期金额”栏内。

利润表的“本期金额”栏内各项数字，除“基本每股收益”和“稀释每股收益”项目外，应当按照相关损益类科目的发生额分析填列。

我国企业利润表的主要编制步骤和内容如下：

第一步，以营业收入为基础，减去营业成本、税金及附加、销售费用、管理费用、研发费用、财务费用，加上其他收益、投资收益（或减去投资损失）、净敞口套期收益（或减去净敞口套期损失）、公允价值变动收益（或减去公允价值变动损失）、资产减值损失、信用减值损失、资产处置收益（或减去资产处置损失），计算出营业利润。

第二步，以营业利润为基础，加上营业外收入，减去营业外支出，计算出利润总额。

第三步，以利润总额为基础，减去所得税费用，计算出净利润（或净亏损）。

第四步，以净利润（或净亏损）为基础，计算每股收益。

第五步，以净利润（或净亏损）和其他综合收益为基础，计算综合收益总额。

（二）利润表项目的填列说明

利润表中主要项目的填列说明如下：

（1）“营业收入”项目，反映企业经营活动所确认的收入总额。本项目应根据“主营业务收入”和“其他业务收入”科目的发生额分析填列。

【例8－9】 2020年度，甲公司“主营业务收入”科目贷方发生额合计为535万元，借方发生额合计为55万元；“其他业务收入”科目贷方发生额合计为67万元；则甲公司2020年度利润表中“营业收入”项目“本期金额”的列报金额＝(535－55)＋67＝547（万元）。

（2）“营业成本”项目，反映企业经营活动所发生的成本总额。本项目应根据“主营业务成本”和“其他业务成本”科目的发生额分析填列。

【例8－10】 2020年度，甲公司“主营业务成本”科目借方发生额合计为280万元，贷方发生额合计为30万元，“其他业务成本”科目借方发生额合计为35万元，则甲公司2020年度利润表中“营业成本”项目“本期金额”的列报金额＝(280－30)＋35＝285（万元）。

（3）“税金及附加”项目，反映企业经营活动应负担的消费税、资源税、城市维护建设税、教育费附加、矿产资源补偿、土地增值税、房产税、车船税、土地使用税、印花税等。本项目应根据“税金及附加”科目的发生额分析填列。

（4）“销售费用”项目，反映企业为销售商品发生的包装费、广告费以及专设销售机构所发生的经营费用等。本项目应根据“销售费用”科目的发生额分析填列。

（5）“管理费用”项目，反映企业为管理和组织企业生产经营活动而发生的费用。本项目应根据“管理费用”科目的发生额分析填列。

（6）“研发费用”项目，反映企业进行研究与开发过程中发生的费用化支出。本项目根据“管理费用”科目下设的“研发费用”明细科目的发生额以及“管理费用”科目下“无形资产摊销”明细科目的发生额分析填列。

（7）“财务费用”项目，反映企业为筹集生产经营所需资金而发生的筹资费用。本项目应根据“财务费用”科目的发生额分析填列。

【例8－11】 2020年度，甲公司“财务费用”科目的发生额为：借款利息支出合计96万元，银行手续费支出合计2.8万元，银行存款利息收入合计1.5万元，则甲公司2020年度利润表中“财务费用”项目“本期金额”的列报金额＝96＋2.8－1.5＝97.3（万元）。

（8）“其他收益”项目，反映企业记入其他收益的政府补助等。本项目根据“其他收益”科目的发生额分析填列。

(9)“投资收益”项目，反映企业以各种方式对外投资取得的收益。本项目应根据“投资收益”科目的发生额分析填列，如果为投资损失，本项目以“-”号填列。

【例8-12】2020年度，甲公司“投资收益”科目的发生额为：因长期股权投资实现投资收益合计29万元，因其他债权投资实现投资收益合计20万元，处置交易性金融资产发生投资损失合计15万元，则甲公司2020年度利润表中“投资收益”项目“本期金额”的列报金额=29+20-15=34（万元）。

(10)“净敞口套期收益”项目，反映净敞口套期下被套期项目累计公允价值变动转入当期损益的金额或现金流量套期储备转入当期损益的金额。本项目应根据“净敞口套期损益”科目的发生额分析填列，如果为套期损失，本项目以“-”号填列。

(11)“公允价值变动收益”项目，反映企业应当记入当期损益的资产或负债公允价值变动收益。本项目应根据“公允价值变动损益”科目的发生额分析填列，如果为净损失，本项目以“-”号填列。

(12)“信用减值损失”项目，反映企业计提的各项金融工具减值准备所确认的信用损失。本项目根据“信用减值损失”科目的发生额分析填列。

(13)“资产减值损失”项目，反映企业有关资产发生的减值损失。本项目应根据“资产减值损失”科目的发生额分析填列。

(14)“资产处置收益”项目，反映企业出售各项非流动资产而产生的处置利得或损失。本项目应根据“资产处置损益”科目的发生额分析填列，如为处置损失，以“-”号填列。

(15)“营业外收入”项目，反映企业发生的与经营业务无直接关系的各项利得。本项目应根据“营业外收入”科目的发生额分析填列。

(16)“营业外支出”项目，反映企业发生的与经营业务无直接关系的各项损失。本项目应根据“营业外支出”科目的发生额分析填列。

【例8-13】2020年度，甲公司“营业外支出”科目的发生额为：固定资产报废损失14万元，捐赠支出10万元，罚没支出3万元，非常损失5万元，则甲公司2020年度利润表中“营业外支出”项目“本期金额”的列报金额=14+10+3+5=32（万元）。

(17)“所得税费用”项目，反映企业应从当期利润总额中扣除的所得税费用，本项目根据“所得税费用”科目的发生额分析填列。

(18)“其他综合收益的税后净额”项目，反映企业根据企业会计准则规定未在损益中确认的各项利得和损失扣除所得税影响后的净额。

(19)“综合收益总额”项目，反映企业净利润与其他综合收益（税后净额）的合计金额。

(20)“每股收益”项目，包括基本每股收益和稀释每股收益两项指标，反映普通股或潜在普通股已公开交易的企业，以及正处在公开发行普通股或潜在普通股过程中的企业的每股收益信息。

四、利润表编制举例

【例8-14】甲公司2019年度、2020年度有关损益类科目累计发生额，如表8-5所示。

表 8－5　　**损益类科目累计发生额一览表**　　单位：元

会计科目	贷方发生额		借方发生额	
	2019 年度	2020 年度	2019 年度	2020 年度
主营业务收入	5 616 400.00	6 229 350.00	—	—
其他业务收入	2 351 700.00	2 613 000.00	—	—
其他收益	120 000.00	140 000.00	—	—
投资收益	－58 000.00	217 530.00	—	—
公允价值变动收益	67 000.00	23 000.00	—	—
资产处置收益	289 690.00	188 670.00	—	—
营业外收入	150 000.00	34 500.00	—	—
主营业务成本	—	—	3 372 360.00	3 747580.00
其他业务成本	—	—	1 285 260.00	1 428 000.00
税金及附加	—	—	28 780.00	31 980.00
销售费用	—	—	285 000.00	338 000.00
管理费用	—	—	895 630.00	906 640.00
财务费用	—	—	305 080.00	286 350.00
信用减值损失	—	—	15 000.00	20 000.00
资产减值损失	—	—	35 000.00	40 000.00
营业外支出	—	—	88 760.00	53 940.00
所得税费用	—	—	539 730.00	642 640.00

根据表 8－5 损益类科目累计发生额，编制甲公司 2020 年度利润表，如表 8－6 所示。

表 8－6　　**利润表（简表）**　　会企 02 表

编制单位：甲公司　　2020 年　　单位：元

项　目	本期金额	上期金额
一、营业收入	8 842 350.00	7 968 100.00
减：营业成本	5 175 580.00	4 657 620.00
税金及附加	31 980.00	28 780.00
销售费用	338 000.00	285 000.00
管理费用	906 640.00	895 630.00
研发费用	—	—
财务费用	286 350.00	305 080.00

续表

项　目	本期金额	上期金额
加：其他收益	140 000. 00	120 000. 00
投资收益（损失以“-”号填列）	217 530. 00	-58 000. 00
其中：对联营企业和合营企业的投资收益	—	—
公允价值变动收益（损失以“-”号填列）	23 000. 00	67 000. 00
资产减值损失（损失以“-”号填列）	-40 000. 00	-35 000. 00
信用减值损失（损失以“-”号填列）	-20 000. 00	-15 000. 00
资产处置收益（损失以“-”号填列）	188 670. 00	289 690. 00
二、营业利润（亏损以“-”号填列）	2 613 000. 00	2 164 680. 00
加：营业外收入	34 500. 00	150 000. 00
减：营业外支出	53 940. 00	88 760. 00
三、利润总额（亏损以“-”号填列）	2 593 560. 00	2 225 920. 00
减：所得税费用	642 640. 00	539 730. 00
四、净利润（净亏损以“-”号填列）	1 950 920. 00	1 686 190. 00
五、其他综合收益的税后净额	—	—
（一）不能重分类进损益的其他综合收益	—	—
（二）将重分类进损益的其他综合收益	—	—
六、综合收益总额	1 950 920. 00	1 686 190. 00
七、每股收益	—	—
（一）基本每股收益	—	—
（二）稀释每股收益	—	—

第四节　其他报表和附注

一、现金流量表

（一）现金流量表的含义

现金流量表是指反映企业在一定会计期间现金和现金等价物流入和流出情况的报表。其编制基础是收付实现制。企业实际收到货币即为当期现金流入，实际支付货币即为当期现金流出。

现金是指企业库存现金以及可以随时用于支付的存款，包括库存现金、银行存款和其他货币资金等，不能随时用于支付的存款不属于现金。现金等价物是指企业持有的期限短、流动性强、易于转换为已知金额现金、价值变动风险很小的投资，通常包括3个月内到期的债券投资等。权益性投资变现的金额通常不确定，因此不属于现金等价物。

现金流量是指一定会计期间内企业现金和现金等价物的流入和流出。企业从银行提取现金、用现金购买短期到期的国债等现金和现金等价物之间的转换不属于现金流量。

按照企业经营业务发生的性质，企业产生的现金流量可以分为三类：

（1）经营活动产生的现金流量。经营活动是指企业投资活动和筹资活动以外的所有交易和事项。经营活动产生的现金流量主要包括销售商品或提供劳务、购买商品、接受劳务、支付工资和交纳税费等流入、流出的现金和现金等价物。

（2）投资活动产生的现金流量。投资活动是指企业长期资产的购建和不包括在现金等价物范围内的投资及其处置活动。投资活动产生的现金流量主要包括购建固定资产、处置子公司及其他单位等流入、流出的现金和现金等价物。

（3）筹资活动产生的现金流量。筹资活动是指导致企业资本及债务规模和构成发生变化的活动。筹资活动产生的现金流量主要包括吸收投资、发行股票、分配利润、发行债券、偿还债务等流入、流出的现金和现金等价物。偿付应付账款、应付票据等商业应付款属于经营活动，不属于筹资活动。

（二）现金流量的作用

通过现金流量表，可以为报表使用者提供企业一定会计期间各项活动的现金和现金等价物流入、流出的信息，便于使用者了解和评价企业获取现金和现金等价物的能力，据以预测企业未来现金流量。

（三）现金流量表的结构

我国企业现金流量表采用报告式结构，分类反映经营活动产生的现金流量、投资活动产生的现金流量和筹资活动产生的现金流量，最后汇总反映企业某一期间现金及现金等价物的净增加额。我国企业现金流量表的格式如表8－7所示。

表8－7 **现金流量表** 会企03表

编制单位： 年 单位：元

项　目	本年金额	上年金额
一、经营活动产生的现金流量		
销售商品、提供劳务收到的现金		
收到的税费返还		
收到其他与经营活动有关的现金		
经营活动现金流入小计		
购买商品、接受劳务支付的现金		
支付给职工以及时为职工支付的现金		
支付的各项税费		

续表

项目	本年金额	上年金额
支付其他与经营活动有关的现金		
经营活动现金流出小计		
经营活动产生的现金流量净额		
二、投资活动产生的现金流量		
收回投资收到的现金		
取到投资收益收到的现金		
处置固定资产、无形资产和其他长期资产收回的现金净额		
处置子公司及其他营业单位收到的现金净额		
收到其他与投资活动有关的现金		
投资活动现金流入小计		
购建固定资产、无形资产和其他长期资产支付的现金		
投资支付的现金		
取得子公司及其他营业单位支付的现金净额		
支付其他与投资活动有关的现金		
投资活动现金流出小计		
投资活动产生的现金流量净额		
三、筹资活动产生的现金流量		
吸收投资收到的现金		
取得借款收到的现金		
收到其他与筹资活动有关的现金		
筹资活动现金流入小计		
偿还债务支付的现金		
分配股利、利润或偿还利息支付的现金		
支付其他与筹资活动有关的现金		
筹资活动现金流出小计		
筹资活动产生的现金流量净额		
四、汇率变动对现金及现金等价物的影响		
五、现金及现金等价物净增加额		
加：期初现金及现金等价物余额		
六、期末现金及现金等价物余额		

（四）现金流量表的编制方法

企业一定期间的现金流量分为经营活动现金流量、投资活动现金流量和筹资活动现金流量。编制现金流量表时，经营活动现金流量的方法有直接法和间接法两种。

直接法是以利润表中的营业收入为起算点，调整与经营活动有关项目的增减变动，然后计算出经营活动产生的现金流量。间接法是以本期净利润为起点，通过调整不涉及现金的收入、费用、营业外收支以及经营性应收应付等有关项目，调整不属于经营活动的现金收支项目，据此计算出经营活动产生的现金流量。

我国企业会计准则规定，企业应当采用直接法列示经营活动产生的现金流量，同时要求在附注中提供以净利润为基础列报经营活动产生的现金流量。

采用直接法编制的现金流量表，便于分析企业经营活动产生的现金流量的来源和用途，预测企业现金流量的未来前景，而间接法是对直接法的核对和补充说明。

二、所有者权益变动表

（一）所有者权益变动表概述

所有者权益变动表是指反映企业构成所有者权益各组成部分当期增减变动情况的报表。股份制企业的所有者权益变动表又称股东权益变动表。所有者权益变动表全面反映了企业所有者权益在年度内的变化情况，列示了所有者权益总量的增减变动、直接记入所有者企业的利得和损失，以及净利润及其分配情况。

（二）所有者权益变动表的作用

通过所有者权益变动表，既可以为报表使用者提供所有者权益总量增减变动的信息，也能提供所有者权益增减变动的结构性信息，便于财务报表使用者理解所有者权益增减变动的根源，进而对企业的资本保值增值情况作出正确判断。

（三）所有者权益变动表的结构

所有者权益变动表包括表头、表体两部分。其中，表头说明报表名称、编制单位、编制日期、报表编号、计量单位等；表体是以矩阵的形式列示：一方面，列示导致所有者权益变动的交易或事项，即所有者权益的来源，对一定时期所有者权益的变动情况进行全面反映；另一方面，按照所有者权益各组成部分列示交易或事项对所有者权益各部分的影响。

在所有者权益变动表中，企业至少应当单独列示反映下列信息的项目：（1）综合收益总额；（2）会计政策变更和差错更正的累积影响金额；（3）所有者投入资本和向所有者分配利润等；（4）提取的盈余公积；（5）实收资本、资本公积、盈余公积、未分配利润的期初和期末余额及其调节情况。

所有者权益变动表的格式，如表 8 - 8 所示。

表 8-8　　所有者权益（股东权益）变动表　　会企 04 表

编制单位：　　年度　　单位：元

项目	本年金额										上年金额									
	实收资本	其他权益工具			资本公积	减：库存股	其他综合收益	盈余公积	未分配利润	所有者权益合计	实收资本	其他权益工具			资本公积	减：库存股	其他综合收益	盈余公积	未分配利润	所有者权益合计
		优先股	永续债	其他								优先股	永续债	其他						
一、上年年末余额																				
加：会计政策变更																				
前期差错更正																				
其他																				
二、本年年初余额																				
三、本年增减变动金额（减少以“－”号填列）																				
（一）综合收益总额																				
（二）所有者投入和减少资本																				
1. 所有者投入的普通股																				
2. 其他权益工具持有者投入资本																				
3. 股份支付计入所有者权益的金额																				
4. 其他																				
（三）利润分配																				
1. 提取盈余公积																				
2. 对所有者（或股东）的分配																				
3. 其他																				

续表

项目	本年金额										上年金额									
	实收资本	其他权益工具			资本公积	减：库存股	其他综合收益	盈余公积	未分配利润	所有者权益合计	实收资本	其他权益工具			资本公积	减：库存股	其他综合收益	盈余公积	未分配利润	所有者权益合计
		优先股	永续债	其他								优先股	永续债	其他						
（四）所有者权益内部结转																				
1. 资本公积转增资本（或股本）																				
2. 盈余公积转增资本（或股本）																				
3. 盈余公积弥补亏损																				
4. 设定受益计划变动额结转留存收益																				
5. 其他综合收益结转留存收益																				
6. 其他																				
四、本年年末余额																				

（四）所有者权益变动表的编制

所有者权益变动表各项目均需填列“本年金额”和“上年金额”两栏。

所有者权益变动表的“上年金额”栏内各项数字，应当根据上年度所有者权益变动表的“本年金额”栏内所列数字填列。如果上年度所有者权益变动表中各个项目的名称和内容与本年度不一致，应按照本年度的规定对上年度所有者权益变动表各项目的名称和数字进行调整，填入本表“上年金额”栏内。

所有者权益变动表的“本年金额”栏内各项数字，一般应根据“实收资本（或股本）”“资本公积”“其他综合收益”“盈余公积”“利润分配”“以前年度损益调整”等科目的发生额分析填列。

三、附注

附注是对资产负债表、利润表、现金流量表和所有者权益变动表等报表中列示项目的文字描述或明细资料，以及对未能在这些报表中列示项目的说明等。

附注的披露，其一是对财务报表列示项目含义的补充说明，其二是提供了财务报表未列示项目的详细或明细说明。

通过附注与资产负债表、利润表、现金流量表和所有者权益变动表列示项目的相互参照关系，以及未能在财务报表中列示项目的说明，可以使财务报表的使用者全面了解企业的财务状况、经营成果和现金流量以及所有者权益变动的情况，帮助使用者更准确地把握其含义，有助于报表使用者作出更加科学合理的决策。

知识链接

附注的主要内容

附注是财务报表的重要组成部分。企业应当按照以下顺序披露附注的内容：

1. 企业的基本情况，包括企业注册地、地址、业务性质和主要经营活动等。

2. 财务报表的编制基础，是否建立在持续经营基础上。

3. 遵循企业会计准则的声明。

4. 重要会计政策和会计估计的说明，包括财务报表重要项目的计量基础、会计政策和对不确定的未来事项进行会计估计的确定依据等。

5. 会计政策和会计估计变更以及差错更正的说明。

6. 报表重要项目的说明，包括应收款项、存货、长期股权投资、固定资产、职工薪酬、其他综合收益、借款费用等。

7. 或有和承诺事项、资产负债表日后非调整事项、关联方关系及其交易等需要说明的事项。

8. 有助于财务报表使用者评价企业管理资本的目标、政策和程序的信息。

资料来源：《中国会计百科全书》。

第五节 财务报表实训

实训目标

通过实训，熟悉财务报表的含义和种类，了解现金流量表、所有者权益变动表和附注的基本内容，明确资产负债表、利润表的编制原理，重点掌握资产负债表和利润表的基本编制方法。

重要知识清单
一、财务报表
1. 含义：是对企业财务状况、经营成果和现金流量的结构性表述。 2. 内容：资产负债表、利润表、现金流量表、所有者权益变动表和附注。
二、资产负债表
1. 含义：反映企业某一特定日期财务状况的报表，理论依据是资产 = 负债 + 所有者权益。 2. 结构：账户式。左边列示资产，按资产的流动性大小排列；右边列示负债和所有者权益，一般按要求清偿时间的先后顺序排列。 3. 编制方法：（1）根据总账科目余额直接填列；（2）根据总账科目余额计算填列；（3）根据明细科目余额计算填列；（4）根据总账科目和明细科目余额分析计算填列；（5）根据有关科目余额减去其备抵科目余额后的净额填列；（6）综合运用上述填列方法分析填列。
三、利润表
1. 含义：反映企业在一定会计期间经营成果的报表，理论依据是利润 = 收入 - 费用。 2. 结构：多步式。主要项目：营业收入、营业利润、利润总额、净利润、其他综合收益的税后净额、综合收益总额和每股收益。 3. 编制方法：主要根据损益类账户的发生额分析填列。
四、现金流量表
1. 含义：反映企业在一定会计期间现金和现金等价物流入和流出情况的报表，其编制基础是收付实现制。 2. 结构：报告式。主要项目：经营活动产生的现金流量、投资活动产生的现金流量和筹资活动产生的现金流量，现金及现金等价物的净增加额。
五、所有者权益变动表
1. 含义：反映企业构成所有者权益各组成部分当期增减变动情况的报表。 2. 结构：矩阵式。
六、附注
附注是对在财务报表中列示项目的文字描述或明细资料，以及对未能在这些报表中列示项目的说明等。

任务一　基础知识训练

一、单项选择题

1. 财务报表是根据（　　）定期进行归集、加工和汇总而编制的。

A. 原始凭证　B. 记账凭证　C. 会计凭证　D. 会计账簿

2. 资产负债表中资产的排列顺序依据是（　　）。

A. 项目收益性　B. 项目重要性　C. 项目流动性　D. 项目非流动性

3. 编制资产负债表所依据的会计等式是（　　）。

A. 收入 - 费用 = 利润　B. 资产 = 负债 + 所有者权益

C. 借方发生额 = 贷方发生额　D. 资产 - 负债 = 所有者权益

4. 某企业年末固定资产账户余额为 1 000 万元，累计折旧账户余额为 400 万元，固定资产减值准备账户余额为 100 万元，在建工程账户余额为 200 万元。该企业年末资产负债表中“固定资产”项目的金额为（　　）万元。

A. 400　B. 500　C. 600　D. 1 000

5. 下列资产负债表项目中，应根据总账科目余额直接填列的项目是（　　）。

A. 货币资金　B. 应收账款　C. 短期借款　D. 预付账款

6. 资产负债表中，“货币资金”项目不包括（　　）。

A. 库存现金　B. 银行存款　C. 银行承兑汇票　D. 其他货币资金

7. 下列资产负债表项目中，应根据总账及其明细科目余额分析计算填列的是（　　）。

A. 短期借款　B. 长期借款　C. 应收账款　D. 应付账款

8. 权责发生制分析企业的获利能力及利润的未来发展趋势的报表是（　　）。

A. 资产负债表　B. 利润表　C. 现金流量表　D. 所有者权益变动表

9. 下列各项中，不属于资产负债表中应列示的项目是（　　）。

A. 盈余公积　B. 未分配利润　C. 其他综合收益　D. 投资收益

10. 企业本月实现营业收入 45 万元，营业成本为 21.6 万元，发生税金及附加 0.9 万元，期间费用为 12.3 万元，投资收益为 -3 万元，营业外收入为 1 万元，则营业利润为（　　）万元。

A. 13.2　B. 7.2　C. 14.2　D. 8.2

11. 编制利润表的主要依据是（　　）。

A. 资产、负债及所有者权益账户的本期发生额

B. 损益类账户的本期发生额

C. 资产、负债及所有者权益账户的期末余额

D. 损益类账户的期末余额

12. 下列资产负债表项目，自上而下的正确排列顺序是（　　）。

A. 货币资金、应收票据、应收账款、固定资产、无形资产、存货

B. 货币资金、存货、应收票据、应收账款、固定资产、无形资产

C. 货币资金、存货、应收账款、应收票据、无形资产、固定资产

D. 货币资金、应收票据、应收账款、存货、固定资产、无形资产

二、多项选择题

1. 资产负债表编制的资料来源有（　　）。

A. 总分类账　B. 明细分类账　C. 日记账　D. 上年度资产负债表

2. 下列各项中，属于中期财务报表的有（　　）。

A. 月度报表　B. 季度报表　C. 年度报表　D. 半年度报表

3. 编制资产负债表时，需要根据有关总账科目余额减去其备抵科目余额后的净额填列的项目有（　　）。

A. 应收账款　B. 无形资产　C. 存货　D. 固定资产

4. 资产负债表中“应收账款”项目需要根据（　　）明细科目余额计算填列。

A. 应收账款　B. 应收票据　C. 坏账准备　D. 预收账款

5. 完整的年度财务会计报告包括（　　）以及附注。

A. 资产负债表　B. 利润表　C. 现金流量表　D. 所有者权益变动表

6. 利润表可以反映企业的（　　）等利润项目。

A. 营业收入　B. 营业利润　C. 利润总额　D. 净利润

7. 资产负债表中的“未分配利润”项目，应根据（　　）填列。

A. “本年利润”账户发生额　B. “本年利润”账户期末余额

C. “利润分配”账户发生额　D. “利润分配”账户期末余额

8. 利润表中影响“营业利润”项目的有（　　）。

A. 税金及附加　B. 投资收益　C. 营业外收入　D. 其他业务成本

9. 资产负债表中“存货”项目应根据（　　）等总账账户的期末余额之和填列。

A. 原材料　B. 生产成本　C. 周转材料　D. 库存商品

10.（　　）账户若出现借方余额，填列资产负债表有关项目时，应以“－”号填列。

A. 应付职工薪酬　B. 应付账款　C. 未分配利润　D. 应交税费

11. 现金流量表中的现金流量可以分为（　　）。

A. 投资活动产生的现金流量　B. 借款活动产生的现金流量

C. 经营活动产生的现金流量　D. 筹资活动产生的现金流量

12. 下列有关附注的说法，正确的有（　　）。

A. 附注是财务报表的重要组成部分

B. 企业可根据自身情况省略或添加附注

C. 附注是对财务报表未列示项目的明细说明

D. 附注是对财务报表列示项目的补充说明

三、判断题

1. 财务报表中只有现金流量表的编制基础是收付实现制，其他财务报表的编制基础均是权责发生制。（　　）

2. 为了保证财务报表及时报送，企业会计人员可以提前结账。（　　）

3. 资产负债表中“上年年末余额”栏内各项数字，一般应根据上年末资产负债表的

"期末余额"栏内所列数字填列。 ( )

4. 小企业编制的年度财务报表可以不包括所有者权益变动表和附注。 ( )

5. "预付账款"明细账户若有贷方余额，应记入资产负债表中的"预收账款"项目。 ( )

6. 利润表是反映企业某一特定日期经营成果的动态报表。 ( )

7. 资产负债表右方的负债是按流动性强弱排列的。 ( )

8. 财务报表又称对外报表，可以为投资者、债权人、政府管理部门以及企业内部经营者和职工等有关各方提供会计信息。 ( )

9. 所有者权益变动表可以为报表使用者提供所有者权益总量增减变动的信息。 ( )

10. 利润表中的"营业收入"项目包括主营业务收入、其他业务收入和营业外收入。 ( )

11. 我国的企业会计准则规定，资产负债表采用账户式格式，利润表采用多步式格式，现金流量表采用报告式格式。 ( )

12. 将于一年内到期的非流动资产属于非流动资产项目。 ( )

任务二 专项实训

实训一 利润表实训

实训目的： 练习编制利润表。

实训资料： 甲公司适用25%的所得税税率，有关损益类科目的发生额，如表8－9所示。

表8－9 损益类科目发生额 单位：元

科目名称	贷方发生额		科目名称	借方发生额	
	2020年度	2019年度		2020年度	2019年度
主营业务收入	550 500.00	430 400.00	主营业务成本	258 600.00	207 950.00
其他业务收入	89 000.00	76 560.00	其他业务成本	38 500.00	32 460.00
其他收益	120 000.00	—	税金及附加	27 500.00	18 900.00
投资收益	64 320.00	－12 000.00	销售费用	97 630.00	46 200.00
资产处置收益	123 000.00	80 500.00	管理费用	173 100.00	129 640.00
营业外收入	48 000.00	18 500.00	财务费用	60 180.00	58 210.00
			营业外支出	58 310.00	20 980.00

实训要求： 甲公司无纳税调整事项，根据以上资料编制2020年度利润表，如表8－10所示。

表 8－10

利润表（简表）

会企 02 表

编制单位：________ 年 单位：元

项 目	本期金额	上期金额
一、营业收入		
减：营业成本		
税金及附加		
销售费用		
管理费用		
研发费用		
财务费用		
加：其他收益		
投资收益（损失以“－”号填列）		
净敞口套期收益（损失以“－”号填列）		
公允价值变动收益（损失以“－”号填列）		
信用减值损失（损失以“－”号填列）		
资产减值损失（损失以“－”号填列）		
资产处置收益（损失以“－”号填列）		
二、营业利润（亏损以“－”号填列）		
加：营业外收入		
减：营业外支出		
三、利润总额（亏损以“－”号填列）		
减：所得税费用		
四、净利润（净亏损以“－”号填列）		
（一）持续经营净利润		
（二）终止经营净利润		
五、其他综合收益的税后净额		
（一）不能重分类进损益的其他综合收益		
（二）将重分类进损益的其他综合收益		
六、综合收益总额		
七、每股收益		
（一）基本每股收益		
（二）稀释每股收益		

实训二　资产负债表实训

实训目的：练习编制资产负债表项目。

实训资料1：乙公司2020年6月30日部分会计科目的余额资料，如表8-11所示。

表8-11　　科目余额表　　单位：元

科目名称	借方余额	贷方余额	科目名称	借方余额	贷方余额
库存现金	12 550.00	—	生产成本	252 859.00	—
银行存款	317 896.00	—	固定资产	1 864 000.00	—
应收账款	832 654.00	—	累计折旧	—	361 200.00
预付账款	30 000.00	—	应付账款	—	474 000.00
坏账准备	—	8 500.00	预收账款	—	67 500.00
原材料	88 520.00	—	长期借款	—	3 500 000.00
在途物资	32 000.00	—	利润分配	—	200 000.00
库存商品	190 300.00	—	本年利润	—	480 000.00

实训资料2：有关债权、债务明细科目的余额，如表8-12所示。

表8-12　　债权、债务科目明细余额表　　单位：元

总账科目	明细账科目	余额方向	金 额
应收账款	A公司	借方	502 600.00
	B公司	借方	330 054.00
坏账准备	应收账款	贷方	8 500.00
预付账款	C公司	借方	50 000.00
	D公司	贷方	20 000.00
应付账款	E公司	贷方	328 000.00
	F公司	贷方	146 000.00
预收账款	G公司	贷方	100 000.00
	H公司	借方	32 500.00
长期借款	工商银行（2018年3月借入，3年期）	贷方	2 000 000.00
	建设银行（2019年8月借入，3年期）	贷方	1 500 000.00

实训要求：计算乙公司2020年6月30日的资产负债表中下列项目金额：

（1）货币资金；

（2）应收账款；

（3）预付款项；

（4）存货；

（5）固定资产；
（6）预收款项；
（7）应付账款；
（8）一年内到期的非流动负债；
（9）长期借款；
（10）未分配利润。

实训三　利润表项目实训

实训目的：练习编制利润表项目。

实训资料：AS 公司适用 25% 的所得税税率，2020 年 6 月有关损益类科目发生额，如表 8 - 13 所示。

表 8 - 13　　损益类科目发生额　　单位：元

科目名称	借方发生额	贷方发生额	科目名称	借方发生额	贷方发生额
主营业务收入	75 500.00	365 800.00	管理费用	45 860.00	2 380.00
主营业务成本	169 000.00	38 000.00	财务费用	18 000.00	140.00
其他业务收入	—	54 700.00	投资收益	20 000.00	—
其他业务成本	33 000.00	—	营业外收入	—	50 000.00
税金及附加	2 340.00	—	营业外支出	67 000.00	—
销售费用	5 800.00	—	所得税费用	—	—

实训要求：AS 公司 6 月无纳税调整事项，计算 6 月的利润表中下列项目金额：
（1）营业收入；
（2）营业成本；
（3）营业利润；
（4）利润总额；
（5）所得税费用；
（6）净利润。

第九章

账务处理程序

知识目标

明确账务处理程序的含义，了解账务处理程序的基本原则，熟悉各种账务处理程序的核算步骤、优缺点及适用范围。重点掌握科目汇总表账务处理程序。

课前思考

我们知道，会计凭证、会计账簿和会计报表是进行会计核算的基本工具。在实务中，有效地组织和衔接凭证、账簿和报表，对于科学合理地完成会计核算，具有重要意义。不同企业又该如何选择适合自己的核算方法？我们一起来学习吧！

第一节　账务处理程序概述

在实际会计工作中，企业需要根据实际情况，科学地组织会计凭证、会计账簿及会计报表，确定相应的账务处理程序，使会计凭证的填制、账簿的登记、会计报表的编制能够有机地结合起来，为经济管理活动提供及时有效的会计信息。

一、账务处理程序的概念

（一）含义

账务处理程序也称会计核算程序，是指会计凭证、会计账簿、会计报表相结合的方式。它包括会计凭证和账簿的种类、格式，会计凭证与账簿之间的联系方法，由原始凭证到编制记账凭证、登记明细分类账和总分类账、编制会计报表的工作程序和方法等。

（二）意义

选择科学合理的账务处理程序，对于提高会计核算工作的效率，保证会计核算工作质量，有效组织会计核算具有重要意义。

账务处理程序有利于会计工作程序的规范化。确定合理的凭证、账簿及报表之间的联系方式，可以保证会计信息加工过程的严密性和规范化，提高会计信息的质量。

账务处理程序有利于保证会计记录的完整性、正确性。通过凭证、账簿及报表之间的牵制作用，可以增强会计信息的可靠性。

账务处理程序有利于减少不必要的会计核算环节。通过井然有序的账务处理程序，可以提高会计工作效率，保证会计信息的及时性。

二、设计账务处理程序的基本原则

企业应根据本单位的实际情况，科学合理地设计适合本单位特点的账务处理程序。首先，在设计账务处理程序时，应结合本单位具体情况，与本单位的业务性质、规模大小、经营管理的要求以及记账分工情况相适应；其次，要满足会计信息使用者的要求，提供及时、准确、系统、全面的会计核算资料；最后，还要满足提高会计核算效率的要求，应该在保证会计核算工作质量的前提下，力求简化核算手续、节约时间、降低费用，同时要有利于企业会计电算化工作的开展。

三、账务处理程序的种类

常用的账务处理程序主要包括记账凭证账务处理程序、科目汇总表账务处理程序和汇总记账凭证账务处理程序。三种账务处理程序有很多相同点，但也存在差异，其根本区别在于登记总账的依据和方法不同。

第二节 记账凭证账务处理程序

一、记账凭证账务处理程序的概念

记账凭证账务处理程序是指对发生的经济业务，都要以原始凭证或汇总原始凭证为依据编制记账凭证，根据记账凭证直接登记总分类账的一种账务处理程序。

记账凭证账务处理程序是一种最基本的账务处理程序，其他账务处理程序均是在其基础上发展演变而形成的。它的主要特点就是直接根据记账凭证逐笔登记总分类账。

二、记账凭证账务处理程序的核算要求

在记账凭证账务处理程序下，记账凭证可采用通用格式，也可采用专用格式（收款凭证、付款凭证和转账凭证）。账簿一般设置现金日记账、银行存款日记账、总分类账和明细分类账。现金、银行存款日记账和总分类账均可用三栏式，明细分类账可根据管理需要采用三栏式、多栏式或数量金额式等。

三、记账凭证账务处理程序的核算步骤

第一，根据原始凭证或汇总原始凭证编制记账凭证；

第二，根据收款凭证、付款凭证逐笔登记库存现金日记账、银行存款日记账；

第三，根据原始凭证、汇总原始凭证和记账凭证逐笔登记各种明细分类账；

第四，根据记账凭证逐笔登记总分类账；

第五，期末，将库存现金日记账、银行存款日记账及各种明细分类账的余额，分别与有关总分类账的余额核对相符；

第六，期末，根据总分类账和明细分类账的记录编制财务报表。

记账凭证账务处理程序，如图 9－1 所示。

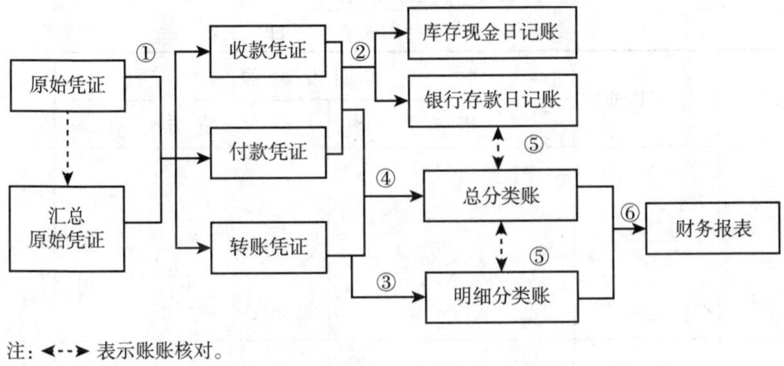

图9－1　记账凭证账务处理程序

四、记账凭证账务处理程序的优缺点和适用范围

记账凭证账务处理程序的优点是记账程序比较简单，易于理解和掌握，总分类账的记录可以较详细地反映经济业务的发生情况，便于查账。缺点是登记总账的工作量比较大，预留账页较难把握。

记账凭证账务处理程序一般适用于规模较小、经济业务量较少、会计凭证不多的单位。

第三节　科目汇总表账务处理程序

一、科目汇总表账务处理程序的概念

科目汇总表账务处理程序又称记账凭证汇总表核算程序，它是指根据记账凭证定期编制科目汇总表，然后根据科目汇总表登记总分类账的一种账务处理程序。

科目汇总表账务处理程序是记账凭证账务处理程序的简化和发展。它的特点是先根据所有记账凭证定期编制科目汇总表，然后再根据科目汇总表登记总账。

二、科目汇总表账务处理程序的核算要求

在科目汇总表账务处理程序下，需要设置会计凭证及账簿的种类和格式与记账凭证账务处理程序基本相同。但是，为了定期将全部记账凭证进行汇总，需要另外设置科目汇总表。

科目汇总表，又称记账凭证汇总表，是企业定期对全部记账凭证进行汇总后，按照不同的会计科目分别列示各账户借方发生额和贷方发生额的一种汇总凭证。

编制科目汇总表，需要将一定时期内的全部记账凭证按照相同科目归类，汇总计算出每一总账科目的本期借方发生额和贷方发生额合计数，并填入表内。汇总后全部科目的借方发生额合计数应与贷方发生额合计数相等。

科目汇总表的格式，如表9－1所示。

表 9-1

科目汇总表

年　月　日至　日　　　　　　　　第　号

会计科目	总账账页	本期发生额		记账凭证起讫号数
		借方	贷方	
合计				

三、科目汇总表账务处理程序的核算步骤

第一，根据原始凭证或汇总原始凭证编制记账凭证；

第二，根据收款凭证、付款凭证逐笔登记库存现金日记账、银行存款日记账；

第三，根据原始凭证、汇总原始凭证和记账凭证登记各种明细分类账；

第四，根据各种记账凭证，定期编制科目汇总表；

第五，根据科目汇总表登记总分类账；

第六，期末，将库存现金日记账、银行存款日记账和明细分类账的余额与有关总分类账的余额核对相符；

第七，期末，根据总分类账和明细分类账的记录，编制财务报表。

科目汇总表账务处理程序，如图 9-2 所示。

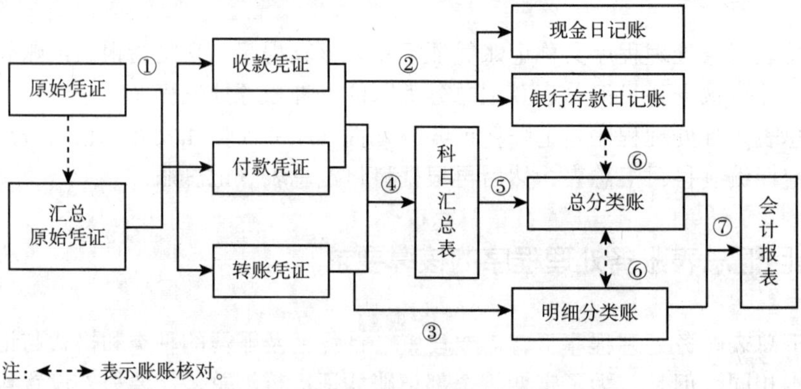

注：←--→ 表示账账核对。

图 9-2　科目汇总表账务处理程序

四、科目汇总表账务处理程序的优缺点和适用范围

采用科目汇总表账务处理程序，优点是可以减少登记总分类账户的工作量，易于理解，

并且通过编制科目汇总表还能做到试算平衡，便于及时发现错误，从而保证记账工作的质量。缺点是科目汇总表不能反映账户之间的对应关系，不便于分析经济业务的来龙去脉，不利于查对账目。

科目汇总表账务处理程序适用于规模较大、经济业务较多的单位。

【例9－1】甲公司为增值税一般纳税人，适用13%的增值税税率，所得税税率为25%，采用科目汇总表账务处理程序进行账务处理，记账使用通用记账凭证。2020年5月初分类账户余额见表9－2和表9－3，5月份会计核算资料如下：

表9－2

总分类账户余额表

2020年5月1日

单位：元

账户名称	借方余额	账户名称	贷方余额
库存现金	6 000.00	累计折旧	500 000.00
银行存款	520 000.00	短期借款	800 000.00
原材料	120 000.00	应付账款	346 000.00
生产成本	200 000.00	实收资本	2 000 000.00
库存商品	300 000.00	盈余公积	330 000.00
固定资产	3 000 000.00	本年利润	170 000.00
合　计	4 146 000.00	合　计	4 146 000.00

表9－3

明细分类账户余额表

2020年5月1日

单位：元

明细账户名称	结存数量	结存单价	结存金额
原材料——A材料	500千克	80.00	40 000.00
原材料——B材料	800千克	100.00	80 000.00
库存商品——甲产品	1 000件	300.00	300 000.00

2020年5月，甲公司发生的经济业务（假定除下列经济业务外，该公司未发生其他经济业务事项如下）：

（1）2日，购入原材料，取得的增值税专用发票注明：A材料500千克，单价80元，B材料400千克，单价100元，共计价款80 000元，增值税额10 400元。材料已验收入库，货款以银行存款支付。

（2）8日，办公室李某报销公司业务招待费940元，出纳以现金支付。

（3）10日，销售甲产品500件，开出的增值税专用发票注明：每件售价600元，共计价款300 000元，增值税额39 000元。产品已发出，货款已收存银行。

（4）15日，用现金支付销售甲产品的搬运、装卸费共计800元。

（5）20日，用银行存款偿还到期的短期借款本金200 000元，利息6 100元。

（6）23日，生产甲产品累计领用材料146 000元，其中：A材料700千克，80元/千克，B材料900千克，100元/千克。

(7) 25日，采购员张某出差归来，报销差旅费5 500元，出纳开出现金支票支付。

(8) 26日，分配本月职工薪酬：生产工人薪酬60 000元，管理人员薪酬40 000元，销售人员薪酬30 000元。

(9) 28日，以银行存款支付产品展览费4 800元。

(10) 30日，计提折旧，生产车间应提5 000元（只有一种产品，直接记入生产成本），管理部门应提3 000元。

(11) 30日，以银行存款支付所欠乙公司贷款246 000元。

(12) 31日，计提本月应交城市维护建设税2 002元，应交教育费附加858元。

(13) 31日，结转已售甲产品500件，每件成本300元，共计150 000元。

(14) 31日，将各损益类账户转入“本年利润”科目。

(15) 31日，计算并结转本月应交所得税，假定没有纳税调整事项。

在科目汇总表账务处理程序下，该公司经济业务账务处理程序如下：

第一，根据发生经济业务所取得的原始凭证或汇总原始凭证填制通用记账凭证（本例以会计分录代表记账凭证）。

(1) 2日购入A材料，编制记字1号记账凭证：

借：原材料——A材料　　40 000
　　　　　——B材料　　40 000
　　应交税费——应交增值税（进项税额）　　10 400
　　贷：银行存款　　90 400

(2) 8日报销业务招待费，编制记字2号记账凭证：

借：管理费用——业务招待费　　940
　　贷：库存现金　　940

(3) 10日销售甲产品，编制记字3号记账凭证：

借：银行存款　　339 000
　　贷：主营业务收入　　300 000
　　　　应交税费——应交增值税（销项税额）　　39 000

(4) 15日支付搬运、装卸费，编制记字4号记账凭证：

借：销售费用——运杂费　　800
　　贷：库存现金　　800

(5) 20日偿还借款、利息，编制记字5号记账凭证：

借：短期借款　　200 000
　　财务费用　　6 100
　　贷：银行存款　　206 100

(6) 23日，生产领用甲材料，编制记字6号记账凭证：

借：生产成本——甲产品　　146 000
　　贷：原材料——A材料　　56 000
　　　　　　　——B材料　　90 000

(7) 25日报销差旅费，编制记字7号记账凭证：

借：管理费用——差旅费　　5 500

贷：银行存款 5 500

(8) 26 日，分配本月职工薪酬，编制记字 8 号记账凭证：

借：生产成本 60 000

管理费用 40 000

销售费用 30 000

贷：应付职工薪酬 130 000

(9) 28 日支付展览费，编制记字 9 号记账凭证：

借：销售费用——展销费 4 800

贷：银行存款 4 800

(10) 30 日计提折旧，编制记字 10 号记账凭证：

借：生产成本——A 产品 5 000

管理费用 3 000

贷：累计折旧 8 000

(11) 30 日支付欠款，编制记字 11 号记账凭证：

借：应付账款——乙公司 246 000

贷：银行存款 246 000

(12) 31 日计提城建税、教育费附加，编制记字 12 号记账凭证：

借：税金及附加 2 860

贷：应交税费——应交城市维护建设税 2 002

——应交教育费附加 858

(13) 31 日结转已售甲产品成本，编制记字 13 号记账凭证：

借：主营业务成本 150 000

贷：库存商品——甲产品 150 000

(14) 31 日结转损益类账户，编制记字 14 号、15 号记账凭证：

借：主营业务收入 300 000

贷：本年利润 300 000

借：本年利润 244 000

贷：主营业务成本 150 000

税金及附加 2 860

销售费用 35 600

管理费用 49 440

财务费用 6 100

(15) 31 日计算并结转应交所得税，编制记字 16 号、17 号记账凭证：

借：所得税费用 14 000

贷：应交税费——应交所得税 14 000

借：本年利润 14 000

贷：所得税费用 14 000

第二，根据库存现金和银行存款收付款凭证，逐笔登记现金日记账和银行存款日记账，具体填制内容分别如表 9－4、表 9－5 所示。

表 9-4　　库存现金日记账　　单位：元

2020 年		凭证		摘要	对方科目	借方	贷方	余额
月	日	字	号					
5	1			月初余额				6 000.00
	8	记	2	支付业务招待费	管理费用		940.00	5 060.00
	15	记	4	支付销售产品装卸费	销售费用		800.00	4 260.00
5	31			本月合计			1 740.00	4 260.00

表 9-5　　银行存款日记账　　单位：元

2020 年		凭证		摘要	对方科目	借方	贷方	余额
月	日	字	号					
5	1			月初余额				520 000.00
	2	记	1	购入原材料	原材料等		90 400.00	429 600.00
	10	记	3	销售甲产品	主营业务收入等	339 000.00		768 600.00
	20	记	5	偿还借款及利息	短期借款等		206 100.00	562 500.00
	25	记	7	报销差旅费	管理费用		5 500.00	557 000.00
	28	记	9	支付展览费	销售费用		4 800.00	552 200.00
	30	记	11	支付乙公司欠款	应付账款		246 000.00	306 200.00
5	31			本月合计		339 000.00	552 800.00	306 200.00

第三，根据原始凭证和记账凭证登记各种明细分类账（只列举 A 材料的明细账，其他从略），如表 9-6 所示。

表 9-6　　原材料明细分类账　　数量单位：千克

科目名称：A 材料　　金额单位：元

2020 年		凭证		摘要	收入			发出			结存		
月	日	字	号		数量	单价	金额	数量	单价	金额	数量	单价	金额
5	1			月初余额							500	80	40 000
	2	记	1	购入材料	500	80	40 000				1 000	80	80 000
	20	记	6	生产领用				700	80	56 000	300	80	24 000
5	31			本月合计	500	80	40 000	700	80	56 000	300	80	24 000

第四，根据本月记账凭证编制科目汇总表，如表 9-7 所示。

表 9－7

<u>科目汇总表</u>

2020 年 5 月 1 日至 31 日

会计科目	总账页次	本期发生额																	
		借方金额									贷方金额								
		百	十	万	千	百	十	元	角	分	百	十	万	千	百	十	元	角	分
库存现金														1	7	4	0	0	0
银行存款			3	3	9	0	0	0	0	0		5	5	2	8	0	0	0	0
原材料				8	0	0	0	0	0	0		1	4	6	0	0	0	0	0
库存商品												1	5	0	0	0	0	0	0
生产成本			2	1	1	0	0	0	0	0									
累计折旧														8	0	0	0	0	0
短期借款			2	0	0	0	0	0	0	0									
应付账款			2	4	6	0	0	0	0	0									
应付职工薪酬												1	3	0	0	0	0	0	0
应交税费				1	0	4	0	0	0	0			5	5	8	6	0	0	0
本年利润			2	5	8	0	0	0	0	0		3	0	0	0	0	0	0	0
主营业务收入			3	0	0	0	0	0	0	0		3	0	0	0	0	0	0	0
主营业务成本			1	5	0	0	0	0	0	0		1	5	0	0	0	0	0	0
税金及附加					2	8	6	0	0	0				2	8	6	0	0	0
销售费用				3	5	6	0	0	0	0			3	5	6	0	0	0	0
管理费用				4	9	4	4	0	0	0			4	9	4	4	0	0	0
财务费用					6	1	0	0	0	0				6	1	0	0	0	0
所得税费用				1	4	0	0	0	0	0			1	4	0	0	0	0	0
合　计		¥1	9	0	2	4	0	0	0	0	¥1	9	0	2	4	0	0	0	0

第五，根据科目汇总表登记总分类账，具体登记情况（本月未发生经济业务的总账略）如表 9－8～表 9－25 所示：

表 9－8

<u>总分类账</u>

科目名称：<u>库存现金</u>　　单位：元

2020 年		凭证		摘要	借方	贷方	借或贷	余额
月	日	字	号					
4	30			本月合计	略	略	借	6 000.00
5	31	科汇	1	根据科目汇总表发生额		1 740.00	借	4 260.00
	31			本月合计		1 740.00	借	4 260.00

表 9－9　　总分类账

科目名称：银行存款　　单位：元

2020 年		凭证		摘要	借方	贷方	借或贷	余额
月	日	字	号					
4	30			本月合计	略	略	借	520 000.00
5	31	科汇	1	根据科目汇总表发生额	339 000.00	552 800.00	借	306 200.00
	31			本月合计	339 000.00	552 800.00	借	306 200.00

表 9－10　　总分类账

科目名称：原材料　　单位：元

2020 年		凭证		摘要	借方	贷方	借或贷	余额
月	日	字	号					
4	30			本月合计	略	略	借	120 000.00
5	31	科汇	1	根据科目汇总表发生额	80 000.00	146 000.00	借	54 000.00
	31			本月合计	80 000.00	146 000.00	借	54 000.00

表 9－11　　总分类账

科目名称：生产成本　　单位：元

2020 年		凭证		摘要	借方	贷方	借或贷	余额
月	日	字	号					
4	30			本月合计	略	略	借	200 000.00
5	31	科汇	1	根据科目汇总表发生额	211 000.00		借	411 000.00
	31			本月合计	211 000.00		借	411 000.00

表 9－12　　总分类账

科目名称：库存商品　　单位：元

2020 年		凭证		摘要	借方	贷方	借或贷	余额
月	日	字	号					
4	30			本月合计	略	略	借	300 000.00
5	31	科汇	1	根据科目汇总表发生额		150 000.00	借	150 000.00
	31			本月合计		150 000.00	借	150 000.00

表 9-13

总分类账

科目名称：累计折旧

单位：元

2020 年		凭证		摘要	借方	贷方	借或贷	余额
月	日	字	号					
4	30			本月合计	略	略	借	500 000.00
5	31	科汇	1	根据科目汇总表发生额		8 000.00	借	508 000.00
	31			本月合计		8 000.00	借	508 000.00

表 9-14

总分类账

科目名称：短期借款

单位：元

2020 年		凭证		摘要	借方	贷方	借或贷	余额
月	日	字	号					
4	30			本月合计	略	略	贷	800 000.00
5	31	科汇	1	根据科目汇总表发生额	200 000.00		贷	600 000.00
	31			本月合计	200 000.00		贷	600 000.00

表 9-15

总分类账

科目名称：应付账款

单位：元

2020 年		凭证		摘要	借方	贷方	借或贷	余额
月	日	字	号					
4	30			本月合计	略	略	贷	346 000.00
5	31	科汇	1	根据科目汇总表发生额	246 000.00		贷	100 000.00
	31			本月合计	246 000.00		贷	100 000.00

表 9-16

总分类账

科目名称：应付职工薪酬

单位：元

2020 年		凭证		摘要	借方	贷方	借或贷	余额
月	日	字	号					
4	30			本月合计	略	略	平	0
5	31	科汇	1	根据科目汇总表发生额		130 000.00	贷	130 000.00
	31			本月合计		130 000.00	贷	130 000.00

表 9－17

总分类账

科目名称：应交税费

单位：元

2020 年		凭证		摘要	借方	贷方	借或贷	余额
月	日	字	号					
4	30			本月合计	略	略	平	0
5	31	科汇	1	根据科目汇总表发生额	10 400.00	55 860.00	贷	45 460.00
	31			本月合计	10 400.00	55 860.00	贷	45 460.00

表 9－18

总分类账

科目名称：本年利润

单位：元

2020 年		凭证		摘要	借方	贷方	借或贷	余额
月	日	字	号					
4	30			本月合计	略	略	贷	170 000.00
5	31	科汇	1	根据科目汇总表发生额	258 000.00	300 000.00	贷	212 000.00
	31			本月合计	258 000.00	300 000.00	贷	212 000.00

表 9－19

总分类账

科目名称：主营业务收入

单位：元

2020 年		凭证		摘要	借方	贷方	借或贷	余额
月	日	字	号					
4	30			本月合计	略	略	平	0
5	31	科汇	1	根据科目汇总表发生额	300 000.00	300 000.00	平	0
	31			本月合计	300 000.00	300 000.00	平	0

表 9－20

总分类账

科目名称：主营业务成本

单位：元

2020 年		凭证		摘要	借方	贷方	借或贷	余额
月	日	字	号					
4	30			本月合计	略	略	平	0
5	31	科汇	1	根据科目汇总表发生额	150 000.00	150 000.00	平	0
	31			本月合计	150 000.00	150 000.00	平	0

表 9－21

总分类账

科目名称：税金及附加

单位：元

2020 年		凭证		摘要	借方	贷方	借或贷	余额
月	日	字	号					
4	30			本月合计	略	略	平	0
5	31	科汇	1	根据科目汇总表发生额	2 860.00	2 860.00	平	0
	31			本月合计	2 860.00	2 860.00	平	0

表 9－22

总分类账

科目名称：销售费用

单位：元

2020 年		凭证		摘要	借方	贷方	借或贷	余额
月	日	字	号					
4	30			本月合计	略	略	平	0
5	31	科汇	1	根据科目汇总表发生额	35 600.00	35 600.00	平	0
	31			本月合计	35 600.00	35 600.00	平	0

表 9－23

总分类账

科目名称：管理费用

单位：元

2020 年		凭证		摘要	借方	贷方	借或贷	余额
月	日	字	号					
4	30			本月合计	略	略	平	0
5	31	科汇	1	根据科目汇总表发生额	49 440.00	49 440.00	平	0
	31			本月合计	49 440.00	49 440.00	平	0

表 9－24

总分类账

科目名称：财务费用

单位：元

2020 年		凭证		摘要	借方	贷方	借或贷	余额
月	日	字	号					
4	30			本月合计	略	略	平	0
5	31	科汇	1	根据科目汇总表发生额	6 100.00	6 100.00	平	0
	31			本月合计	6 100.00	6 100.00	平	0

表 9－25

总分类账

科目名称：所得税费用　　　　单位：元

2020 年		凭证		摘要	借方	贷方	借或贷	余额
月	日	字	号					
4	30			本月合计	略	略	平	0
5	31	科汇	1	根据科目汇总表发生额	14 000.00	14 000.00	平	0
	31			本月合计	14 000.00	14 000.00	平	0

第六，根据总账和明细账，编制资产负债表和利润表，如表 9－26 和表 9－27 所示。

表 9－26

资产负债表（简表）

编制单位：甲公司　　　　2020 年 5 月 31 日　　　　单位：元

资产	期末余额	期初余额	负债和所有者权益	期末余额	期初余额
流动资产：			流动负债：		
货币资金	310 460.00	526 000.00	短期借款	600 000.00	800 000.00
应收票据			应付票据		
应收账款			应付账款	100 000.00	346 000.00
预付款项			预收款项		
其他应收款			合同负债		
存货	615 000.00	620 000.00	应付职工薪酬	130 000.00	
合同资产			应交税费	45 460.00	
其他流动资产			其他应付款		
流动资产合计	925 460.00	1 146 000.00	流动负债合计	7 875 460.00	1 146 000.00
非流动资产：			非流动负债：		
债权投资			长期借款		
其他债权投资			应付债券		
长期应收款			长期应付款		
长期股权投资			非流动负债合计		
投资性房地产			负债合计	875 460.00	1 146 000.00
固定资产	72 492 000.00	2 500 000.00	所有者权益		
在建工程			实收资本	2 000 000.00	2 000 000.00
无形资产			资本公积		
开发支出			盈余公积	330 000.00	330 000.00
长期待摊费用			未分配利润	212 000.00	170 000.00
非流动资产合计	2 492 000.00	2 500 000.00	所有者权益合计	2 542 000.00	2 500 000.00
资产总计	3 417 460.00	3646 000.00	负债和所有者权益总计	3 417 460.00	3 646 000.00

表 9-27 利润表（简表）

编制单位：甲公司　　2020 年 5 月　　单位：元

项　目	本期金额	上期金额（略）
一、营业收入	300 000.00	
减：营业成本	150 000.00	
税金及附加	2 860.00	
销售费用	35 600.00	
管理费用	49 440.00	
研发费用		
财务费用	6 100.00	
加：其他收益		
投资收益（损失以“-”号填列）		
净敞口套期收益（损失以“-”号填列）		
公允价值变动收益（损失以“-”号填列）		
信用减值损失（损失以“-”号填列）		
资产减值损失（损失以“-”号填列）		
资产处置收益（损失以“-”号填列）		
二、营业利润（亏损以“-”号填列）	56 000.00	
加：营业外收入		
减：营业外支出		
三、利润总额（亏损总额以“-”号填列）	56 000.00	
减：所得税费用	14 000.00	
四、净利润（净亏损以“-”号填列）	42 000.00	
（一）持续经营净利润（净亏损以“-”号填列）		
（二）终止经营净利润（净亏损以“-”号填列）		
五、其他综合收益的税后净利		
六、综合收益总额		
七、每股收益		

第四节　汇总记账凭证账务处理程序

一、汇总记账凭证账务处理程序的概念

汇总记账凭证账务处理程序是指根据原始凭证或汇总原始凭证编制记账凭证，定期根据记账凭证分类编制汇总收款凭证、汇总付款凭证和汇总转账凭证，再根据汇总记账凭证登记总分类账的一种账务处理程序。

汇总记账凭证的特点是先根据记账凭证定期分类编制汇总记账凭证，然后再根据汇总记账凭证登记总分类账。

二、汇总记账凭证账务处理程序的核算要求

在汇总记账凭证账务处理程序下，除设置收款凭证、付款凭证和转账凭证外，还应设置汇总收款凭证、汇总付款凭证和汇总转账凭证。日记账、明细分类账和总分类账的设置与记账凭证账务处理程序基本相同。但是，为了使总分类账的内容与各种汇总记账凭证保持一致，总分类账应增设“对方科目”专栏，以便于在账户中仍能清晰地反映会计科目之间的对应关系。

汇总记账凭证是将一定时期内同类收款凭证、付款凭证和转账凭证进行定期汇总而编制的记账凭证。汇总收款凭证按“库存现金”或“银行存款”借方科目汇总，按其对应的贷方科目分设转行；汇总付款凭证按“库存现金”或“银行存款”贷方科目汇总，按其对应的借方科目分设转行。汇总收款凭证和汇总付款凭证应定期（一般 10 天或 15 天）汇总填列，每月编制一张汇总记账凭证，月终根据汇总记账凭证登记总分类账。其格式如表 9－28、表 9－29 所示。

表 9－28

汇总收款凭证

借方科目：　　　　年　月　　　　汇收第　号

贷方科目	金额				总账页数	
	1－10 号收款凭证 第　号至第　号	11－20 号收款凭证 第　号至第　号	21－31 号收款凭证 第　号至第　号	合计	借方	贷方
合计						

表 9－29

汇总付款凭证

贷方科目：　　　　　　　　　　　年　　月　　　　　　　　　　汇付第　　号

借方科目	金　额				总账页数	
	1－10 号付款凭证 第　号至第　号	11－20 号付款凭证 第　号至第　号	21－31 号付款凭证 第　号至第　号	合计	借方	贷方
合计						

转账凭证的借方、贷方科目均无规律性，为避免混乱和重复记账，汇总转账凭证一律按照每一贷方科目分别设置，并根据转账凭证相对应的借方科目归类汇总。汇总转账凭证应定期（一般 10 天或 15 天）汇总填列，每月编制一张汇总转账凭证，月终根据汇总转账凭证登记总分类账。如果在月份内某一贷方科目的转账凭证为数不多，可以不编制汇总转账凭证，直接根据转账凭证登记总分类账。汇总转账凭证的格式，如表 9－30 所示。

表 9－30

汇总转账凭证

贷方科目：　　　　　　　　　　　年　　月　　　　　　　　　　汇转第　　号

借方科目	金　额				总账页数	
	1－10 号转账凭证 第　号至第　号	11－20 号转账凭证 第　号至第　号	21－31 号转账凭证 第　号至第　号	合计	借方	贷方
合计						

三、汇总记账凭证账务处理程序的核算步骤

第一，根据原始凭证或汇总原始凭证编制记账凭证；

第二，根据收款凭证和付款凭证逐笔登记库存现金日记账和银行存款日记账；

第三，根据原始凭证、汇总原始凭证和记账凭证，逐笔登记各种明细分类账；

第四，根据收款凭证、付款凭证和转账凭证，定期编制汇总收款凭证、汇总付款凭证和

汇总转账凭证；

第五，期末，根据汇总收款凭证、汇总付款凭证和汇总转账凭证登记总分类账；

第六，期末，将库存现金日记账、银行存款日记账和各明细分类账的余额，与有关总分类账的余额核对相符；

第七，期末，根据总分类账、明细分类账的记录编制财务报表。

汇总记账凭证账务处理程序，如图 9－3 所示。

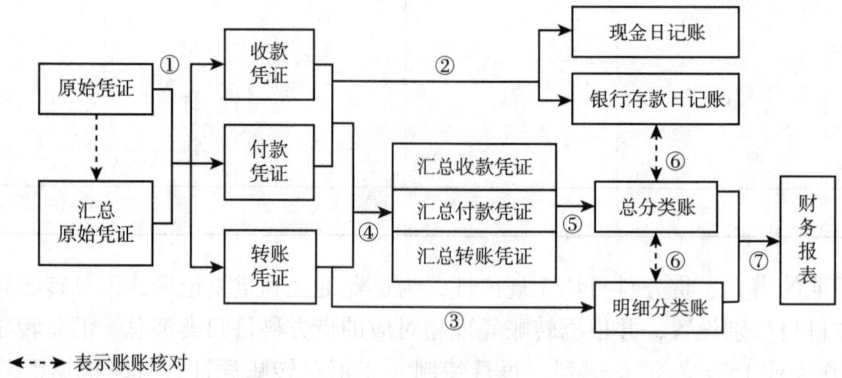

图 9－3　汇总记账凭证账务处理程序

四、汇总记账凭证账务处理程序的优缺点和适用范围

采用汇总记账凭证账务处理程序，优点是减轻了登记总分类账的工作量，便于了解账户之间的对应关系。缺点是按每一贷方科目编制汇总转账凭证，而不是按业务的性质归类汇总，不利于会计核算的日常分工；当转账凭证数量较多时，编制汇总转账凭证的工作量较大。

汇总记账凭证账务处理程序适用于规模较大、经济业务较多的企业。

第五节　账务处理程序实训

实训目标

通过实训，熟悉账务处理程序的特点，明确各种账务处理程序的优缺点及适用范围，重点掌握科目汇总表账务处理程序。

重要知识清单
一、账务处理程序
1. 含义：又称会计核算程序，是指会计凭证、会计账簿、会计报表相结合的方式。 2. 种类：登记总账的依据和方法不同，分为：（1）记账凭证账务处理程序；（2）科目汇总表账务处理程序；（3）汇总记账凭证账务处理程序。

续表

重要知识清单
二、记账凭证账务处理程序
1. 特点：直接根据记账凭证逐笔登记总账，是最基本的账务处理程序。 2. 优点：(1) 账务处理程序简单明了，易于理解；(2) 总账比较详细，便于查账。 3. 缺点：登记总账的工作量比较大。 4. 适用范围：生产经营规模较小、经济业务量较少的单位。
三、科目汇总表账务处理程序
1. 特点：根据科目汇总表登记总账。 2. 优点：(1) 减轻登记总账的工作量；(2) 能起到试算平衡的作用，保证总账登记的准确性。 3. 缺点：(1) 不能反映账户之间的对应关系；(2) 不便于分析经济业务的来龙去脉和进行账目的核对。 4. 适用范围：生产经营规模较大、经济业务量较多的单位。
四、汇总记账凭证账务处理程序
1. 特点：根据汇总记账凭证登记总账。 2. 优点：(1) 减轻登记总账的工作量；(2) 可以清晰地反映各个账户之间的对应关系。 3. 缺点：(1) 不利于会计核算的日常分工；(2) 当转账凭证较多时，编制汇总转账凭证的工作量较大。 4. 适用范围：生产经营规模较大、经济业务量较多的单位。

任务一 基础知识训练

一、单项选择题

1. (　　) 是指从填制凭证、登记账簿以及编制会计报表一系列程序和方法。

A. 账簿组织　　B. 记账程序　　C. 财务处理程序　　D. 会计核算形式

2. 各种账务处理程序的区别主要在于 (　　)。

A. 填制记账凭证的依据不同　　B. 登记明细账的依据和方法不同

C. 登记总账的依据和程序不同　　D. 编制会计报表的依据和方法不同

3. 最基本的账务处理程序是 (　　)。

A. 科目汇总表账务处理程序　　B. 记账凭证账务处理程序

C. 汇总记账凭证账务处理程序　　D. 日记总账账务处理程序

4. 在记账凭证账务处理程序下，应根据 (　　) 登记总账。

A. 科目汇总表　　B. 记账凭证　　C. 汇总记账凭证　　D. 原始凭证

5. 汇总记账凭证账务处理程序适用于 (　　)。

A. 规模较大、经济业务较多的企业　　B. 规模较小、经济业务不多的企业

C. 规模较大、经济业务不多的企业　　D. 规模较小、经济业务较多的企业

6. 记账凭证汇总表账务处理程序适用于 (　　)。

A. 业务量少的单位　　B. 业务量较多的单位

C. 企业单位　　D. 行政事业单位

7. 在科目汇总表核算形式中，据以登记总分类账的依据是（　　）。

A. 汇总记账凭证　　B. 试算平衡表　　C. 科目汇总表　　D. 记账凭证

8. 直接根据记账凭证逐笔登记总分类账的账务处理程序是（　　）。

A. 科目汇总表账务处理程序　　B. 记账凭证账务处理程序

C. 汇总记账凭证账务处理程序　　D. 日记总账账务处理程序

9. 汇总付款凭证是按（　　）。

A. 收款凭证上的借方科目定期汇总　　B. 收款凭证上的贷方科目定期汇总

C. 付款凭证上的借方科目定期汇总　　D. 付款凭证上的贷方科目定期汇总

10. 下列各项中，属于科目汇总表汇总范围的是（　　）。

A. 全部科目的借方余额　　B. 全部科目的贷方余额

C. 全部科目的借方、贷方发生额　　D. 部分科目的借方、贷方发生额

二、多项选择题

1. 各种常用账务处理程序的相同点有（　　）。

A. 填制记账凭证的依据相同　　B. 登记明细账的依据和方法相同

C. 登记总账的依据和方法相同　　D. 编制会计报表的依据和方法相同

2. 记账凭证账务处理程序的缺点有（　　）。

A. 核算程序复杂　　B. 不便于对账和查账

C. 登记总分类账的工作量大　　D. 不便于总账与明细账的分工协作

3. 编制科目汇总表的要点有（　　）。

A. 定期汇总每一会计科目的借贷方发生额之差

B. 定期汇总每一会计科目的借方发生额和贷方发生额

C. 将汇总的有关数据分别填入科目汇总表的相应栏目内

D. 会计科目汇总后进行试算平衡

4. 科目汇总表账务处理程序的主要特点有（　　）。

A. 直接根据记账凭证登记总账　　B. 直接根据记账凭证登记明细账

C. 定期编制科目汇总表　　D. 直接根据科目汇总表登记总账

5. 下列表述，适合于科目汇总表账务处理程序的有（　　）。

A. 大大减少了登记总账的工作量　　B. 不能反映账户之间的对应关系

C. 能够做到试算平衡　　D. 适用于规模较大、业务量较多的单位

6. 在各种账务处理程序下，明细分类账可以根据（　　）登记。

A. 记账凭证　　B. 汇总记账凭证　　C. 科目汇总表　　D. 原始凭证

7. （　　）账务处理程序适用于规模大、业务量较多的单位。

A. 记账凭证　　B. 汇总记账凭证　　C. 科目汇总表　　D. 多栏式日记账

8. 我国常用的账务处理程序主要有（　　）。

A. 记账凭证账务处理程序　　B. 汇总记账凭证账务处理程序

C. 科目汇总表账务处理程序　　D. 多栏式日记账账务处理程序

9. 某年5月，某公司“原材料”总分类账户的借方发生额为60 000元，涉及的三张记

账凭证分别是：1 日，付款凭证“原材料”明细账的借方发生额为 10 000 元，11 日付款凭证“原材料”明细账的借方发生额为 30 000 元，21 日转账凭证“原材料”明细账的借方发生额为 20 000 元。下列表述中正确的有（　　）。

A. 若采用全月一次科目汇总表账务处理程序，“原材料”总账 5 月的借方登记次数为 1 次，金额为 60 000 元

B. 若采用全月一次科目汇总表账务处理程序，“原材料”总账 5 月的借方登记次数为 3 次，金额依次为 10 000 元、30 000 元、20 000 元

C. 若采用记账凭证账务处理程序，“原材料”总账 5 月的借方登记次数为 1 次，金额为 60 000 元

D. 若采用记账凭证账务处理程序，“原材料”总账 5 月的借方登记次数为 3 次，金额依次为 10 000 元、30 000 元、20 000 元

10. 建立科学、合理的账务处理程序具有（　　）的重要意义。

A. 会计工作程序的规范化
B. 保证会计记录的完整性、正确性
C. 减少不必要的会计核算环节
D. 提高会计工作效率，保证会计信息的及时性

三、判断题

1. 科目汇总表实质上属于记账凭证。（　　）
2. 所有账务处理程序都要求首先将所有原始凭证汇总编制成汇总原始凭证。（　　）
3. 不论采用哪种账务处理程序，都必须设置日记账、总分类账和明细分类账。（　　）
4. 记账凭证账务处理程序的特点是直接根据每张记账凭证逐笔登记总分类账。（　　）
5. 汇总记账凭证账务处理程序下，企业一般按照借方科目编制汇总转账凭证。（　　）
6. 在科目汇总表账务处理程序下，总分类账应采用设立“对方科目”栏的借、贷、余三栏式账页。（　　）
7. 企业在设计企业账务处理程序时，应符合本企业的特点，有利于提高会计工作效率。（　　）
8. 科目汇总表账务处理程序不但能够清晰地反映账户之间的对应关系，而且能够实现试算平衡。（　　）
9. 汇总收款凭证应根据库存现金、银行存款的收款凭证分别按“库存现金”“银行存款”的借方设置，并按对应的贷方账户定期归类汇总。（　　）
10. 科目汇总表可以根据企业实际情况每旬汇总一次，也可每月汇总一次。（　　）

任务二　专项实训

科目汇总表账务处理程序实训

实训目的：编制科目汇总表。

实训资料：参见第四章实训七综合业务实训相关资料。

实训要求：根据实训七所编制的会计分录、损益类 T 型账户记录、试算平衡表，登记科目汇总表，如表 9－31 所示。

表 9－31

科目汇总表

年　月　日至　日　　　　单位：元

会计科目	总账页次	本期发生额																	
		借方金额									贷方金额								
		百	十	万	千	百	十	元	角	分	百	十	万	千	百	十	元	角	分
库存现金																			
银行存款																			
应收票据																			
应收账款																			
原材料																			
库存商品																			
长期股权投资																			
固定资产																			
累计折旧																			
短期借款																			
应付账款																			
应交税费																			
实收资本																			
盈余公积																			
本年利润																			
利润分配																			
主营业务收入																			
其他业务收入																			
主营业务成本																			
其他业务成本																			
税金及附加																			
销售费用																			
管理费用																			
财务费用																			
投资收益																			
营业外收入																			
营业外支出																			
所得税费用																			
合　计																			

第十章

会计工作组织

知识目标

明确会计工作组织、会计机构、会计人员的基本内容，掌握会计档案的相关规定，熟悉会计准则体系，了解会计电算化的有关内容。

课前思考

不论企业规模大小、业务多少，其会计工作流程都是原始凭证——记账凭证——会计账簿——财务报表，那么在这条工作主线上，应该设置哪些会计岗位？每个岗位的工作内容是什么？作为会计人员，我们应该遵守哪些行业法规？这就是会计工作组织的具体内容，让我们一起学习吧！

第一节　会计工作组织概述

一、会计工作组织的概念

（一）会计工作组织的含义

会计工作是指运用一整套会计专门方法，对会计事项进行处理的活动。会计是通过会计工作对各个单位日常活动实施管理的经济活动。

会计工作组织是指根据会计工作的特点，对会计机构的设置、会计人员的配备、会计制度的制定与执行、会计档案管理等工作所做的统筹安排。

（二）会计工作组织的意义

会计工作是一项综合性、政策性、严密性都很强的工作。科学合理地组织会计工作，具有以下重要的意义。

1. 有利于保证会计工作质量

会计是通过对社会再生产过程中的经济活动和财务收支情况进行反映和监督，为管理者以及社会各界提供准确、可靠的会计信息。具体来说，对于各项经济活动及财务收支，会计是通过从凭证到账簿、从账簿到报表，进行连续的记录、计算、分类、汇总，并进一步分析检查。全部过程包括了一系列的程序，需要履行各种手续，各程序及手续之间环环相扣、紧密相连。在任何一个环节上出现了差错，都必然造成整个核算结果不正确或不能及时完成，进而影响整个会计核算工作的质量和效率。所以必须要结合会计工作的特点，科学地设置会计机构并配备高素质的会计人员，认真制定并严格执行会计法规和会计制度，只有这样，才能保证会计工作正常、高效地运行，圆满完成会计的各项工作任务。

2. 有利于加强同其他经济管理工作的协调一致

会计工作是企业单位整个经济管理工作的一个重要组成部分，它既有独立性，又同其他管理工作存在着相互制约、相互促进的关系，可以说科学而完善的会计工作组织，需要其他经济管理工作的配合与协调，同时也能促进其他经济管理工作的顺利进行。因此，只有科学地组织好会计工作，才能处理好会计同其他经济管理工作之间的关系，做到相互促进、密切配合、口径一致，从而全面完成会计任务，提高企业整体管理水平。

3. 有利于加强各单位内部的经济责任制

会计是经济管理的重要组成部分，而经济管理的一个很重要手段就是实行各单位的内部经济责任制，实行内部经济责任制当然离不开会计，包括科学的经济预测、正确的经济决策，以及业绩考评等。科学地组织好会计工作，可以促使企业单位内部各有关部门管好、用好资金、增收节支，通过提高经营管理水平，达到提高经济效益、取得最佳经济效果的目的。

4. 有利于贯彻执行各项财经法纪

会计工作是一项错综复杂的系统工作，政策性很强，必须通过核算如实地反映各单位的经济活动和财务收支，通过监督来贯彻执行国家的有关政策、方针、法令和制度。因此，科学组织好会计工作，可以促使各单位更好地贯彻实施各项方针政策，维护好财经纪律，为建立良好的社会经济秩序打下基础。

二、会计工作组织应符合的原则

对会计工作进行组织和管理要遵循一定的原则，或者说要遵循一定的要求。组织会计工作应符合的原则，是指组织好会计工作、提高会计工作质量和效率所应遵循的一些基本规律。它是组织好会计工作的基本保证。要保证科学、有效地组织和管理会计工作，必须遵循以下几项原则。

（一）统一性原则

统一性原则是指组织会计工作必须按照会计法和企业会计准则以及其他相关会计法规制度对会计工作的统一要求，贯彻执行国家规定的法令制度，进行会计核算，实行会计监督，以便更好地发挥会计工作在维护社会主义市场经济秩序，加强经济管理，提高经济效益中的应有作用。

（二）适应性原则

适应性原则是指组织会计工作必须适应本单位经营管理的特点。各单位应在遵守国家法规和准则的前提下，根据自身管理特点及规模大小等情况，制定相应的具体办法，采用不同的账簿组织、记账方法和程序处理相应的经济业务，以适应企业自身发展的需要。

（三）效益性原则

效益性原则是指组织会计工作时，在保证会计工作质量的前提下，应讲求效益，节约人力和物力。会计工作十分繁杂，如果组织不好，就会造成重复劳动、浪费人力和物力。所以对会计管理程序的规定，会计凭证、账簿、报表的设计，会计机构的设置以及会计人员的配备等，都应避免烦琐，力求精简，引入会计电算化，从工艺上改进会计操作技术，提高工作效率。应防止机构过于庞大、重叠，防止人浮于事和形式主义，提高会计工作的效率和质量。

（四）内部控制及责任制原则

内部控制及责任制原则是指组织会计工作时，要遵循内部控制的原则，在保证贯彻整个单位责任制的同时，建立和完善会计工作自身的责任制，从现金出纳、财产物资进出以及各项费用的开支等内容形成彼此相互牵制机制，防止工作中的失误和弊端。对会计工作进行合理分工，不同岗位上的会计人员各司其职，使得会计处理手续和会计工作程序达到规范化、条理化。

综上所述，组织会计工作，应在保证会计工作质量的前提下，尽量节约耗用在会计工作上的时间和费用。会计账证表的设计、各种核算程序的选择、有关措施的确定、会计机构的设置和会计人员的配备等，应做到成本与效果相结合，符合精简节约的原则，既要组织好会计工作，又要减少人、财、物的消耗。

第二节　会计机构

一、会计机构的有关规定

会计机构是指各企、事业单位内部直接从事和组织领导会计工作的职能部门。建立健全各单位的会计机构是在空间上保证会计工作正常进行，充分发挥会计管理职能作用的重要前提。

（一）会计机构的设置

企业、行政事业单位会计机构的设置，必须符合市场经济对会计工作所提出的各项要求，并与国家的会计管理体制相适应。同时，根据设置的会计机构，制定符合国家管理规定、适合本单位具体情况的内部会计管理制度，最大限度地发挥会计机构以及每个会计人员在经济管理过程中的应有作用。

《中华人民共和国会计法》规定："国务院财政部门主管全国的会计工作。县级以上地方各级人民政府的财政部门管理本行政区域内的会计工作。"为此，财政部设立会计司，主管全国的会计工作。其主要职责是在财政部领导下，拟定全国性的会计法令，研究、制定改进会计工作的措施和总体规划，颁发会计工作的各项规章制度，管理报批外国会计公司在我国设立常驻代表机构，会同有关部门制定并实施全国会计人员专业技术职称考评制度等。

地方财政部门、企业主管部门一般设财务会计局、处等，主管本地区或本系统所属企业的会计工作。其主要职责是：根据财政部的统一规定，制定适合本地区、本系统的会计规章制度；负责组织、领导和监督所属企业的会计工作；审核、分析、批复所属企业的财务会计报告，并编制本地区、本系统的汇总会计报表；了解和检查所属企业的会计工作情况；负责本地区、本系统会计人员的业务培训，以及会同有关部门评聘会计人员技术职称等。同时，基层企、事业单位的主管部门在会计业务上受同级财政部门的指导和监督。

由上可见，我国基层企、事业单位的会计工作，受财政部门和单位主管部门的双重领导。在每个基层单位内部，一般都需要设置从事会计工作的职能部门，以完成本单位的会计工作。

（二）代理记账

《中华人民共和国会计法》规定："各单位应当根据会计业务的需要，设置会计机构，或者在有关机构中配备会计人员并指定会计主管人员；不具备设置条件的，可以委托经批准设立从事会计代理记账业务的中介机构代理记账"。会计法的这一规定是对会计机构设置所做的具体要求，这里包含两层含义：

其一，基层企、事业单位一般应设置会计处、科、股等会计机构，在厂长、经理或单位行政领导人的直接领导下，负责组织、领导和从事会计工作。规模太小或业务量过少的单位可以不单独设置会计机构，但要配备专职会计工作人员或指定专人负责会计工作。大中型企业要设置总会计师主管本单位的经济核算和经营管理工作，直接领导本单位的财务会计工作，并且直接对厂长、经理负责。此外，单位的仓库等部门，也要根据工作的需要，设置专职的核算人员或指定专人负责业务核算工作。各部门的会计核算人员，在业务上都要接受总会计师或会计部门负责人的指导和监督。

其二，对于不具备设置会计机构条件的单位，应由代理记账业务的机构完成其会计工作，根据《代理记账管理暂行办法》的规定，在我国从事代理记账业务的机构，应至少有3名持有会计从业资格证书的专职人员，同时聘用一定数量相同条件的兼职从业人员。主管代理记账业务的负责人必须具有会计师以上专业技术资格。代理记账机构要有健全的代理记账业务规范和财务会计管理制度。代理记账业务的机构，除会计师事务所外，必须申请代理记账资格并经过县级以上财政部门审查批准，并领取由财政部统一印制的《代理记账许可证书》，才能从事代理记账业务。

由于会计工作与财务工作都是综合性的经济管理工作，二者的关系十分密切。因而，在我国的实际工作中，通常将处理财务与会计工作的职能机构合并为一个部门。这个机构的主要任务就是组织和处理本单位的财务与会计工作，如实地反映本单位的经济活动情况，以便及时地向各有关利益关系体提供他们所需要的财务会计资料，参与企业单位经济管理的预测和决策，严格执行会计法规制度，最终达到提高经济效益的目的。

二、会计工作的组织形式

企业会计部门承担哪些会计工作，与企业其他职能部门、车间、仓库等部门之间如何分工协作，这些都与会计工作的组织形式有关。为了科学地组织会计工作，企业必须根据自身规模的大小、业务的繁简以及内部其他各组织机构的设置情况，合理确定企业会计工作的组织形式。

会计工作的组织形式按照部门之间会计工作的分工方式不同，分为集中核算和非集中核算两种。

（一）集中核算形式

集中核算是指会计主体的主要会计核算工作都集中在单位的会计部门进行。单位其他部门一般不单独核算，只是对发生的经济业务进行原始记录，填制原始凭证并进行适当汇总，定期送交会计部门，经会计部门审核后，由会计部门编制记账凭证，进行总分类核算和明细分类核算。

采用集中核算形式的优点是可以减少核算层次，精简会计人员，提高工作效率，便于会计人员合理分工，便于会计部门及时、全面地掌握本单位的会计核算资料，有利于会计电算化。其不足之处是不便于各部门和下属单位及时了解、利用本部门、本单位的财务会计信息进行日常的考核与控制。适用于经营规模较小、下属单位地理位置相对比较集中的企业。

（二）非集中核算形式

非集中核算又称分散核算，是指会计主体内部会计部门以外的其他部门和单位负责本部门发生的经济业务的明细核算，包括凭证的整理、明细账的登记、成本的核算、有关内部报表的编制和分析等工作，而会计部门则进行总分类核算和一部分明细核算，并编制对外报表。

采用非集中核算形式，可以使企业内部各部门随时掌握本部门的有关核算资料，便于进行日常考核和分析，便于随时发现问题，解决问题。其不足之处是增加了核算层次，核算工作总量也会增加，需要增加会计人员配备，会计工作成本相应增大。适用于层次分明的大中型企业和内部实行承包责任制的企业。

对于一个企业单位而言，采用集中核算组织形式还是非集中核算组织形式并不是绝对的，可以单一地选用集中核算或非集中核算形式，也可以二者兼而有之，即对某些业务采用集中核算而对另外的业务采用非集中核算。但是，无论是采取哪一种组织形式，企业采购材料物资、销售商品、结算债权债务、现金往来等对外业务都应由厂部会计部门办理。

企业在确定应采用的会计工作组织形式时，既要考虑能正确、及时地反映企业单位的经济活动情况，又要注意简化核算手续，提高工作效率。具体地说，应注意以下几个方面的问题：(1) 考虑本单位规模大小、业务繁简以及相关核算条件的要求。(2) 在保证会计核算质量的前提下，力求简化会计核算手续，及时、正确地提供会计核算资料，节约人力和物力。(3) 全面考虑企业单位会计人员的数量和业务素质的适应能力。(4) 各相关部门之间要做到相互配合，有关会计核算资料的确定应口径一致。

知识链接

会计工作的组织形式分类

会计工作的组织形式按照企业与所属单位经济管理体制不同，可分为独立核算和非独立核算两种。

1. 独立核算，是指对本单位的业务经营活动过程及其成果进行全面、系统的会计核算。独立核算单位的特点是在管理上有独立的组织形式，具有法人地位，具有一定数量的资金，在当地银行开户，独立进行经营活动，能同其他单位订立经济合同，独立计算盈亏，单独设置会计机构并配备会计人员，并有完整的会计工作组织体系。

2. 非独立核算，又称报账制，是把本单位的业务经营活动有关的日常业务资料，逐日或定期报送上级单位，由上级单位进行核算。非独立核算单位的特点是一般由上级拨给一定数额的周转金，从事业务活动，一切收入全面上缴，所有支出向上级报销，本身不单独计算盈亏，只记录和计算几个主要指标，进行简易核算。

资料来源：《中国会计百科全书》。

三、会计工作岗位的设置

我国大中型企业一般设置以下核算组，每个组的职责和要求如下：

（一）综合组

综合组负责总账的登记，并与有关的日记账和明细账相核对；进行总账余额的试算平衡，编制资产负债表，并与其他财务报表进行核对；保管会计档案；进行企业财务情况的综合分析，编写财务情况说明书；进行财务预测，制订或参与制订财务计划，参与企业生产经营决策。

（二）财务组

财务组负责货币资金的出纳、保管和日记账的登记；审核货币资金的收付凭证；办理企业与供应、购买等单位之间的往来结算；监督企业贯彻执行国家现金管理制度、结算制度和信贷制度的情况；分析货币资金收支计划和银行借款计划的执行情况，制订或参与制订货币资金收支和银行借款计划。

（三）工资核算组

工资核算组负责计算职工的各种工资和奖金；办理与职工的工资结算，并进行有关的明细核算，分析工资总额计划的执行情况，控制工资总额支出；参与制订工资总额计划。在由各车间、部门的工资员分散计算和发放工资的组织方式下，还应协助企业劳动工资部门负责指导和监督各车间、部门的工资计算和发放工作。

（四）固定资产核算组

固定资产核算组负责审核固定资产购建、调拨、内部转移、租赁、清理的凭证；进行固定资产的明细核算；参与固定资产清查；编制有关固定资产增减变动的报表；分析固定资产和固定金的使用效果；参与制订固定资产重置、更新和修理计划；指导监督固定资产管理部门和使用部门的固定资产核算工作。

（五）材料核算组

材料核算组负责审核材料采购的发票、账单等结算凭证进行材料采购收发结存的明细核算；参与库存材料清查；分析采购资金使用情况、采购成本超支、节约情况和储备资金占用情况，参与制订材料采购资金计划和材料计划成本；指导和监督供应部门、材料仓库和使用材料的车间部门的材料核算情况。

（六）成本组

成本组会同有关部门建立健全各项原始记录、消耗定额和计量检验制度；改进成本管理的基础工作；负责审核各项费用开支；参与自制半成品和产成品的清查；核算产品成本，编制成本报表；分析成本计划执行情况；控制产品成本和生产资金占用；进行成本预测，制订成本计划，配合成本分口分级管理，将成本指标分解、落实到各部门、车间、班组；指导、监督和组织各部门、车间、班组的成本核算和厂内经济核算工作。

（七）销售和利润核算组

销售和利润核算组负责审核产成品收发、销售和营业收支凭证；参与产成品清查；进行产成品销售和利润的明细核算；计算应交税金，进行利润分配，编制损益表；分析成品资金占用情况，销售收入、利润及其分配计划的执行情况；参与市场预测，制订或参与制订销售和利润计划。

（八）资金组

资金组负责资金的筹集、使用、调度。随时了解、掌握资金市场动态，为企业筹集资金以满足生产经营活动的需要，要不断降低资金成本，提高资金使用的经济效益。还应负责编制财务状况变动表或现金流量表。

第三节　会计人员

一、会计人员的职责与权限

设置了会计机构，还必须配备相应的会计人员。会计人员通常是指在国家机关、社会团体、公司、企业、事业单位和其他组织中从事财务会计工作的人员，包括会计机构负责人以及具体从事会计工作的会计师、会计员和出纳员等。合理地配备会计人员，提高会计人员的综合素质是每个单位做好会计工作的决定性因素，对会计核算管理系统的运行起着关键的作用。可以说提高会计人员的素质是发展知识经济的需要，更是企业单位自身发展的需要。

为了使会计人员充分发挥其积极性，使会计人员在工作时有明确的方向和办事准则，以便更好地完成会计的各项工作任务，就应当明确会计人员的职责、权限和任免的各项规定。

（一）会计人员的主要职责

1. 进行会计核算

会计人员应按照会计制度的规定，切实做好记账、算账、报账工作。各单位必须根据实际发生的经济业务事项进行会计核算，要认真填制和审核原始凭证，编制记账凭证，登记会计账簿，正确计算各项收入、支出、成本、费用、财务成果。按期结算、核对账目，进行财产清查，在保证账证相符、账账相符、账实相符的基础上，按照手续完备、数字真实、内容完整的要求编制和报出财务会计报告。

2. 实行会计监督

实行会计监督，即通过会计工作，对本单位的各项经济业务和会计手续的合法性、合理性进行监督。对不真实、不合法的原始凭证不予受理，对账簿记录与实物、款项不符的问题，应按有关规定进行处理或及时向本单位领导人报告；对违反国家统一的财政制度，财务规定的收支不予受理。此外，各单位必须依照法律和国家有关规定，接受财政、审计、税务机关的监督，如实提供会计凭证、会计账簿、会计报表和其他会计资料以及有关情况。

3. 编制业务计划及财务预算

会计人员应根据会计资料并结合其他资料，按照国家各项政策和制度规定，认真编制并严格执行财务计划、预算，遵照经济核算原则，定期检查和分析财务计划、预算的执行情况。遵守各项收支制度、费用开支范围和开支标准，合理使用资金，考核资金使用效果等。

4. 制定本单位办理会计事项的具体办法

会计主管人员应根据国家的有关会计法规、准则及其他相关规定，结合本单位具体情况，制定本单位办理会计事项的具体办法，包括会计人员岗位责任制度、钱账分管制度、内部稽核制度、财产清查制度、成本计算办法、会计政策的选择以及会计档案的保管制度等。

（二）会计人员的主要权限

为了保障会计人员更好地履行其职责，《中华人民共和国会计法》及其他相关法规在明确了会计人员职责的同时，也赋予了会计人员相应的权限，具体有以下三个方面的权限：

其一，会计人员有权要求本单位各有关部门及相关人员认真执行国家、上级主管部门等批准的计划和预算。严格遵守国家财经纪律、会计准则和相应会计制度。如果发现有违反上述规定的，会计人员有权拒绝付款、拒绝报销或拒绝执行，对于属于会计人员职权范围内的违规行为，在自己的职权范围内予以纠正，超出其职权范围的应及时向有关部门及领导汇报，请求依法处理。

其二，会计人员有权履行其管理职能，也就是有权参与本单位编制计划、制定定额、签订合同、参加有关的生产、经营管理会议和业务会议，并以会计人员特有的专业地位就有关事项提出自己的建议和意见。

其三，会计人员有权监督、检查本单位内部各部门的财务收支、资金使用和财产保管、收发、计量、检验等情况，各部门应该大力支持和协助会计人员工作。

会计人员在正常工作过程中的权限是受法律保护的，《中华人民共和国会计法》第四十六条规定："单位负责人对依法履行职责、抵制违反本法规定行为的会计人员以降级、撤职、调离工作岗位、解聘或者开除等方式实行打击报复，构成犯罪，依法追究刑事责任；尚不构成犯罪的，由其所在单位或者有关单位依法给予行政处分。对受打击报复的会计人员，应当恢复其名誉和原有职务、级别"。由此可见，任何人干扰、阻碍会计人员依法行使其正当权利，都会受到法律的追究乃至制裁。

二、会计人员的职业道德

会计人员职业道德，是会计人员从事会计工作应当遵循的道德标准。会计人员在会计工作中应当遵守职业道德，树立良好的职业品质和严谨的工作作风，严守工作纪律，努力提高工作效率和工作质量。关于会计人员的职业道德，财政部发布的《会计基础工作规范》专门对会计人员的职业道德问题作出了规定，主要包括以下七个方面：

（一）爱岗敬业

会计人员应当热爱本职工作，安心本职岗位，忠于职守，尽心尽力，尽职尽责。会计人员应当正确认识所从事的会计职业，以严肃恭敬的态度认真对待本职工作，将身心与本职工作融为一体。爱岗敬业是会计职业道德的基础。

（二）诚实守信

会计人员应当谨慎，信誉至上，不为利益所诱惑，不伪造账目，不弄虚作假，如实反映单位经济业务事项。同时，应当保守本单位的商业秘密，除法律规定和单位领导人同意外，不得私自向外界提供或泄露本单位的会计信息。诚实守信是会计职业道德的精髓。

（三）廉洁自律

会计人员必须树立正确的人生观和价值观，严格划分公私界限，做到不贪不占，遵纪守法，清正廉洁。要正确处理会计职业权利与职业义务的关系，增强抵制行业不正之风的能力。廉洁自律是会计职业道德的前提。

（四）客观公正

会计人员开展会计工作时，要端正态度，依法办事，实事求是，以客观事实为依据，如实记录和反映实际经济业务事项，会计核算要准确，记录要可靠，凭证要合法。会计人员在履行会计职能时，要做到公平公正，不偏不倚，保持应有的独立性，以维护会计主体和社会公众的利益。客观公正是会计职业道德的理想目标。

（五）坚持准则

会计人员要熟悉财经法律、法规和国家统一的会计制度，在处理经济业务过程中，不为主观或他人意志左右，始终坚持按照会计法律、法规和国家统一的会计制度的要求进行会计核算，实施会计监督，确保所提供的会计信息真实、完整，维护国家利益、社会公众利益和正常的经济秩序。坚持准则是会计职业道德的核心。

（六）提高技能

会计人员应通过学习、培训和实践等途径，不断提高会计理论水平、会计实务能力、职业判断能力、自动更新知识的能力、提高会计信息能力、沟通交流能力以及职业经验。运用所掌握的知识、技能和经验，开展会计工作，履行会计职责，以适应深化会计改革和会计国际化的需要。

（七）参与管理

会计人员在做好本职工作的同时，树立参与管理的意识，努力钻研相关业务，全面熟悉本单位经营活动和业务流程，主动向领导反映经营管理活动中的情况和存在的问题，主动提出合理化建议，协助领导决策，参与经营管理活动，做好领导的参谋。

（八）强化服务

会计人员要具有强烈的服务意识、文明的服务态度和优良的服务质量。会计人员必须端正服务态度，做到讲文明、讲礼貌、讲信誉、讲诚实，坚持准则，真实、客观地核算单位的经济业务，努力维护和提升会计职业的良好社会形象。

《会计基础工作规范》同时要求财政部门、业务主管部门和各单位应当定期检查会计人员遵守职业道德规范的情况，并作为会计人员晋升、晋级、聘任专业职务、表彰奖励的重要考核依据。会计人员违反职业道德的，由所在单位进行处罚。

三、会计人员的任免

会计工作者既要为本单位经营管理服务，维护本单位的合法经济利益，又要执行国家的财政、财务制度和财经纪律，维护国家的整体利益，同各种本位主义行为、违法乱纪行为作斗争。针对会计的这一工作特点，国家对会计人员，特别是对会计机构负责人和会计主管人员的任免，在会计法和其他相关法规中作了若干特殊的规定，包括如下主要内容：

其一，在我国，国有经济占主导地位，为了保证国有经济顺利、健康有序发展，在国有企、事业单位中任用会计人员应实行回避制度，就是说："单位领导人的直系亲属不得在本单位担任会计机构负责人，同时，会计机构负责人的直系亲属也不得在本单位的会计机构中担任出纳工作"。

其二，企业单位的会计机构负责人、会计主管人员的任免，应当经过上级主管单位同意，不得任意调动或撤换。也就是说，各单位应该按照干部管理权限任命会计机构负责人和会计主管人员，在任命这些人员时应先由本单位行政领导人提名报主管单位，上级主管单位的人事和会计部门对提名进行协商、考核，并经行政领导人同意后，即可通知上报单位按规定程序任免。

其三，会计人员在工作过程中忠于职守、坚持原则，如果受到错误处理的，上级主管单位应当责成所在单位予以纠正。会计人员在工作过程中玩忽职守、丧失原则，不宜担任会计工作的，上级主管单位应责成所在单位予以撤换。对于认真执行会计法以及其他相关会计法规，忠于职守，作出显著成绩的会计人员，应给予精神的或物质的奖励。

第四节　会计档案

为规范会计档案管理工作，提高会计档案现代化管理水平，财政部、国家档案局发布了新的《会计档案管理办法》，于 2016 年 1 月 1 日起施行。

《会计档案管理办法》对会计档案的内容、管理部门、归档、移交、查阅、保管期限及会计档案的销毁等内容均有明确规定，要求国家机关、社会团体、企业、事业单位、按规定应当建账的个体工商户和其他组织依法管理会计档案。

新《会计档案管理办法》肯定了电子会计档案的法律效力，允许符合条件的会计凭证、账簿等会计资料不再打印纸质归档保存，电子会计凭证的获取、报销、入账、归档、保管等均可以实现电子化管理。同时要求建立会计档案鉴定销毁制度，完善销毁流程，推动会计档案销毁工作有序开展。

财政部和国家档案局主管全国会计档案工作，共同制定全国统一的会计档案工作制度，对全国会计档案工作实行监督和指导。县级以上地方人民政府财政部门和档案行政管理部门管理本行政区域内的会计档案工作，并对本行政区域内会计档案工作实行监督和指导。

一、会计档案的概念

会计档案是指单位在进行会计核算等过程中接收或形成的、记录和反映单位经济业务事项的、具有保存价值的文字、图表等各种形式的会计资料，包括通过计算机等电子设备形成、传输和存储的电子会计档案。会计档案具体包括：

（1）会计凭证类：原始凭证、记账凭证、汇总凭证、其他会计凭证。

（2）会计账簿类：总账、明细账、日记账、固定资产卡片、辅助账簿、其他会计账簿。

（3）财务报告类：月度、季度、年度财务报告（包括会计报表、附表、附注及文字说明）、其他财务报告。

（4）其他会计资料：银行存款余额调节表、银行对账单、纳税申报表、会计档案移交清册、会计档案保管清册、会计档案销毁清册、会计档案鉴定意见书及其具有保存价值的会计资料。

二、电子会计档案

为确保电子会计档案的真实、完整、可用、安全，对于电子会计资料仅以电子形式归档保存的方式，新《会计档案管理办法》提出了如下要求：

（1）形成的电子会计资料来源真实有效，由计算机等电子设备形成和传输。

（2）使用的会计核算系统能够准确、完整、有效接收和读取电子会计资料，能够输出符合国家标准归档格式的会计凭证、会计账簿、财务会计报表等会计资料，设定了经办、审核、审批等必要的审签程序。

（3）使用的电子档案管理系统能够有效接收、管理、利用电子会计档案，符合电子档案的长期保管要求，并建立了电子会计档案与相关联的其他纸质会计档案的检索关系。

（4）采取有效措施，防止电子会计档案被篡改。

（5）建立电子会计档案备份制度，能够有效防范自然灾害、意外事故和人为破坏的影响。

（6）形成的电子会计资料不属于具有永久保存价值或者其他重要保存价值的会计档案。

（7）电子会计资料附有符合《中华人民共和国电子签名法》规定的电子签名。

以上要求中：（1）（7）项规定是确保电子会计档案的真实；（2）（3）（6）项是确保电子会计档案的准确、完整、可用；（4）（5）项规定是确保电子会计档案的安全。单位内部生成的电子会计资料仅以电子形式归档保存必须同时满足（1）~（6）项规定；单位外部接收的电子会计资料仅以电子形式归档保存必须同时满足（1）~（7）项规定。

三、会计档案的归档与保管

（一）会计档案的归档

单位的档案机构或者档案工作人员所属机构负责管理本单位的会计档案。单位也可以委托具备档案管理条件的机构代为管理会计档案。单位的会计机构或会计人员所属机构按照归档范围和归档要求，负责定期将应当归档的会计资料整理立卷，编制会计档案保管清册。

当年形成的会计档案，在会计年度终了后，可由单位会计管理机构临时保管一年，再移交单位档案管理机构保管。因工作需要确需推迟移交的，应当经单位档案管理机构同意。

单位会计管理机构临时保管会计档案最长不超过3年，临时保管期间，会计档案的保管应当符合国家档案管理的有关规定，且出纳人员不得兼管会计档案。

（二）会计档案的保管

会计档案的保管期限，从会计年度终了后的第一天算起。按照会计档案的重要程度不同，其保管期限也有所不同。企业会计档案保管期限，如表10－1所示。

表10－1　企业会计档案保管期限

序号	档案名称	保管期限	备注
	一、会计凭证类		
1	原始凭证	30年	
2	记账凭证	30年	
	二、会计账簿类		
3	总账	30年	
4	明细账	30年	
5	日记账	30年	
6	固定资产卡片		报废清理后保管5年
7	其他辅助性账簿	30年	
	三、财务会计报告类		包括各级主管部门汇总财务会计报告
8	月、季度、半年度财务会计报告	10年	包括文字分析
9	年度财务会计报告	永久	包括文字分析
	四、其他会计资料类		
10	银行存款余额调节表	10年	
11	银行对账单	10年	
12	纳税申报表	10年	
13	会计档案移交清册	30年	
14	会计档案保管清册	永久	
15	会计档案销毁清册	永久	
16	会计档案鉴定意见书	永久	

四、会计档案的移交与借阅

（一）档案移交

单位会计管理机构在办理会计档案移交时，应当编制会计档案移交清册，并按照国家档案管理的有关规定办理移交手续。

纸质会计档案移交时应当保持原卷的封装。电子会计档案移交时应当将电子会计档案及其元数据一并移交，且文件格式应当符合国家档案管理的有关规定。特殊格式的电子会计档案应当与其读取平台一并移交。单位档案管理机构接收电子会计档案时，应当对电子会计档案的准确性、完整性、可用性、安全性进行检测，符合要求的才能接收。

（二）档案借阅

单位应当严格按照相关制度利用会计档案，在进行会计档案查阅、复制、借出时履行登记手续，严禁篡改和损坏。

单位保存的会计档案一般不得对外借出。确因工作需要且根据国家有关规定必须借出的，应当严格按照规定办理相关手续。

会计档案借用单位应当妥善保管和利用借入的会计档案，确保借入会计档案的安全完整，并在规定时间内归还。

五、会计档案的销毁

新《会计档案管理办法》规定，单位应当定期对已到保管期限的会计档案进行鉴定，并形成会计档案鉴定意见书。经鉴定，仍需继续保存的会计档案，应当重新划定保管期限；对保管期满，确无保存价值的会计档案可以销毁。

会计档案鉴定工作应当由单位档案管理机构牵头，组织单位会计、审计、纪检监察等机构或人员共同进行。经鉴定可以销毁的会计档案，应当按照以下程序销毁：

（1）单位档案管理机构编制会计档案销毁清册，列明拟销毁会计档案的名称、卷号、册数、起止年度、档案编号、应保管期限、已保管期限和销毁时间等内容。

（2）单位负责人、档案管理机构负责人、会计管理机构负责人、档案管理机构经办人、会计管理机构经办人在会计档案销毁清册上签署意见。

（3）单位档案管理机构负责组织会计档案销毁工作，并与会计管理机构共同派员监销。监销人在会计档案销毁前，应当按照会计档案销毁清册所列内容进行清点核对；在会计档案销毁后，应当在会计档案销毁清册上签名或盖章。

电子会计档案的销毁还应当符合国家有关电子档案的规定，并由单位档案管理机构、会计管理机构和信息系统管理机构共同派员监销。

对于保管期满但未结清的债权债务会计凭证和涉及其他未了事项的会计凭证不得销毁，纸质会计档案应当单独抽出立卷，电子会计档案单独转存，保管到未了事项完结时为止。

第五节　会计电算化

一、会计电算化的概念

（一）会计电算化的含义

会计电算化是以运用电子计算机为主、把当代电子信息处理技术应用于会计中的简称，即是指为提高会计业务处理水平，用计算机代替手工方式对经济业务进行核算，以及部分代替人脑完成对会计信息的整理、加工、分析、检查、预测乃至对经济活动的决策和控制的全过程。会计电算化是以计算机为核心，融管理科学、信息科学和会计科学为一体的新型边缘学科。它是现代社会化大生产和新技术革命的必然产物，不仅会引起会计数据处理手段的变革，而且必将对会计工作的内容、方式、方法、程序以及会计理论的研究等产生深远的影响。

（二）会计信息系统的意义

电算化会计的实现，不仅对传统会计产生了巨大的冲击，极大地丰富和加强了会计的管理和控制功能，而且在经济管理诸领域中处于应用计算机的领先地位，起到了带动经济管理诸领域逐步走向现代化的作用。具体来讲，实现会计电算化有以下几个方面的重要意义：(1）及时、准确、完整地提供会计信息。(2）提高会计核算的质量，减少误差。(3）实现了会计信息资源的共享。(4）促进会计工作规范化，提高会计人员素质。

二、会计电算化的基本内容

电算化会计是一个庞大的数据处理系统。这一庞大的数据处理系统在总体上可以划分为三个层次，即会计核算系统、会计管理系统以及会计决策支持系统。这三个系统就是会计电算化工作的全部内容，也可以将它们看成是会计电算化工作的三个基本阶段。

（一）会计核算系统

会计核算系统是会计管理系统和会计决策支持系统的基础，它为后两者提供数据支持。会计核算系统的任务主要包括：设置会计科目、填制会计凭证、登记会计账簿、进行成本计算以及编制会计报表。它又可以划分为若干个子系统，其中包括：账务处理系统、往来核算系统、工资核算系统、固定资产核算系统、存货核算系统、成本核算系统、销售核算系统、报表汇总系统以及财务分析系统。

（二）会计管理系统

会计管理系统在会计核算系统的基础上，利用会计核算系统提供的数据，借助会计管理软件提供的功能，帮助会计人员合理地管理企业的经济活动。它的主要任务：进行会计预测、编制财务计划、实施会计控制、开展会计分析。

（三）会计决策支持系统

会计决策支持系统是电算化会计系统中的最高层次。它的任务主要是根据会计预测的结果，借助会计辅助决策支持软件来对生产、成本、资金、产品的销售和定价以及企业的经营方向等内容进行决策。

三、会计电算化未来发展趋势展望

电算化会计随着电子计算机技术的产生而产生，也必将随着电子计算机技术的发展而逐步完善和发展。可以预见，电算化会计将出现以下发展趋势：

（一）会计电算化将普遍推广和应用，大范围的信息处理网络得以建立

电算化信息处理从形式上看是信息处理手段的变化，实质上却是生产方式的转变，是一种先进的生产力，因而具有广阔的发展前景。随着经济的发展及人们对电子技术认识的加深，它必将获得普遍推广和应用。同时，随着网络技术的发展，大范围的会计信息处理网络也必将建立。

（二）信息处理和分析专业化、智能化

由于信息处理和分析专业性较强，需要专门的人才，具备多方面的知识，且具有较高成本，因此为小企业及个体经济提供信息服务的专业部门（类似于目前的代理记账）将会逐渐出现。此外，随着智能电子技术的发展，信息处理也会朝着智能化发展。

（三）与管理会计系统相结合，促进企业管理信息系统的建立和完善

现行会计体系把会计分为财务会计（含成本会计）和管理会计两个子系统。电算化会计信息处理的代码化、数据共享和自动化，为两个子系统的结合提供了条件和可能。况且，如果电算化一直停留在财务会计子系统，而不涉及管理会计子系统的预测、决策、规划和分析，不涉及企业经济活动与效益的评估，不涉及内部责任会计和业绩评价，那么也就失去了发展电算化的意义。因此，从发展的眼光看，企业应同时建立两个子系统并予以有机结合，以便运用财务会计资料，建立适应管理需要的会计模型，使电算化会计从核算型向管理型发展，从而推动整个企业管理信息系统的开发建立和完善。

（四）促进会计自身的发展和变革

在一定意义上讲，电算化会计产生和发展的过程，也是突破传统会计观念，对现行会计理论和方法提出新问题、新课题以及研究和确立新的理论和方法的过程。如电算化会计在系统设计、工作组织、信息处理及账务处理程序等方式和方法上的改变，本身就是对现行会计理论和方法的突破和完善。虽然从短期看，这些影响只是渐进性的，但从长期看，随着电子技术的飞速发展和电算化信息系统的普及应用，新的问题和新的课题不断出现，如信息处理网络建立后，企业将如何做到既及时合法提供会计信息，又能有效保护商业秘密；两个会计

子系统实现结合后，如何改进现有财务报告；信息经济将对现行会计理论和方法产生什么影响。对新课题进行深入研究，必将形成新的会计理论和方法，而新的会计理论和方法的确立，又将使电算化会计在新的基础上获得进一步完善和发展。

第六节　会计准则体系

一、会计法规体系概述

会计的法律法规是组织和从事会计工作必须遵循的规范。它是经济法规制度的重要组成部分。制定和实行会计法律法规，可以保证会计贯彻执行国家有关的财经政策，保证会计工作沿着社会主义市场经济的方向前进，可以使其提供的会计资料和会计信息真实、及时、可靠等。

我国企业会计核算法规体系包括三部分。

（一）会计法律

会计法律是由全国人民代表大会及其常务委员会制定，以国家主席的命令发布，如《中华人民共和国会计法》。我国已经形成了以会计法为核心较为完整的会计法规体系。

（二）会计行政法规

会计行政法规是由国务院或国务院有关部门制定，如《总会计师条例》《企业会计准则》等。会计准则是反映经济活动、确认产权关系、规范会计核算行为，保证会计信息质量的会计技术标准。它是生成和提供会计信息的重要依据，也是政府调控经济活动、规范经济秩序、引导社会资源合理配置、保护投资者和社会公众利益、开展国际经济交往等的重要手段。

目前，我国已经颁布的会计准则有《企业会计准则》《小企业会计准则》《政府会计准则制度》。

（三）部门规章

部门规章是由财政部或各级财政部门制定，如《会计基础工作规范》《会计档案管理办法》等。

二、企业会计准则

我国企业会计准则体系的框架结构是由基本准则、具体准则和应用指南构成，具体分为三个层次。

（一）第一层次是起统驭作用的基本准则

基本准则是纲，是进行会计核算工作必须共同遵守的基本要求，体现了会计核算的基本规律。基本准则主要规范会计目标、会计基本假设、会计信息质量要求、会计要素的确认和计量原则、财务会计报告基本要求等，是对会计核算要求所作的原则性规定，相当于国际财务报告准则系统中的《编制财务报表的框架》。它具有覆盖面广、概括性强等特点。其作用是指导具体准则的制定和为尚未有具体准则规范的会计实务问题提供处理原则。

（二）第二个层次是具体准则

具体准则是目，根据基本准则的要求制定，主要规范企业发生的具体交易或事项的会计处理，为企业处理会计实务问题提供具体而同一的标准。具体准则由以下三类组成：

1. 一般业务准则

一般业务准则规范了各类企业普遍适用的一般经济业务的确认、计量和披露要求，包括存货、长期股权投资、投资性房地产、固定资产、无形资产、非货币性资产交换、资产减值、职工薪酬、债务重组、或有事项、收入、所得税、会计资产、会计估计变更和差错更正、资产负债表日后事项等。

2. 特殊行业的特定业务准则

特定业务准则规范了特殊行业的特定业务的确认、计量和披露要求，包括生物资产、金融工具确认和计量、金融资产转移、套期保值、石油天然气开采、金融工具列报等。

3. 报告准则

报告准则规范了各类企业通用的财务会计报告，包括财务报表列报、现金流量表、中期财务报告以及合并财务报表每股收益、分布报告、关联方披露等。

（三）第三个层次是会计准则应用指南

会计准则应用指南是补充，是对具体准则的操作指引，由会计准则解释、会计科目和主要账务处理两部分组成，为企业执行会计准则提供操作性规范。

会计准则解释主要对具体准则中的重点、难点和关键点作出解释性规定。

会计科目和主要账务处理主要根据具体准则中涉及确认和计量的要求，规定了162个会计科目及其主要账务处理，基本涵盖了所有企业的各类交易或事项。

2006年我国颁布了《企业会计准则》，包括1个基本准则和38个具体准则，自2007年1月1日起在上市公司执行。2014年以来，对部分具体准则作出修订，同时又新颁布4项准则，具体准则达到42项。

三、小企业会计准则

为了规范小企业会计确认、计量和报告行为，促进小企业可持续发展，发挥小企业在国民经济和社会发展中的重要作用，2011年10月18日，财政部印发《小企业会计准则》，要求符合适用条件的小企业自2013年1月1日起施行，并鼓励提前执行。同时，财政部2004年发布的《小企业会计制度》予以废止。

（一）小企业的确认条件

2011年6月8日工业和信息化部、国家统计局、发展改革委、财政部制定颁布了《中小企业划型标准规定》，将企业划分为大、中、小、微四种类型，还将个体工商户纳入了标准范围，参照执行。

《小企业会计准则》适用于在中华人民共和国境内设立的、符合《中小企业划型标准规定》所规定的小型企业标准的企业，但不包括下列三类小企业：一是股票或债券在市场上公开交易的小企业；二是金融机构或其他具有融资性质的小企业；三是企业集团内的母公司和子公司。

小微企业的标准

（二）小企业会计准则颁布的意义

小企业分布于各行各业，由于规模不大、承受经营风险的能力不强，不稳定、不可持续性特征明显，为此，研究制定符合小企业发展特征、满足小企业会计信息使用者需求的小企业会计准则具有重要意义。小企业会计准则的颁布是我国会计改革的进一步深化，既是市场经济不断发展的必然需要，也是小企业会计信息质量不断提高的要求。

《小企业会计准则》作为我国企业会计准则的重要组成部分，既以国际趋同为努力方向，又立足于我国小企业发展的实际。既保持自身体系完整，又与企业会计准则有序衔接。《小企业会计准则》有利于加强小企业内部管理，促进其又好又快发展；有利于加强小企业税收征管，促进小企业税负公平；有利于加强小企业贷款管理，防范小企业贷款风险。

（三）小企业会计准则的框架结构

基于“内容完整、通俗易懂、便于操作、强化监管”的要求，小企业会计准则体系由小企业会计准则和应用指南两部分组成。小企业会计准则主要规范小企业通常发生的交易或事项的会计处理，为小企业处理会计实务问题提供具体而统一的标准；应用指南规定了66个总账科目和相关明细科目的设置，主要账务处理、财务报表的种类、格式及编制说明，为小企业执行小企业会计准则提供了操作性规范。

2011年颁布的《小企业会计准则》共十章九十条，分为总则、资产、负债、所有者权益、收入、费用、利润、外币业务、财务报表、附则共十章，具体规定了小企业会计确认、计量和报告的全部内容。

四、政府会计准则制度

我国的政府会计标准体系主要由政府会计基本准则、具体准则及应用指南和政府会计制度等组成。

（一）政府会计基本准则

政府会计基本准则用于规范政府会计目标、政府会计主体、政府会计信息质量、政府会计核算基础，以及政府会计要素定义、确认和计量原则、列报要求等原则事项。基本准则指导具体准则和制度的制定，并为政府会计实务问题提供处理原则。2015年10月，财政部印发了《政府会计准则——基本准则》。

（二）政府会计具体准则及应用指南

政府会计具体准则依据基本准则制定，用于规范政府会计主体的经济业务或事项的会计处理原则，详细规定经济业务或事项引起的会计要素变动的确认、计量和报告。应用指南是对具体准则的实际应用作出的操作性规定。2016 年以来，财政部相继出台了存货、投资、固定资产、无形资产、公共基础设施、政府储备物资、会计调整、负债、财务报表编制和列报等具体准则和固定资产准则应用指南等。

（三）政府会计制度

政府会计制度依据基本准则制定，主要规定政府会计科目及账务处理、报表体系及编制说明。2017 年财政部制定出台了《政府会计制度》，2018 年制定发布了行政单位会计制度、事业单位会计制度和 9 个行业事业单位会计制度与《政府会计制度》的衔接规定以及高等学校、医院等 7 个特殊行业执行《政府会计制度》的补充规定，这些衔接规定和补充规定都是政府会计制度的有机组成部分。

此外，为了及时回应和解决政府会计准则制度执行中的问题，进一步补充和完善政府会计标准体系，财政部还适时出台政府会计准则制度解释，以确保准则制度有效实施。2019 年 7 月财政部印发了《政府会计准则制度解释第 1 号》。

政府会计主体应当根据政府会计准则规定的原则和政府会计制度及解释的要求，对其发生的各项经济业务或事项进行会计核算。根据基本准则，政府会计主体主要包括各级政府、各部门、各单位。各级政府指各级政府财政部门，具体负责财政总会计的核算。各部门、各单位是指与本级政府财政部门直接或者间接发生预算拨款关系的国家机关、军队、政党组织、社会团体、事业单位和其他单位。军队、已纳入企业财务管理体系执行企业会计准则或小企业会计准则的事业单位和执行《民间非营利组织会计制度》的社会团体，不执行政府会计准则制度。

第七节 会计工作组织实训

实训目标

通过实训，明确会计工作组织、会计机构、会计人员的基本内容，熟悉会计准则体系，了解会计电算化的有关内容，重点掌握会计档案的相关规定。

重要知识清单
一、会计工作组织
含义：就是根据会计工作的特点，对会计机构的设置、会计人员的配备、会计制度的制定与执行、会计档案管理等工作所做的统筹安排。

续表

重要知识清单
二、会计机构
1. 含义：是指各单位内部直接从事和组织领导会计工作的职能部门。 2. 主管部门：（1）国务院财政部门：主管全国的会计工作；（2）县级以上地方各级人民政府的财政部门：管理本行政区域内的会计工作。 3. 组织形式：集中核算、非集中核算。 4. 岗位设置：综合组、财务组、工资核算组、材料核算组、成本组、销售和利润核算组、资金组等。
三、会计人员
1. 含义：会计机构负责人以及具体从事会计工作的会计师、会计员和出纳员等。 2. 职责：会计核算、会计监督、编制财务预算、考核分析、指定具体办法。 3. 职业道德：敬业爱岗、熟悉法规、依法办事、客观公正、搞好服务、保守秘密。
四、会计档案
1. 含义：单位在进行会计核算等过程中接收或形成的、记录和反映单位经济业务事项的、具有保存价值的文字、图表等各种形式的会计资料。 2. 内容：会计凭证、会计账簿、财务会计报告、其他会计资料、电子会计档案。 3. 保管期限：定期（10 年、30 年）和永久。
五、会计电算化
1. 含义：是指运用电子计算机，把当代电子信息处理技术应用于会计中的简称。 2. 内容：会计核算系统、会计管理系统、会计决策支持系统。
六、会计准则体系
1. 会计法律体系：会计法律、会计行政法规、部门规章。 2. 会计准则体系：（1）企业会计准则：由基本准则、具体准则和应用指南构成；（2）小企业会计准则：由小企业会计准则和应用指南两部分组成；（3）政府会计准则：政府会计基本准则、具体准则及应用指南和政府会计制度等组成。

任务　基础知识训练

一、单项选择题

1.（　　）是由我国人民代表大会制定，是我国会计工作的基本法律与母法。

A. 会计法　　B. 宪法　　C. 企业会计制度　　D. 企业会计准则

2. 档案部门接收保管的会计档案，如需拆封重新整理，应当（　　）。

A. 由原封装人员拆封整理

B. 由财务会计部门拆封整理

C. 由档案部门拆封整理

D. 由档案部门会同财务会计部门和经办人员共同拆封整理

3. 下列资料不属于会计凭证类会计档案的是（ ）。

A. 原始凭证　　B. 汇总凭证　　C. 会计制度　　D. 记账凭证

4. 我国企业会计准则体系不包括（ ）。

A. 基本准则　　B. 具体准则　　C. 应用指南　　D. 小企业会计准则

5. （ ）是职业道德的精髓。

A. 爱岗敬业　　B. 诚实守信　　C. 服务群众　　D. 奉献社会

6. 当年形成的会计档案在会计年度终了后，可暂由财会部门保管（ ）。

A. 1 年　　B. 半年　　C. 2 年　　D. 3 个月

7. 会计凭证、会计账簿的保管期限为（ ）。

A. 15 年　　B. 25 年　　C. 20 年　　D. 30 年

8. 下列各项中，不属于《企业会计准则——基本准则》的主要内容的有（ ）。

A. 会计要素及其确认　　B. 会计基本假设

C. 会计信息质量要求　　D. 经济业务事项披露要求

9. 各单位每年形成的会计档案，都应由本单位（ ）负责整理立卷，装订成册，编制会计档案保管清册。

A. 档案部门　　B. 人事部门　　C. 财务会计部门　　D. 指定专人

10. 我国政府会计标准体系不包括（ ）。

A. 事业单位会计准则　　B. 政府会计基本准则

C. 政府会计制度　　D. 政府会计具体准则及应用指南

二、多项选择题

1. 合理的组织会计工作，应遵循以下哪些基本原则（ ）。

A. 必须符合国家对会计工作的统一要求

B. 必须适应本单位的特点

C. 必须符合精简节约的原则

D. 必须有利于开展群众核算工作

2. 会计机构的组织形式，按照会计分工方式的不同分为（ ）。

A. 集中核算　　B. 独立核算　　C. 非集中核算　　D. 非独立核算

3. 会计人员的职业道德包括（ ）等。

A. 爱岗敬业　　B. 廉洁自律　　C. 客观公正　　D. 提高技能

4. 下列关于会计档案管理的说法，正确的有（ ）。

A. 会计档案一般不得对外借出，必须借出的应当严格按照规定办理相关手续

B. 纸质会计档案移交时应当保持原卷的封装

C. 单位临时保管会计档案期间，出纳人员可以监管会计档案

D. 单位应当定期对已到保管期限的会计档案进行鉴定，形成会计档案鉴定意见书

5. 会计电算化工作的三个基本阶段是（ ）。

A. 会计核算系统　　B. 会计管理系统

C. 会计决策支持系统　　　　　　　　D. 会计记录系统

6. 我国会计核算法规体系包括（　　）。

A. 会计法律　　B. 会计行政法规　　C. 部门规章　　D. 行业规范

7. 下列会计档案属于永久保管的有（　　）。

A. 会计档案保管清册　　　　　　　　B. 会计档案销毁清册

C. 年度财务会计报告及文字分析　　　D. 会计档案移交清册

8. 下列各项中，属于保管期限为10年的会计档案有（　　）。

A. 银行存款余额调节表　　　　　　　B. 中期财务会计报告

C. 银行对账单　　　　　　　　　　　D. 纳税申报表

9. 我国制造企业设置会计工作岗位，一般包括（　　）。

A. 财务主管岗位　　B. 成本会计岗位　　C. 总账会计岗位　　D. 出纳岗位

10. 会计人员的主要职责包括（　　）。

A. 进行会计核算　　　　　　　　　　B. 编制业务计划及财务预算

C. 实行会计监督　　　　　　　　　　D. 制定本单位办理会计事项的具体办法

三、判断题

1. 会计工作的组织，主要是通过设置会计机构，配备会计人员，制定与执行会计规章制度，实施与改进会计工作的技术手段，管理会计档案，进行会计工作与其他经济管理工作间的协调，形成一个高效运行的会计工作体系。（　　）

2. 各单位应根据会计业务的需要设置会计机构，配置专职会计人员。（　　）

3. 会计档案立卷、归档、保管、调阅、销毁必须按照统一会计档案管理制执行。（　　）

4. 在实际工作中，对于未结清的债权债务原始凭证和涉及其他未了事项的原始凭证，保管期满可以销毁。（　　）

5. 单位领导人的直系亲属不得在本单位担任会计机构负责人，同时，会计机构负责人的直系亲属也不得在本单位的会计机构中担任出纳工作。（　　）

6. 目前我国颁布的《企业会计准则》包括1个基本准则和38个具体准则。（　　）

7. 政府会计核算要求预算会计实行收付实现制，财务会计实行权责发生制。（　　）

8. 会计账簿保管期满后，会计人员可以根据会计档案管理办法的规定自行销毁。（　　）

9. 企业的固定资产报废清理后，其对应的固定资产卡片也应同时销毁。（　　）

10. 小企业会计准则体系由小企业会计准则和应用指南组成。（　　）

第十一章

基础会计综合实训

实训目标

本实训按照会计手工核算的基本步骤，以内蒙古新东方有限责任公司2020年12月份的经济业务为例，分环节安排了整个会计循环过程模拟试验操作，设计了从建账、编制记账凭证、登记账簿到编制财务报表全部过程的会计资料，体现了一个综合完整的会计循环过程。

学生通过扮演会计人员，进行仿真实际操作，不仅能掌握会计书写基本规范，而且能更好地领会会计工作的基本技能和方法，从而对企业会计核算全过程有一个比较系统、完整的认识，达到加强对所学会计理论知识的理解、基本方法的运用和基本技能的训练的实训目的，培养学生分析问题、解决问题的能力和动手操作技能。

一、企业基本情况简介

内蒙古新东方有限责任公司成立于2020年6月18日，设有行政办公室、财务科、采购科、生产车间、销售科、仓库管理科等部门，在职职工60人。生产的产品为A产品和B产品。具体资料如下：

企业名称：内蒙古新东方有限责任公司

法人代表：杨明

注册资本：400万元

开户银行、账号：工行海西路支行　6001254006824763

单位信用卡账号：6215590602000669798

纳税人登记号：150103447851339

公司地址、电话：呼和浩特市海西路359号　2860324

二、有关会计制度简介

（1）该企业为增值税一般纳税人，适用的增值税税率为13%，企业所得税税率为25%。

（2）除1 000元以下的费用支出外，所有费用支出、借款支出均需总经理杨明签字。

（3）原材料和库存商品采用实际成本计价。

（4）固定资产采用年限平均法计提折旧。

（5）月末利润结转采用账结法。

（6）年末按净利润的10%计提法定盈余公积，按净利润的5%计提任意盈余公积。

（7）年末按净利润的20%分配利润，计算依据为投资者的出资比例。

（8）该企业采用科目汇总表账务处理程序，每半个月汇总一次。

三、财务机构岗位简介

财务主管：李立，负责财务部门的全面工作，主要工作为审批各类单据，复核记账凭证，编制财务报表，编制企业年度财务工作计划、年度预算。

会计：实习者本人，主要负责开具各类发票，审核原始凭证，编制记账凭证，计算分配工资，进行成本核算，编制科目汇总表，登记明细账、总账，装订会计凭证和账簿。

出纳：张平，主要负责现金收付和银行结算业务，登记现金及银行存款日记账，编制银行存款余额调节表，保管库存现金，保管有关印章、空白收据和空白支票。

四、实训要求

（1）实训要求完全按照会计工作中处理经济业务的程序进行：从建账开始，经过审核原始凭证、编制记账凭证、登记账簿、成本计算、编制科目汇总表、对账、月结、年结、编制财务报表。

（2）处理每项经济业务，必须将依据的原始凭证从实训资料中剪下，附于记账凭证之后。

（3）文字和数字书写、会计凭证填制、错账更正、会计报表编制等必须严格按照财政部印发的《会计人员工作规范》进行。

（4）实训完成之后，应按照要求采用角订法装订凭证，明细账簿加具封面，连同财务报表装入资料袋，归档保管。

（5）实训由指导教师评分，分为优、良、中、及格、不及格，作为实训成绩。

五、实训材料准备

（1）通用记账凭证 50 张，记账凭证封皮 2 张，封头 2 个。

（2）总分类账 1 本，现金日记账 1 本、银行存款日记账 1 本。

（3）三栏式明细账 30 张，数量金额式明细账 4 张，多栏式明细账 12 张，增值税明细账 4 张，明细账封皮 1 对。

（4）科目汇总表 5 张。

（5）资产负债表、利润表各 1 张。

（6）抠取纸红色、蓝色各半张。

（7）档案袋 1 个。

六、开设的会计科目

开设的会计科目如表 11－1 所示。

表 11－1　　会计科目表

序号	编号	会计科目	序号	编号	会计科目
一、资产类			3	1012	其他货币资金
1	1001	库存现金	4	1121	应收票据
2	1002	银行存款	5	1122	应收账款

续表

序号	编号	会计科目	序号	编号	会计科目
6	1123	预付账款	26	4101	盈余公积
7	1221	其他应收款	27	4103	本年利润
8	1402	在途物资	28	4104	利润分配
9	1403	原材料	四、成本类		
10	1405	库存商品	29	5001	生产成本
11	1411	周转材料	30	5101	制造费用
12	1601	固定资产	五、损益类		
13	1602	累计折旧	31	6001	主营业务收入
14	1701	无形资产	32	6051	其他业务收入
二、负债类			33	6111	投资收益
15	2001	短期借款	34	6113	资产处置损益
16	2201	应付票据	35	6301	营业外收入
17	2202	应付账款	36	6401	主营业务成本
18	2203	预收账款	37	6402	其他业务成本
19	2211	应付职工薪酬	38	6403	税金及附加
20	2221	应交税费	39	6601	销售费用
21	2231	应付利息	40	6602	管理费用
22	2232	应付利润	41	6603	财务费用
23	2501	长期借款	42	6701	资产减值损失
三、所有者权益类			43	6702	信用减值损失
24	4001	实收资本	44	6711	营业外支出
25	4002	资本公积	45	6801	所得税费用

七、经济业务核算

业务一　2020 年 11 月 30 日，内蒙古新东方有限责任公司账户余额资料如表 11－2～表 11－5 所示。

表 11－2　　总分类账户累计发生额和 11 月月末余额表　　单位：元

账户名称	2020 年 6～11 月发生额		2020 年 11 月月末余额	
	借方	贷方	借方	贷方
库存现金	75 000.00	70 800.00	4 200.00	—
银行存款	6 416 800.00	5 578 481.38	838 318.62	—
其他货币资金	200 000.00	—	200 000.00	—
应收票据	565 000.00	226 000.00	339 000.00	—
应收账款	898 900.00	507 640.00	391 260.00	—
原材料	1 553 000.00	1 276 800.00	276 200.00	—
库存商品	2 288 000.00	1 946 300.00	341 700.00	—
周转材料	50 000.00	5 098.00	44 902.00	—
生产成本	2 288 000.00	2 288 000.00	—	—
制造费用	244 680.00	244 680.00	—	—
固定资产	3 560 000.00	—	3 560 000.00	—
累计折旧	—	68 750.00	—	68 750.00
无形资产	300 000.00	—	300 000.00	—
应付账款	252 196.00	397 098.00	—	144 902.00
应付职工薪酬	1 184 480.00	1 480 600.00	—	296 120.00
应交税费	641 491.38	689 300.00	—	47 808.62
长期借款	—	1 000 000.00	—	1 000 000.00
实收资本	—	4 000 000.00	—	4 000 000.00
本年利润	2 672 000.00	3 410 000.00	—	738 000.00
主营业务收入	3 410 000.00	3 410 000.00	—	—
主营业务成本	1 946 300.00	1 946 300.00	—	—
销售费用	155 900.00	155 900.00	—	—
管理费用	288 600.00	288 600.00	—	—
财务费用	35 200.00	35 200.00	—	—
所得税费用	246 000.00	246 000.00	—	—
合　　计	**29 271 547.38**	**29 271 547.38**	**6 295 580.62**	**6 295 580.62**

表 11－3　部分明细分类账户累计发生额和11月月末余额表　单位：元

明细账户名称	2020年6～11月发生额		2020年11月月末余额	
	借方	贷方	借方	贷方
其他货币资金——信用卡存款	200 000.00	—	200 000.00	—
应收票据——内蒙古华天建筑工程公司	339 000.00	—	339 000.00	—
应收账款——内蒙古锦达园林有限公司	391 260.00	—	391 260.00	—
周转材料——包装物	50 000.00	5 098.00	44 902.00	—
固定资产——机器	340 000.00	—	340 000.00	—
——电脑	50 000.00	—	50 000.00	—
——厂房	1 000 000.00	—	1 000 000.00	—
——办公楼	1 750 000.00	—	1 750 000.00	—
——货车	180 000.00	—	180 000.00	—
——轿车	240 000.00	—	240 000.00	—
无形资产——非专利技术	300 000.00	—	300 000.00	—
应付账款——内蒙古恒大有限责任公司	62 549.00	198 549.00	—	144 902.00
应付职工薪酬——工资	1 184 480.00	1 480 600.00	—	296 120.00
应交税费——应交增值税	444 691.38	443 300.00	1 391.38	—
应交税费——应交所得税	196 800.00	246 000.00	—	49 200.00
长期借款——建行车站西街支行	—	1 000 000.00	—	1 000 000.00
实收资本——杨明	—	4 000 000.00	—	4 000 000.00
本年利润（净利润）	3 410 000.00	2 672 000.00	—	738 000.00

表 11－4　　明细分类账户累计发生额和11月月末余额表

计量单位：kg/件　　金额单位：元

明细账户名称	收入			付出			结存		
	数量	单价	金额	数量	单价	金额	数量	单价	金额
甲材料	4 500	114.00	513 000.00	3700	114.00	421 800.00	800	114.00	91 200.00
乙材料	8 000	70.00	560 000.00	6500	70.00	455 000.00	1 500	70.00	105 000.00
丙材料	3 000	160.00	480 000.00	2500	160.00	400 000.00	500	160.00	80 000.00
A 产品	3 200	354.00	1 132 800.00	2750	354.00	973 500.00	450	354.00	159 300.00
B 产品	3 800	304.00	1 155 200.00	3200	304.00	972 800.00	600	304.00	182 400.00

表 11－5　　明细分类账户6月～11月累计发生额汇总表

明细账户	具体项目				合计
生产成本——A 产品	直接材料	549 400.00	直接人工	453 120.00	1 132 800.00
	制造费用	130 280.00			
生产成本——B 产品	直接材料	620 300.00	直接人工	420 500.00	1 155 200.00
	制造费用	114 400.00			
制造费用	机物料消耗	5 098.00	水电费	26 804.00	244 680.00
	办公费	1 280.00	差旅费	25 200.00	
	折旧费	37 000.00	职工薪酬	136 000.00	
	保险费	9 690.00	劳保费	3 608.00	
管理费用	办公费	4 400.00	差旅费	18 765.00	288 600.00
	保险费	12 480.00	业务招待费	6 650.00	
	折旧费	25 750.00	职工薪酬	183 750.00	
	水电费	825.00	开办费	35 980.00	
销售费用	广告费	20 000.00	办公费	818.00	155 900.00
	折旧费	9 000.00	职工薪酬	119 582.00	
	水电费	480.00	差旅费	6 020.00	
财务费用	利息	35 000.00	手续费	200.00	35 200.00
主营业务收入	A 产品	1 650 000.00	B 产品	1 760 000.00	3 410 000.00
主营业务成本	A 产品	973 500.00	B 产品	972 800.00	1 946 300.00

业务二　2020 年 12 月，内蒙古新东方有限责任公司发生以下经济业务。

(1) 12 月 1 日，生产车间领用原材料用于产品生产（见表 11－6 和表 11－7）。

表 11－6

领　料　单

领料单位：生产车间　　2020 年 12 月 1 日　　编号：12006

用途	甲材料			乙材料			合计
	数量	单位成本	金额	数量	单位成本	金额	
生产 A 产品	500kg	114.00	57 000.00				57 000.00
生产 B 产品				800kg	70.00	56 000.00	56 000.00
合　计	500kg		57 000.00	800kg		56 000.00	113 000.00

仓库主管：王凯　　领料：赵晓峰　　发料：李明　　制单：李明

第二联：财务科记账

表 11－7

领　料　单

领料单位：生产车间　　2020 年 12 月 1 日　　编号：120103

用途	丙材料				备注
	请领数量	实发数量	单位成本	金额	
生产 A 产品	150kg	150kg	160.00	24 000.00	
生产 B 产品	100kg	100kg	160.00	16 000.00	
合　计	250kg	250kg		40 000.00	

仓库主管：王凯　　领料：赵晓峰　　发料：李明　　制单：李明

第二联：财务科记账

（2）12 月 2 日，办公司职员乔泽芳交纳公司有线电视网络费 848 元，出纳以现金支付（见表 11－8 和表 11－9）。

表 11－8

1150060321　　　　**内蒙古增值税专用发票**　　　　№ 01490750

发票联　　　　开票日期：2020 年 12 月 2 日

（印章：全国统一发票监制章 内蒙古 国家税务局监制）

购货方	名　　　称：内蒙古新东方有限责任公司 纳税人识别号：150103447851339 地 址 、电 话：呼和浩特市海西路 359 号 2860324 开户行及账号：工行海西路支行 6001254006824763			密码区	948273/1 ＊ ＜16 －7 ＊ ＜67 ＋64829 －6248 ＜＞0 ＊ 48921 ＊ 0798 ＋ ＞＞ 7896 ＋8 ＊4 34561 358 ＜＜ ＋ ＊65265865　＋81682		
货物或应税劳务、服务名称	规格型号	单位	数量	单价	金额	税率	税额
＊网络服务＊增值电视服务		年	1	800.00	800.00	6%	48.00
合　计					¥800.00		¥48.00
价税合计（大写）	⊗捌佰肆拾捌元整				（小写）¥848.00		
销货方	名　　　称：内蒙古广播电视网络集团有限公司 纳税人识别号：150345478820561 地 址 、电 话：成吉思汗大街 286 号 5326001 开户行及账号：中行成吉思汗大街支行 216964142923			备注	（印章：内蒙古广播电视网络集团有限公司 150345478820561 发票专用章）		

收款人：张杰　　　　复核：　　　　开票人：赵晓梅　　　　销货方：（章）

第三联 发票联 购货单位记账凭证

表 11－9

报　销　单

2020 年 12 月 2 日

丌支内容	有线电视网络费　　现金付讫	
报销金额	（大写）捌佰肆拾捌元整　　（小写）¥ 848.00	
部门经办人： 办公室行政助理乔泽芳	财务负责人审批： 李立	
部门负责人审批： 刘嘉明	上级主管审批：总经理	
备注		

会计：　　　　审核：　　　　出纳：张平

附单据　张

（3）12月3日，从恒大公司购入甲、乙材料（见表11－10～表11－12）。

表11－10

1100145806　　**内蒙古自治区增值税专用发票**　　№ 0024963

发票联　　开票日期：2020年12月3日

购货单位	名　　称：内蒙古新东方有限责任公司 纳税人识别号：150103447851339 地 址 、电 话：呼和浩特市海西路359号2860324 开户行及账号：工行海西路支行6001254006824763			密码区	2254456 << 67 + 64298 － 6248 <> 加密版本： ＊489232＊0987 + >> ++8＊4 3400023561 293 << + ＊23565586　004602103		
货物或应税劳务名称	规格型号	单位	数量	单价	金额	税率	税额
甲材料	001	千克	500	114.00	57 000.00	13%	7 410.00
乙材料	002	千克	900	70.00	63 000.00	13%	8 190.00
合　计					￥120 000.00		￥15 600.00
价税合计（大写）	⊗壹拾叁万伍仟陆佰元整				（小写）￥135 600.00		
销货单位	名　　称：内蒙古恒大有限责任公司 纳税人识别号：150102544582365 地 址 、电 话：呼和浩特市昭君路535号6250161 开户行及账号：工行昭君支行100241365122			备注	内蒙古恒大有限责任公司 150102544582365 发票专用章		

第三联　发票联　购货方记账凭证

收款人：孙玲　　复核：赵哲　　开票人：李英　　销货单位：（章）

表11－11

中国工商银行
转账支票存根
支票号码：Ⅳ V15461510
附加信息＿＿＿＿＿＿

出票日期2020年12月3日

收款人：恒大公司	
金额：￥135 600.00	
用途：购买材料	

单位主管　　会计

中国工商银行 转账支票　　支票号：Ⅳ V15461510

出票日期（大写）贰零贰零年壹拾贰月零叁日 付款行名称：工行海西路支行

收款人：内蒙古恒大有限责任公司　　出票人账号：6001254006824763

人民币（大写）	千	百	十	万	千	百	十	元	角	分
壹拾叁万伍仟陆佰元整		￥	1	3	5	6	0	0	0	0

本支票付款期十天

用途：购买材料
上列款项请从
我账户内支付
出票人签章　　杨明

内蒙古新东方有限责任公司 财务专用章

科目（借）＿＿＿＿＿
对方科目（贷）＿＿＿＿＿
转账日期　年　月　日
复核　　记账

表 11－12　　**材料入库单**

类别：原料及主要材料

供应单位：恒大公司　　2020 年 12 月 3 日　　验收单编号：05

品名	规格	单位	数量		实际成本			
			应收数	实收数	单价	金额	运杂费	合计
甲材料	001	kg	500	500	114.00	57 000.00		57 000.00
乙材料	002	kg	900	900	70.00	63 000.00		63 000.00
合计				1 400				120 000.00

第二联：财务科记账

仓库主管：王凯　　验收保管：李明　　采购：赵强　　制单：李明

（4）12 月 4 日，出纳提取现金（见表 11－13）。

表 11－13

中国工商银行
现金支票存根
支票号码：Ⅳ Ⅱ56983005
附加信息＿＿＿＿＿＿

出票日期2020 年 12 月 04 日

收款人：新东方公司	
金额：￥5 000.00	
用途：备用金	

单位主管　　会计

中国工商银行 现金支票　　支票号：Ⅳ Ⅱ56983005

出票日期（大写）贰零贰零年壹拾贰月零肆日 付款行名称：工行海西路支行

收款人：内蒙古新东方有限责任公司　　出票人账号：6001254006824763

人民币（大写）	伍仟元整	千	百	十	万	千	百	十	元	角	分
					¥	5	0	0	0	0	0

本支票付款期十天

用途：备用金
上列款项请从
我账户内支付
出票人签章

杨明

内蒙古新东方有限责任公司 财务专用章

科目（借）＿＿＿＿＿＿
对方科目（贷）＿＿＿＿＿＿
付讫日期　年　月　日
复核　　记账
出纳

（5）12 月 5 日，支付广告费（见表 11－14 和表 11－15）。

表 11－14

12100180304　　**内蒙古自治区增值税专用发票**　　№ 07931040

发票联　　开票日期：2020 年 12 月 5 日

购货单位	名　　称：内蒙古新东方有限责任公司 纳税人识别号：150103447851339 地 址 、电 话：呼和浩特市海西路 359 号 2860324 开户行及账号：工行海西路支行 6001254006824763	密码区	+10 －32 <25 ∗6 <67 +64298 －6248 <> 加密版本：∗489232 ∗0987 + >> + +8 ∗4 3400023561 293 << + ∗23565586 004602103/6225 <445 ∗

货物或应税劳务名称	规格型号	单位	数量	单价	金额	税率	税额
∗印刷品∗设计制作	210∗28	份	1 000	5.00	5 000.00	9%	450.00
合　计					￥5 000.00		￥450.00
价税合计（大写）	⊗伍仟肆佰伍拾元整					（小写）	￥5 450.00

销货单位	名　　称：内蒙古方圆广告设计公司 纳税人识别号：9221080092145D 地 址 、电 话：呼和浩特市车站西街 12 号 2833815 开户行及账号：交行车站支行 21100241365122	备注	内蒙古方圆广告设计公司 9221080092145D 发票专用章

收款人：张可欣　　复核：　　开票人：张岚　　销货单位：（章）

第三联　发票联　购货方记账凭证

表 11－15

中国工商银行
现金支票存根
支票号码：Ⅳ Ⅴ15461511
附加信息________________

出票日期 2020 年 12 月 5 日

收款人：方圆广告公司
金额：￥5 450.00
用途：支付广告费

单位主管　　会计

中国工商银行 现金支票　　支票号：Ⅳ Ⅴ 15461511

出票日期（大写）贰零贰零年壹拾贰月零伍日 付款行名称：工行海西路支行

收款人：内蒙古方圆广告设计公司　　出票人账号：6001254006824763

人民币（大写）	千	百	十	万	千	百	十	元	角	分
伍仟肆佰伍拾元整				￥	5	4	5	0	0	0

本支票付款期十天

用途：支付广告费
上列款项请从
我账户内支付
出票人签章　　杨明

科目（借）__________
对方科目（贷）__________
付讫日期　年　月　日
复核　　记账
出纳

（6）12月6日，收到长岭有限责任公司的投资款（见表11－16）。（股权增资协议书为复印件）

股权增资协议书

甲方：包头市长岭有限责任公司　　　　乙方：内蒙古新东方有限责任公司

法定代表人：周文杰　　　　法定代表人：杨明

本协议由甲、乙双方于2020年12月5日在呼和浩特市订立，双方依据《中华人民共和国公司法》及其他相关法律、法规的规定，经过友好协商，达成协议内容如下。

第一条　公司的名称、住所及组织形式

……

第二条　公司股东

……

第三条　公司宗旨与经营范围

……

第四条　股东出资

……

长岭有限责任公司出资额：人民币壹佰伍拾万元整，（小写）￥1 500 000.00（其中壹佰万元增加公司的注册资本，剩余伍拾万元转入资本公积），占公司注册资本的20%。

……

本协议一式两份，具有相同法律效力。双方当事人各执一份，其他用于履行相关法律手续。

甲方（签字）包头市长岭有限责任公司　　　　乙方（签字）内蒙古新东方有限责任公司

法定代表人：周文杰　　　　法定代表人：杨明

2020年12月5日　　　　2020年12月5日

表 11－16　　　　　　　　　　中国工商银行进账单　（收账通知）3

2020 年 12 月 6 日

出票人	全　称	包头市长岭有限责任公司	收款人	全　　称	内蒙古新东方有限责任公司								
	账　号	32126032095533		账　　号	6001254006824763								
	开户银行	中行哲里木路支行		开户银行	工行海西路支行								
人民币（大写）　壹佰伍拾万元整					千	百	十	万	千	百	十	元	角	分
					¥	1	5	0	0	0	0	0	0	0
票据种类	转账支票	票据张数	1 张	中国工商银行内蒙古分行 海西路支行 2020.12.06 业务章　　收款人开户行盖章									
票据号码	VVI52302245												
复核		记账											

此联是收款人开户行给收款人的收账通知

（7）12 月 7 日，采购员周昆购买办公用品，出纳以现金支付（见表 11－17～表 11－19）。

表 11－17

6600145806　　　　内蒙古增值税专用发票　　　　№ 0085614

发票联　　　　开票日期：2020 年 12 月 7 日

（全国统一发票监制章 内蒙古 国家税务局监制）

购货方	名　　　称：内蒙古新东方有限责任公司 纳税人识别号：150103447851339 地 址 、电 话：呼和浩特市海西路 359 号 2860324 开户行及账号：工行海西路支行 6001254006824763				密码区	273489 << 67 + 64829 － 6248 <> 加密版本：0 * 48921 * 0798 + >> 7896 + 8 * 4 34561 358 << + * 65265865　0046752		
货物或应税劳务、服务名称	规格型号	单位	数量	单价	金额	税率	税额	
惠普硒鼓		个	5	100.00	500.00	13%	65.00	
CASIO 计算器		个	4	50.00	200.00	13%	26.00	
* 文具 * 中性笔		支	100	1.7	170.00	13%	22.10	
合　计					¥870.00		¥113.10	
价税合计（大写）	⊗玖佰捌拾叁元壹角整			（小写）¥983.10				
销货方	名　　　称：新源文化用品有限责任公司 纳税人识别号：610498352647816 地 址 、电 话：兴安北路 35 号　6257549 开户行及账号：建行兴安北路支行				备注	新源文化用品有限责任公司 610498352647816 发票专用章		

收款人：李欣　　　　复核：　　　　开票人：王永民　　　　销货方：（章）

第三联　发票联　购货方记账凭证

表 11－18

报　销　单

2020 年 12 月 7 日

开支内容	购买办公用品　现金付讫	
报销金额	（大写）玖佰捌拾叁元壹角整	（小写）¥ 983.10
部门经办人：采购科采购员周昆		财务负责人审批：李立
部门负责人审批：同意报销　张黎		上级部门负责人审批：总经理
备注		

附件　张

会计：　　审核：　　出纳：张平

表 11－19

办公用品领用表

2020 年 12 月 7 日

领用部门	办公用品种类	领用数量	金额	合计	领用人签字
生产车间	惠普硒鼓	1 个	100.00	184.00	赵晓峰
	CASIO 计算器	1 个	50.00		
	中性笔	20 支	34.00		
办公室	惠普硒鼓	2 个	200.00	268.00	刘嘉明
	中性笔	40 支	68.00		
财务科	惠普硒鼓	1 个	100.00	234.00	张平
	CASIO 计算器	2 个	100.00		
	中性笔	20 支	34.00		
销售科	惠普硒鼓	1 个	100.00	184.00	于洋
	CASIO 计算器	1 个	50.00		
	中性笔	20 支	34.00		

制表人：　　审核：

（8）出纳通过电汇方式支付2020年冬季取暖费（见表11－20～表11－22）。

表11－20

6616140531　　　**内蒙古增值税专用发票**　　　№ 38431857

内蒙古

发票联

开票日期：2020年12月8日

购货方	名　　称：内蒙古新东方有限责任公司 纳税人识别号：150103447851339 地 址 、电 话：呼和浩特市海西路359号2860324 开户行及账号：工行海西路支行6001254006824763					密码区	89＋56＜＜66487＋29－6248＜＞加密版本：0＊48921＊0798＋＞＞7896＋8＊4 34561 358＜＜＋＊97781＋//6526//5865		
货物或应税劳务、服务名称		规格型号	单位	数量	单价	金额		税率	税额
供热费		2020－2021	平方米	500	27.688	13 844.00		9%	1 245.96
合　计						￥13 844.00			￥1 245.96
价税合计（大写）		⊗壹万伍仟零捌拾玖元玖角陆分					（小写）￥15 089.96		
销货方	名　　称：呼和浩特城发供热有限责任公司 纳税人识别号：911501003632488M 地 址 、电 话：内蒙古呼和浩特赛罕区35号5103473 开户行及账号：光大银行呼市丰州路支行5019018800012509					备注	房间编号3520－008_01 缴费方式：电汇 呼和浩特城发供热有限责任公司 911501003632488M 发票专用章		

收款人：曲歌　　复核：　　开票人：张静　　销货方：（章）

第三联　发票联　购货方记账凭证

表11－21

中国工商银行电汇凭证（回单）1

2020年12月8日

付款人	全　称	内蒙古新东方有限责任公司			收款人	全　　称	呼和浩特城发供热有限责任公司	
	账　号	6001254006824763				账　　号	5019018800012509	
	汇出地点	内蒙古呼市	汇出行名称	工行海西路支行		汇入地点	内蒙古呼市	汇入行名称：光大银行丰州路支行
金额	人民币（大写）　壹万伍仟零捌拾玖元玖角陆分						千百十万千百十元角分	￥1 5 0 8 9 9 6
汇款用途：支付供热费					汇出行盖章		中国工商银行内蒙古分行 海西路支行 2020.12.08 业务章 2020年12月8日	
单位主管　　会计　　复核　　记账								

此联汇出行给汇款人的回单

表 11－22

供热费分配表

2020 年 12 月 8 日　　　　单位：元

部门、项目	应借记科目	供热费		应分配额
		数量	单价（元）	
生产车间	制造费用——水电暖费	125 米^2		3 461.00
管理部门	管理费用——水电暖费	275 米^2		7 614.20
销售科	销售费用——水电暖费	100 米^2		2 768.80
合　计		500 米^2	27.688	13 844.00

制表：　　　　审核：李立

（9）12 月 8 日，按照购销合同向华天建筑工程公司销售 A 产品、B 产品，收到一张商业承兑汇票（见表 11－23～表 11－25）。（商业承兑汇票为复印件）

表 11－23

0120018304　　**内蒙古增值税专用发票**　　№ 14522440

记账联　　开票日期：2020 年 12 月 8 日

购货方	名　　称：内蒙古华天建筑工程公司 纳税人识别号：150102443715853 地 址 、电 话：呼和浩特市赛罕区 23 号 4950323 开户行及账号：中行兴安南路支行 500103598741	密码区	27—54496 << 67 + 64829 － 6248 < > 加密版本：090— + 89 > ＊8 ＊483292 ＊0798 + >> 7896 + 8 ＊ 4 34561 9 << + ＊655865　7329　> 004626

货物或应税劳务、服务名称	规格型号	单位	数量	单价	金额	税率	税额
A 产品	2050#	件	300	600.00	180 000.00	13%	23 400.00
B 产品	2045#	件	320	550.00	176 000.00	13%	22 880.00
合　计					￥356 000.00		￥46 280.00
价税合计（大写）	⊗肆拾万贰仟贰佰捌拾元整				（小写）￥402 280.00		

销货方	名　　称：内蒙古新东方有限责任公司 纳税人识别号：150103447851339 地 址 、电 话：呼和浩特市海西路 359 号 2860324 开户行及账号：工行海西路支行 6001254006824763	备注	内蒙古新东方有限责任公司 150103447851339 发票专用章

收款人：　　复核：李立　　开票人：　　销货方：（章）

第一联　记账联　销货单位记账凭证

表 11－24　　　　产品销售单

购货单位：内蒙古华天建筑工程公司　　2020 年 12 月 8 日　　单据编号：001

产品名称	货号规格	单 位	单 价	数 量	金 额	备 注
A 产品	2050#	件	600.00	300	180 000.00	不含税价
B 产品	2045#	件	550.00	320	176 000.00	不含税价
合计	人民币（大写）叁拾伍万陆仟元整				（小写）￥356 000.00	

第三联　财务联

销售经理：郑宏　　经手人：李波　　会计：　　签收人：高飞

表 11－25　　　　商业承兑汇票　2

出票日期 贰零贰零年壹拾贰月零捌日　　第 0235 号

付款人	全　称	内蒙古华天建筑工程公司	收款人	全　称	内蒙古新东方有限责任公司	
	账　号	500103598741		账　号	6001254006824763	
	开户银行	中行兴安南路支行		开户银行	工行海西路支行	
出票金额	人民币（大写）	肆拾万贰仟贰佰捌拾元整			千百十万千百十元角分	￥40228000 0
汇票到期日	贰零贰壹年 零叁月零捌日		交易合同号码		2020112501#	
本汇票已经承兑，到期无条件支付票款 （内蒙古华天建筑工程公司 财务专用章）（郭群） 承兑人签章 承兑日期 2020 年 12 月 8 日			本汇票请予以承兑到期日付款 （内蒙古华天建筑工程公司 财务专用章）（郭群） 出票人签章			

（10）12 月 9 日，采购员赵强、车间主任刘洋报销差旅费（具体车票、会议费、住宿费单据略，费用各分摊 50%），出纳开出现金支票支付（见表 11－26 和表 11－27）。

表 11－26　　　　差旅费报销单

单位：采购科、生产车间　　　　2020 年 12 月 9 日　　　　出差人员：赵强、刘洋

出发			到达			交通		其他费用	
月	日	地点	月	日	地点	工具	金额	项目	金额
12	3	呼和浩特	12	4	太原	火车	300.00	会议费	4 200.00
12	7	太原	12	8	呼和浩特	火车	310.00	住宿费	2 140.00
								市内交通费	600.00
						小计	610.00	出差补助	960.00
报销金额人民币（大写）：捌仟伍佰壹拾元整　　（小写）￥8 510.00									

附件 7 张

总经理：杨明　　财务主管：李立　　出纳：张平　　经办人：赵强

表 11－27

中国工商银行
现金支票存根
支票号码：Ⅳ Ⅱ56983006
附加信息＿＿＿＿＿＿＿＿

出票日期 2020 年 12 月 9 日

收款人：新东方公司	
金额：￥8 510.00	
用途：备用金	

单位主管　　会计

中国工商银行 转账支票　　支票号：Ⅳ Ⅱ56983006

出票日期（大写）贰零贰零年壹拾贰月零玖日 付款行名称：工行海西路支行

收款人：内蒙古新东方有限责任公司　　出票人账号：6001254006824763

人民币（大写）	千	百	十	万	千	百	十	元	角	分
捌仟伍元壹拾元整				￥	8	5	1	0	0	0

本支票付款期十天

用途：备用金
上列款项请从
我账户内支付
出票人签章　杨明

科目（借）＿＿＿＿
对方科目（贷）＿＿＿＿
转账日期　年　月　日
复核　　记账

内蒙古新东方有限责任公司 财务专用章

（11）12 月 10 日，办公室乔泽芳报销业务招待费，出纳以现金支付（见表 11－28～表 11－30）。

表 11－28

6616140658　　**内蒙古增值税专用发票**　　№ 38431857

发票联　　开票日期：2020 年 12 月 9 日

购货方	名　　称：内蒙古新东方有限责任公司 纳税人识别号：150103447851339 地 址 、电 话：呼和浩特市海西路 359 号 2860324 开户行及账号：工行海西路支行 6001254006824763					密码区	＊54＋48＊89<<67＋64829－6248 <>加密版本：0＊48921＊0798＋ >>6＋8＊4 345//61－789 83 00467525＜＋＊86565265	
货物或应税劳务、服务名称		规格型号	单位	数量	单价	金额	税率	税额
＊餐饮服务＊餐费				1	1 650.00	1 650.00	6%	99.00
合　计						￥1 650.00		￥99.00
价税合计（大写）		⊗壹仟柒佰肆拾玖元整				（小写）￥1 749.00		
销货方	名　　称：内蒙古西贝餐饮有限责任公司 纳税人识别号：9115000024883633 地 址 、电 话：内蒙古呼和浩特回民区 197 号　4869800 开户行及账号：建行呼市成吉思汗支行 26105510170059					备注	缴费方式：POS 刷卡 （印章：内蒙古西贝餐饮有限责任公司 9115000024883633 发票专用章）	

收款人：王勇　　复核：　　开票人：李峰　　销货方：（章）

第三联　发票联　购货方记账凭证

表 11－29　　**中国建设银行**

持卡人存根（CARD HOLDER COPY）
POS 签购单（POS SALES SLIP）
商户名称：内蒙古西贝餐饮有限责任公司
商户编号：9115000024883633
终端号：DA005243
卡号：
628366＊＊＊＊＊8532/C
交易类型：消费/C
日期时间：2020/12/09　21：35：22
金额：RMB 1749.00
持卡人签字：乔泽芳
备注：（PEFERENCE）

表 11－30

报 销 单

2020 年 12 月 10 日

开支内容	业务招待费 现金付讫		
报销金额	（大写）壹仟柒佰肆拾玖元整	（小写）￥1 749.00	
部门经办人： 办公室行政助理乔泽芳		财务负责人审批： 李立	
部门负责人审批： 刘嘉明		上级主管审批：总经理 同意报销 杨明	
备注			

附单据 张

会计： 审核：李立 出纳：张平

（12）12 月 12 日收到银行转来的收账通知，锦达公司归还前欠款（见表 11－31）。

表 11－31

中国工商银行进账单（收账通知）3

2020 年 12 月 9 日

出票人	全称	内蒙古锦达园林有限公司	收款人	全称	内蒙古新东方有限责任公司									
	账号	1501027158435430		账号	6001254006824763									
	开户银行	中行昭乌达路支行		开户银行	工行海西路支行									
人民币（大写）	叁拾玖万壹仟贰佰陆拾元整				千	百	十	万	千	百	十	元	角	分
						￥	3	9	1	2	6	0	0	0
票据种类	转账支票	票据张数	1 张	中国工商银行内蒙古分行 海西路支行 2020.12.09 业务章	收款人开户行盖章									
票据号码	I IX11852376													
复核		记账												

此联是收款人开户行给收款人的收账通知

（13）12 月 13 日，打印银行发放工资的通知单（见表 11－32）。

表 11－32　　中国工商银行付款凭证　（借记通知）

柜员流水号：985013000001　　交易日期 2020/12/12

<table>
<tr><td colspan="2">付款单位名称：内蒙古新东方有限责任公司</td><td>收款单位名称：个人代收代付业务</td></tr>
<tr><td colspan="2">付款银行：工行海西路支行</td><td>收款银行：</td></tr>
<tr><td colspan="2">付款单位账号：6001254006824763</td><td>收款单位账号：</td></tr>
<tr><td colspan="2">大写金额：人民币贰拾玖万陆仟壹佰贰拾元整</td><td>金额：¥296 120.00</td></tr>
<tr><td>交易名称：代发代扣业务</td><td>摘要：工资</td><td>起息日：2020/12/12</td></tr>
<tr><td colspan="2">单位银行预留印鉴</td><td>代理银行签章</td></tr>
<tr><td colspan="2">内蒙古新东方有限责任公司 财务专用章　杨明</td><td>中国工商银行内蒙古分行 海西路支行 2020.12.12 业务章</td></tr>
</table>

打印时间：2020－12－13　9：50：21

（14）12 月 14 日，生产车间领用材料用于产品生产（见表 11－33）。

表 11－33　　领　料　单

领料单位：生产车间

计量单位：kg　　2020 年 12 月 14 日　　编号：12007

用途	甲材料			乙材料			合计
	数量	单位成本	金额	数量	单位成本	金额	
生产 A 产品	220	114.00	25 080.00				25 080.00
生产 B 产品				560	70.00	39 200.00	39 200.00
合　计	220		25 080.00	560		39 200.00	64 280.00

第二联：财务科记账

仓库主管：王凯　　领料：赵晓峰　　发料：李明　　制单：李明

（15）12 月 15 日，向锦达园林设计公司销售，收到银行承兑汇票（银行承兑汇票为复印件），本月 15 日 A 产品、B 产品均完工 400 件已入库（见表 11－34～表 11－36）。

表 11－34

0120018305　　**内蒙古增值税专用发票**　　№ 14522441

记账联　　开票日期：2020 年 12 月 15 日

购货方	名　　称：内蒙古锦达园林设计公司 纳税人识别号：150102715843543 3 地 址 、电 话：呼和浩特市玉泉区 26 号 3650233 开户行及账号：中行昭乌达路支行 620001582688741	密码区	3482796＜＜67＋64829－6248＜＞ 加密版本：0 ＊483292＊0798＋＞＞7896＋8＊ 4 34561 9＜＜＋＊65265865　00446752

货物或应税劳务、服务名称	规格型号	单位	数量	单价	金额	税率	税额
A 产品	2050#	件	320	600.00	192 000.00	13%	24 960.00
B 产品	2045#	件	400	550.00	220 000.00	13%	28 600.00
合　计					￥412 000.00		￥53 560.00
价税合计（大写）	⊗肆拾陆万伍仟伍佰陆拾元整				（小写）￥465 560.00		

销货方	名　　称：内蒙古新东方有限责任公司 纳税人识别号：150103447851339 地 址 、电 话：呼和浩特市海西路 359 号 2860324 开户行及账号：工行海西路支行 6001254006824763	备注	*（印章：内蒙古新东方有限责任公司 150103447851339 发票专用章）*

收款人：　　复核：李立　　开票人：　　销货方：（章）

第一联　记账联　销货单位记账凭证

表 11－35

产品销售单

购货单位：内蒙古锦达园林设计公司　　2020 年 12 月 15 日　　单据编号：002

产品名称	货号规格	单 位	单 价	数 量	金 额	备 注
A 产品	2050#	件	600.00	320	192 000.00	不含税价
B 产品	2045#	件	550.00	400	220 000.00	不含税价
合计　人民币（大写）肆拾壹万贰仟元整					（小写）￥412 000.00	

销售经理：郑宏　　经手人：李波　　会计：　　签收人：高飞

第三联　财务联

表 11－36

银行承兑汇票　2

（大写）贰零贰零年壹拾贰月壹拾伍日　　　　第 0523 号

出票人全称	内蒙古锦达园林设计公司		收款人	全　称	内蒙古新东方有限责任公司
出票人账号	620001582688741			账　号	6001254006824763
付款行全称	中行昭乌达路支行	行号 230507		开户银行	工行海西路支行
汇票金额	人民币（大写）	肆拾陆万伍仟伍佰陆拾元整		千 百 十 万 千 百 十 元 角 分	¥ 4 6 5 5 6 0 0 0
汇票到期日	贰零贰壹年零贰月拾伍日			承兑协议编号	20201215016
本汇票请你行承兑，到期无条件付款 内蒙古锦达园林设计公司 财务专用章　张鑫 出票人签章 2020 年 12 月 15 日		本汇票已经承兑，到期日由本行付款 中国银行 汇票专用 230507　李佳 承兑行签章 承兑日期 2020 年 12 月 15 日		科目（借） 对方科目（贷） 转账　年　月　日 复核　记账	

此联持票人开户行随委托收款凭证寄付款人开户行

（16）12 月 15 日，车间管理员赵晓峰购买生产工人冬季劳保用品，出纳开出现金支票支付（见表 11－37～表 11－40）。

表 11－37

0661165840　　**内蒙古增值税专用发票**　　№ 38431857

发票联

开票日期：2020 年 12 月 15 日

购货方	名　　称：内蒙古新东方有限责任公司 纳税人识别号：150103447851339 地 址 、电 话：呼和浩特市海西路 359 号 2860324 开户行及账号：工行海西路支行 6001254006824763				密码区	54＋3489＜＜67＋64829－6248＜＞ 加密版本：0＊48921＊0798＋＞＞ 9786 4 3＋8＊4561 358＜＜＋＊5865　04675－6526 02	
货物或应税劳务、服务名称	规格型号	单位	数量	单价	金额	税率	税额
工作服	2020 冬款	件	20	220.00	4 400.00	13%	572.00
防水手套	02#	双	40	3.50	140.00	13%	18.20
合　计					¥4 540.00		¥590.20
价税合计（大写）	⊗伍仟壹佰叁拾元贰角整					（小写）	¥5 130.20
销货方	名　　称：呼和浩特佳美劳保用品有限公司 纳税人识别号：9120801415083386 地 址 、电 话：内蒙古呼和浩特新城区 68 号　6523104 开户行及账号：农行呼市八一支行 36220207085				备注	缴费方式：pos 刷卡 呼和浩特佳美劳保用品有限公司 9120801415083386 发票专用章	

收款人：　　　复核：　　　开票人：王永民　　　销货方：（章）

第三联　发票联　购货方记账凭证

表 11－38 中国工商银行
现金支票存根

支票号码：ⅣⅡ56983007
附加信息________________

出票日期2020 年 12 月 15 日

收款人：赵晓峰
金额：¥5 130.20
用途：备用金

单位主管　　会计

表 11－39　中国银联

持卡人存根（CARD　HOLDER COPY）
POS 签购单（POS SALES SLIP）
商户名称：呼和浩特佳美劳保用品有限公司
商户编号：826191058128884
终端号：00063273
卡号：
625193＊＊＊＊＊2208/C
交易类型：消费/SALE
批次号：000053　凭证号：004952
日期时间：2020/12/15　9：18：03
金额：RMB 5 130.20
持卡人签字：赵晓峰
备注：　　客服电话：400866160

表 11－40

报　销　单

2020 年 12 月 12 日

开支内容	劳动保护费	
报销金额	（大写）伍仟壹佰叁拾元零贰角整	（小写）¥5 130.20
部门经办人：生产车间管理员赵晓峰	财务负责人审批：李立	
部门负责人审批：刘洋	上级主管审批：总经理 同意报销 杨明	
备注		

附单据　张

会计：　　审核：　　出纳：张平

（17）12 月 16 日，收到山西宏远公司发来的丙材料（宏远公司已代垫运费），材料已验收入库，货款尚未支付（见表 11－41～表 11－43）。

表 11－41

0616140653　　　　山西省增值税专用发票　　　　№ 001542967

发票联

开票日期：2020 年 12 月 13 日

购货方	名　　称：内蒙古新东方有限责任公司 纳税人识别号：150103447851339 地 址 、电 话：呼和浩特市海西路 359 号 2860324 开户行及账号：工行海西路支行 6001254006824763			密码区	482739 << 4867 + 629 － 6248 <> 加密版本：0 ＊ 48491 ＊ 0798 + >> 7896 + 8 ＊ 4 35612 358 << + ＊ 65265865　675 + +42		
货物或应税劳务、服务名称	规格型号	单位	数量	单价	金额	税率	税额
丙材料	003	kg	2 000	155.00	310 000.00	13%	40 300.00
合　计					¥310 000.00		¥40 300.00
价税合计（大写）	⊗叁拾伍万零叁佰元整				（小写）¥350 300.00		
销货方	名　　称：山西省宏远有限责任公司 纳税人识别号：332256894578159 地 址 、电 话：太原市迎泽路 335 号 4731661 开户行及账号：工行迎泽路支行 1002387241364992			备注	山西省宏远有限责任公司 332256894578159 发票专用章		

收款人：张荣生　　　复核：曹兰　　　开票人：李芳　　　销货方：（章）

第三联　发票联　购货方记账凭证

表 11－42

材料入库单

类别：原料及主要材料　　　　　　　　　　　　仓库：1 号

供应单位：山西省宏远公司　　　2020 年 12 月 16 日　　　验收单编号：06

品名	规格	单位	数量		实际成本			
			应收数	实收数	金额	运杂费	单位成本	合计
丙材料	003	kg	2 000	2 000	310 000.00	10 000.00	160.00	320 000.00
合　计				2 000				320 000.00

仓库主管：王凯　　　验收保管：李明　　　采购：赵强　　　制单：李明

第二联：财务科记账

表 11－43

6616140658　　**山西省增值税专用发票**　　№ 0015897532

全国统一发票监制 山西 国家税务总局监制

发票联

开票日期：2020 年 12 月 14 日

购货方	名　　　称：内蒙古新东方有限责任公司 纳税人识别号：150103447851339 地 址 、电 话：呼和浩特市海西路 359 号 2860324 开户行及账号：工行海西路支行 6001254006824763	密码区	892＋347＜＜67＋64829－6248＜＞ 0＊46752＋48921＊0798＋＞＞7896 ＋8＊4 34561526 358＜＜＋＊65865　0＋895120

货物或应税劳务、服务名称	规格型号	单位	数量	单价	金额	税率	税额
＊运输服务＊运费		kg	2 000	5.00	10 000.00	9%	900.00
合　计					¥10 000.00		¥900.00
价税合计（大写）	⊗壹万零玖佰元整				（小写）¥10900.00		

销货方	名　　　称：山西省太原市顺达运输公司 纳税人识别号：35645478820136 地 址 、电 话：太原市迎泽路 335 号 4731616 开户行及账号：中行平安支行 51880992642413	备注	太原市顺达运输公司 35645478820136 发票专用章

收款人：赵梅　　复核：　　开票人：张娟　　销货方：（章）

第三联　发票联　购货方记账凭证

（18）12 月 18 日，生产车间生产产品领用丙材料（见表 11－44）。

表 11－44

领　料　单

领料单位：生产车间　　2020 年 12 月 18 日　　编号：120104

用途	丙材料				备注
	请领数量（kg）	实发数量（kg）	单位成本	金额	
生产 A 产品	110	110	160.00	17 600.00	
生产 B 产品	136	136	160.00	21 760.00	
合　　计	246	246		39 360.00	

仓库主管：王凯　　领料：赵晓峰　　发料：李明　　制单：李明

第二联：财务科记账

（19）12 月 19 日，企业购入汽车，车款用支票支付，车辆购置税用单位信用卡支付（见表 11－45 ~ 表 11－48）。（要求学生填制转账支票）

表 11－45

机动车销售统一发票

发票联

开票日期：2020－12－19　　发票代码 115001423011　　发票号码 00497439

机打代码 机打号码 机器编号	115001423011 00497439 9928771568	税控码	4＊4863608055＞235＞＊＜6＋＝9＜9693＞598＋32184 206/4/7/6＞＊＞455976＋3125462 8256－8＜85912－15＋＊23822＞666＜4891			
购买方名称及身份证号码/组织机构代码	内蒙古新东方有限责任公司 150103447851339		纳税人识别号			
车辆类型	多用途乘用车	厂牌型号	丰田 TM6481	产地	广州广汽	
合格证号	YE802200268754	进口证明书号		商检单号		
发动机号码	L105256	车辆识别代号/车架号码		LVGDC46A2CG368200		
价税合计	人民币（大写）贰拾捌万贰仟伍佰元整			（小写）￥282 500.00		
销货单位名称	内蒙古康达汽车销售有限公司			电话	0471－5162219	
纳税人识别号	150116558130285			账号	00210120100201655562	
地址	呼和浩特市呼伦北路 5 号	开户银行		内蒙古银行呼和浩特联信支行		
增值税税率或征收率	13%	增值税税额	32 500.00	主管税务机关及代码	（略）	
不含税价	小写 ￥250 000.00	完税凭证号码		吨位	（略）	限乘人数 7

销货单位盖章　　开票人：段建平　　备注：一车一票

第一联 发票联 购货单位付款凭证

（印章：内蒙古康达汽车销售有限公司 150116558130285 发票专用章）

表 11－46

中国工商银行
转账支票存根
支票号码：Ⅳ V15461512
附加信息________
出票日期____年 月 日
收款人：
金额：
用途：
单位主管　　会计

中国工商银行 转账支票　　支票号：Ⅳ V 15461512

出票日期（大写）　年　月　日　　付款行名称：
收款人：　　出票人账号：

人民币（大写）	千	百	十	万	千	百	十	元	角	分

本支票付款期十天

用途：________
上列款项请从
我账户内支付
出票人签章

科目（借）________
对方科目（贷）________
转账日期　年　月　日
复核　　记账

（印章：内蒙古新东方有限责任公司 财务专用章；杨明）

[illegible]

表 11－47

中华人民共和国
税收完税证明

（151）蒙国政 0032727
税务机关：呼和浩特市国家税务局征收管理分局

注册类型：　　填发日期：2020 年 12 月 19 日

纳税人识别号	150103447851339		纳税人名称	内蒙古新东方有限责任公司	
原凭证号	税 种	品目名称	税款所属时期	入库日期	实缴金额
32015092800002815	车辆购置税	车辆购置税	2020－12－19 至 3020－12－19	2020－12－19	¥25 000.00
金额合计	（大写）贰万伍仟零佰零拾零元零角零分				（小写）¥25 000.00
税务机关（盖章）		填票人（章）胡丽清	备注 （151）蒙国政 0032727 正常申报一般申报正税自行申报 发票价格 25 000.00 车辆厂牌：丰田 GTM6481		

第一联　交纳税人作完税凭证

表 11－48

中国工商银行

持卡人存根（CARD　HOLDER COPY）
商户名称及编号：呼和浩特市国家税务局征收管理分局　0602451125
卡号：
621559＊＊＊＊＊9798 C
信用卡类别（CARD TYPE）
单位卡
日期/时间：2020/12/19　14：18：03
终端流水号：000203
交易类型：消费/SALE
银联商户：10230000272
交易证书：8614FC022AC005
交易金额：RMB25 000.00
持卡人签字：张平
备注：

（20）12 月 20 日，出纳开出转账支票支付汽车保险费（见表 11 －49 和表 11 －50）。

表 11 －49

1500406580　　**内蒙古增值税专用发票**　　№ 00566001

发票联　　开票日期：2020 年 12 月 20 日

购货方	名　　称：内蒙古新东方有限责任公司 纳税人识别号：150103447851339 地 址 、电 话：呼和浩特市海西路 359 号 2860324 开户行及账号：工行海西路支行 6001254006824763	密码区	4297 +38 <<467 +6829 －6248 <> 加密 版本：0790 ＊48921 ＊8 + >>7 358 << + ＊65265865 0046752896 +8 ＊4 34561

货物或应税劳务、服务名称	规格型号	单位	数量	单价	金额	税率	税额
＊保险服务＊保费	PDAA2020…	单	1	5 332.57	5 332.57	6%	319.95
＊保险服务＊保费	PDZA2020…	单	1	1 773.43	1 773.43	6%	106.41
合　计					¥7 106.00		¥426.36
价税合计（大写）	⊗柒仟伍佰叁拾贰元叁角陆分						（小写） ¥7 532.36

销货方	名　　称：中国太平洋财产保险呼和浩特分公司 纳税人识别号：150103667341452 地 址 、电 话：呼市新华东街财富大厦 B 座 电话：95500 开户行及账号：中行平安支行 51880992642413	备注	中国太平洋财产保险呼和浩特分公司 150103667341452 发票专用章

收款人：胡浩亮　　复核：　　开票人：纪振宇　　销货方：（章）

表 11 －50

存根	
中国工商银行 转账支票存根 支票号码：Ⅳ Ⅴ15461513 附加信息＿＿＿＿＿ 出票日期 2020 年 12 月 20 日	
收款人：太平洋保险公司	
金额：¥7 532.36	
用途：支付保险费	
单位主管　　会计	

中国工商银行 转账支票　　支票号：Ⅳ Ⅱ56983006

出票日期（大写）贰零贰零年壹拾贰月零玖日 付款行名称：工行海西路支行

收款人：太平洋财产保险呼和浩特分公司 出票人账号：6001254006824763

人民币（大写）	千	百	十	万	千	百	十	元	角	分
柒仟伍佰叁拾贰元叁角陆分				¥	7	5	3	2	3	6

本支票付款期十天

用途：支付保险费

上列款项请从我账户内支付

出票人签章　杨明

内蒙古新东方有限责任公司 财务专用章

科目（借）＿＿＿＿

对方科目（贷）＿＿＿＿

转账日期　年　月　日

复核　　记账

（21）12月22日，接银行通知，支付本月发生的长期借款利息（见表11－51）。

表11－51　　**中国建设银行贷款利息通知单**

2020年12月20日

贷款	账号	6001254006824763	利息基数	1 000 000.00						
	户名	内蒙古新东方有限责任公司	利率	年8.4%						
计息期	2020年12月1日起至2020年12月31日止									
利息金额合计	人民币（大写）	柒仟元整		万	千	百	十	元	角	分
				¥	7	0	0	0	0	0
上述贷款利息已从你单位结算存款账户如数支付，请即入账。 （中国工商银行内蒙古分行 海西路支行 2020.12.20 业务章） （银行盖章）			科目 转账 复核　记账　制单 2020年12月20日							

（22）12月23日，通过电汇方式支付所欠山西省宏远有限责任公司的货款（见表11－52）。

表11－52　　**中国工商银行电汇凭证（回单）1**

2020年12月23日

付款人	全　称	内蒙古新东方有限责任公司			收款人	全　称	山西省宏远有限责任公司		
	账　号	6001254006824763				账　号	1002387241364992		
	汇出地点	内蒙古呼和浩特市	汇出行名　称	工行海西路支行		汇入地点	山西省太原市	汇入行名　称	工行迎泽路支行
人民币（大写）	叁拾陆万壹仟贰佰元整								
千	百	十	万	千	百	十	元	角	分
	¥	3	6	1	2	0	0	0	0
汇款用途：支付材料款 单位主管　会计　复核　记账					汇出行盖章 （中国工商银行内蒙古分行 海西路支行 2020.12.23 业务章） 2020年12月23日				

此联汇出行给汇款人的回单

（23）12 月 25 日，向华天建筑工程公司销售产品，货款尚未收到（见表 11－53 和表 11－54）。

表 11－53

0120018306　　**内蒙古增值税专用发票**　　№ 14522442

记账联　　开票日期：2020 年 12 月 25 日

购货方	名　　称：内蒙古华天建筑工程公司 纳税人识别号：150102443715853 地 址 、电 话：呼和浩特市赛罕区 23 号 4950323 开户行及账号：中行兴安南路支行 500103598741				密码区	89 + 703 － 4598 ＊ ＊ 7329 < 004 > 686002754496 <67 +64829 －6248 <> ＊483292 ＊0798 + >> 7896 + 8 ＊ 4 34561 9 << + ＊65265　658	
货物或应税劳务、服务名称	规格型号	单位	数量	单价	金额	税率	税额
A 产品	2050#	件	200	600.00	120 000.00	13%	15 600.00
B 产品	2045#	件	200	550.00	110 000.00	13%	14 300.00
合　计					￥230 000.00		￥29 900.00
价税合计（大写）	⊗贰拾伍万玖仟玖佰元整				（小写）￥259 900.00		
销货方	名　　称：内蒙古新东方有限责任公司 纳税人识别号：150103447851339 地 址 、电 话：呼和浩特市海西路 359 号 2860324 开户行及账号：工行海西路支行 6001254006824763				备注	内蒙古新东方有限责任公司 150103447851339 发票专用章	

收款人：　　复核：　　开票人：王永民　　销货方：（章）

第一联　记账联　销货单位记账凭证

表 11－54

产品销售单

购货单位：内蒙古华天建筑工程公司　　2020 年 12 月 25 日　　单据编号：003

产品名称	货号规格	单 位	单 价	数 量	金 额	备 注
A 产品	2050#	件	600.00	200	120 000.00	不含税价
B 产品	2045#	件	550.00	200	110 000.00	不含税价
合计　人民币（大写）贰拾叁万元整					（小写）￥230 000.00	

销售经理：郑宏　　经手人：李波　　会计：　　签收人：高飞

第三联　财务联

（24）12 月 26 日，根据公司决定，车间职工李晓迪、张国柱交来损坏设备罚款 3 000 元（见表 11－55）。

表 11－55

收款收据

2020 年 12 月 26 日　　　　N o 0213210

今收到 李晓迪、张国柱	现金收讫
交　来 设备损坏罚款	
人民币（大写）叁仟元整	（小写）¥3 000.00
收款人：张平	交款人：李晓迪、张国柱
复核：	记账：　　收款单位公章（内蒙古新东方有限责任公司 财务专用章）

第三联　财务记账

（25）12 月 27 日，开出转账支票资助贫困学生（见表 11－56 和表 11－57）。

表 11－56

呼和浩特市非税收入专用收款收据（三联）

No：980048259

执收单位编码：

组织机构代码：

填制日期 2020 年 12 月 27 日　　执收单位名称（内蒙古自治区财政厅 财政票据监制章）

付款人	全　称	内蒙古新东方有限责任公司	收款人	全　称	呼和浩特市青少年发展基金会	
	账　号	6001254006824763		账　号	150100171035989	
	开户银行	工行海西路支行		开户银行		
人民币（大写）壹万元整				（小写）¥10 000.00		
收款事由	收入项目名称		会计主管	稽核	出纳	交款人
1043	资助贫困学生					
经办人（签章）赵明达		执收单位（签章）（呼和浩特市青少年发展基金会 财务专用章）		备注：		

第二联　收据

表 11－57

中国工商银行
转账支票存根
支票号码：Ⅳ V15461514
附加信息________________
____
出票日期2020 年 12 月 27 日

收款人：呼市少年基金	
金额：¥10 000.00	
用途：支付发展基金	

单位主管　　会计

中国工商银行 转账支票　　支票号：Ⅳ V15461514
出票日期（大写）贰零贰零年壹拾贰月贰拾柒日
付款行名称：工行海西路支行
收款人：呼和浩特市青少年发展基金会　　出票人账号：6001254006824763

人民币（大写）	千	百	十	万	千	百	十	元	角	分
壹万元整			¥	1	0	0	0	0	0	0

本支票付款期十天
用途：支付发展基金
上列款项请从
我账户内支付
出票人签章　杨明
科目（借）________
对方科目（贷）________
转账日期　年　月　日
复核　记账

（26）12 月 27 日，收到增值税专用发票，分配本月电费（见表 11－58～表 11－60）。（生产车间耗用的电费全部记入制造费用）

表 11－58

6600140658　　**内蒙古增值税专用发票**　　№ 00174216
发票联
开票日期：2020 年 12 月 27 日

购货方	名　称：内蒙古新东方有限责任公司 纳税人识别号：150103447851339 地址、电话：呼和浩特市海西路 359 号 2860324 开户行及账号：工行海西路支行 6001254006824763			密码区	248973 <<98 + 86429 － 6824 <> 加密版本：0 * 48921 * 0798 + >> 7896 +8 *4 34561 358 << + *65652658　+6750420		
货物或应税劳务、服务名称	规格型号	单位	数量	单价	金额	税率	税额
供电*售电	工业用电	KWh	6 500	0.8	5 200.00	13%	676.00
合　计					¥5 200.00		¥676.00
价税合计（大写）	人民币伍仟捌佰柒拾陆元整				（小写）¥5 876.00		
销货方	名　称：呼和浩特电力有限责任公司 纳税人识别号：150101258963741 地址、电话：呼和浩特市光明路 535 号 5250268 开户行及账号：工行光明支行 25141123652			备注	呼和浩特电力有限责任公司 150101258963741 发票专用章		

收款人：李华　　复核：　　开票人：马丽　　销货方：（章）

第三联　发票联　购货方记账凭证

表 11－59

同城特约委托收款凭证（付款通知）5

委托日期 2020 年 12 月 27 日

付款人	全　称	内蒙古新东方有限责任公司	收款人	全　称	呼和浩特电力有限责任公司
	账　号	6001254006824763		账　号	150101258963741
	开户银行	工行呼和浩特海西路支行		开户银行	工行呼和浩特光明路支行

金额	人民币（大写）	伍仟捌佰柒拾陆拾元整	千	百	十	万	千	百	十	元	角	分
						¥	5	8	7	6	0	0

汇款用途：支付电费 单位主管　　会计　　复核　　记账	汇出行盖章 中国工商银行内蒙古分行 海西路支行 2020.12.27 业务章 2020 年 12 月 27 日

此联汇出行给汇款人的回单

表 11－60

电费分配表

2020 年 12 月 27 日　　　　单位：元

部门、项目	应借记科目	电费		应分配额
		数量（KWh）	单价（元）	
生产车间	制造费用——水电费	6 200		4 960.00
行政部门	管理费用——水电费	200		160.00
销售科	销售费用——水电费	100		80.00
合　计		6 500	0.80	5 200.00

制表：　　　　　　审核：

（27）12 月 28 日，向南通公司销售丙材料，款项已收存银行（见表 11－61～表 11－63）。

表 11－61

0120018307　　**内蒙古增值税专用发票**　　№ 14522443

记账联　　开票日期：2020 年 12 月 28 日

<table>
<tr><td>购货方</td><td colspan="5">名　　　称：内蒙古南通安装有限公司
纳税人识别号：150102347851158
地 址 、电 话：呼和浩特市新城区 83 号　6500054
开户行及账号：中行兴安南路支行 620010359874110</td><td>密码区</td><td colspan="3">2754496 << 67 ＋64829 －6248 <>
加密版本：0
＊483292 ＊0798 ＋ >> 7896 ＋8 ＊
4 34561
9 << ＋ ＊65265865　00467329</td></tr>
<tr><td colspan="2">货物或应税劳务、服务名称</td><td>规格型号</td><td>单位</td><td>数量</td><td>单价</td><td colspan="2">金额</td><td>税率</td><td>税额</td></tr>
<tr><td colspan="2">丙材料</td><td>003</td><td>kg</td><td>1 000</td><td>200.00</td><td colspan="2">200 000.00</td><td>13%</td><td>26 000.00</td></tr>
<tr><td colspan="2">合　计</td><td></td><td></td><td></td><td></td><td colspan="2">￥200 000.00</td><td></td><td>￥26 000.00</td></tr>
<tr><td colspan="2">价税合计（大写）</td><td colspan="8">⊗贰拾贰万陆仟元整　　（小写）￥226 000.00</td></tr>
<tr><td>销货方</td><td colspan="5">名　　　称：内蒙古新东方有限责任公司
纳税人识别号：150103447851339
地 址 、电 话：呼和浩特市海西路 359 号 2860324
开户行及账号：建行爱民路支行 6200635808653762</td><td>备注</td><td colspan="3">内蒙古新东方有限责任公司
150103447851339
发票专用章</td></tr>
</table>

收款人：张平　　复核：　　开票人：王永民　　销货方：（章）

第一联　记账联　销货单位记账凭证

表 11－62

产品销售单

购货单位：内蒙古华天建筑工程公司　　2020 年 12 月 28 日　　单据编号：004

产品名称	货号规格	单 位	单 价	数 量	金 额	备 注
丙材料	003	kg	200.00	1000	200 000.00	不含税价
合计　人民币（大写）贰拾万元整					（小写）￥200 000.00	

销售经理：郑宏　　经手人：李波　　会计：　　签收人：高飞

第三联　财务联

表 11－63

中国工商银行进账单　（收账通知）3

2020 年 12 月 28 日

出票人	全　称	内蒙古南通安装有限公司	收款人	全　　称	内蒙古新东方有限责任公司
	账　号	1200635808653762		账　　号	6001254006824763
	开户银行	建行爱民路支行		开户银行	工行海西路支行

人民币（大写）	千	百	十	万	千	百	十	元	角	分
贰拾贰万陆仟元整		¥	2	2	6	0	0	0	0	0

票据种类	转账支票	票据张数	1 张
票据号码	Ⅳ Ⅸ23430254		
复核　　　记账		中国工商银行内蒙古分行 海西路支行 2020.12.29 业务章　　收款人开户行盖章	

此联是收款人开户行给收款人的收账通知

（28）12 月 29 日，支付公司电话费（见表 11－64～表 11－66）。

表 11－64

1500193138　　**内蒙古增值税专用发票**　　№ 01779697

发票联

开票日期：2020 年 12 月 29 日

购货方	名　　称：内蒙古新东方有限责任公司 纳税人识别号：150103447851339 地 址 、电 话：呼和浩特市海西路 359 号 2860324 开户行及账号：工行海西路支行 6001254006824763	密码区	948273/1＊＜16－7＊＜67＋64829 －6248＜＞0＊48921＊0798＋＞＞ 7896＋8＊4 34561 358＜＜＋＊65265865　＋81682

货物或应税劳务、服务名称	规格型号	单位	数量	单价	金额	税率	税额
＊电信服务＊增值电信服务		月	1	780.00	780.00	6%	46.80
合　计					¥780.00		¥46.80
价税合计（大写）	⊗捌佰贰拾陆元捌角整					（小写）	¥826.80

销货方	名　　称：中国联合网络通信有限公司呼和浩特分公司 纳税人识别号：35645478820136 地 址 、电 话：太原市迎泽路 335 号 4731616 开户行及账号：中行平安支行 51880992642413	备注	中国联合网络通信有限公司呼和浩特分公司 911501007012921814 发票专用章

收款人：吕一杰　　复核：　　开票人：杨维佳　　销货方：（章）

第三联　发票联　购货单位记账凭证

表 11－65

中国建设银行

持卡人存根（CARD　HOLDER COPY）
POS 签购单（POS SALES SLIP）
商户名称：中国联合网络通信有限公司呼和浩特分公司
商户编号：155021468203
终端号：CD0037236
卡号：
628366＊＊＊＊＊8532/C
交易类型：消费/C
日期时间：2020/12/29　10：03：48
金额：RMB826. 80
持卡人签字：乔泽芳
备注：（PEFERENCE）

表 11－66

报　销　单

2020 年 12 月 29 日

开支内容	通信费　现金付讫		
报销金额	（大写）捌佰贰拾陆元捌角整　（小写）￥826. 80		
部门经办人：办公室行政助理乔泽芳		财务负责人审批：李立	
部门负责人审批：刘嘉明		上级主管审批：总经理	
备注			

附单据　张

会计：　　审核：　　出纳：张平

（29）12 月 31 日，计提固定资产折旧（见表 11－67）。

表 11－67

固定资产折旧计算表

2020 年 12 月 31 日　　　　金额单位：元

使用部门及固定资产类别		月初固定资产原值	月折旧率	本月应计提折旧额
生产车间	厂房	1 000 000.00	0.4%	4 000.00
	机器	340 000.00	1%	3 400.00
	小计			7 400.00
管理部门	办公楼	1750 000.00	0.2%	3 500.00
	电脑	30 000.00	1.5%	450.00
	轿车	240 000.00	0.5%	1 200.00
	小计			5 150.00
销售部门	电脑	20 000.00	1.5%	300.00
	货车	180 000.00	0.5%	900.00
	小计			1 200.00
合　计		3560 000.00		13 750.00

制表：　　　　审核：

（30）12 月 30 日，分配本月职工薪酬（见表 11－68 和表 11－69）。

表 11－68

职工薪酬分配表

2020 年 12 月 31 日　　　　金额单位：元

应借记科目		成本项目或费用项目	分配计入		应分配职工薪酬
			生产工时	分配率（元/小时）	
生产成本	A 产品	直接人工	3 200		103 040.00
	B 产品	直接人工	2 800		90 160.00
	小　计		6 000	32.20	193 200.00
制造费用	生产车间	职工薪酬			28 000.00
管理费用		职工薪酬			52 500.00
销售费用		职工薪酬			29 750.00
合　计					303 450.00

制表：　　　　审核：

表 11－69

职工薪酬结算明细表

单位：内蒙古新东方有限责任公司　　2020 年 12 月 31 日　　金额单位：元

部门	姓名	应付职工薪酬					代扣款项		实发数
		标准工资	岗位津贴	奖金	其他	合计	社会保险费	个人所得税	
行政	杨明	5 000.00	3 000.00	1 244.00	…	10 340.00	略	略	9 560.00
行政	李立	3 000.00	2 000.00	1 080.00	…	8 100.00			7 880.00
行政	王凯	2 900.00	2 000.00	980.00		7 980.00			7 750.00
行政	周昆	2 500.00	1 850.00	980.00		5 850.00			5 500.00
行政	…	…	…	…	…	…			…
行政部门小计		…	…	…	…	…			…
生产	赵亮	2 500.00	1 850.00	680.00	…	…			5 300.00
生产	刘畅	2 200.00	1 500.00	600.00	…	…			4 500.00
生产	…	…	…	…	…	…			…
生产组小计		…	…	…	…	…			…
车间	刘洋	3 000.00	2 000.00	1 150.00	…	8 200.00			8 050.00
车间	赵晓峰	2 500.00	1 850.00	950.00	…	5 680.00			5 500.00
车间	…	…	…	…	…	…			…
车间人员小计		…	…	…	…	…			…
销售	刘强	2 500.00	1 800.00	1 500.00	…	…			5 640.00
销售	李斌	2 200.00	1 500.00	1 340.00	…	…			4 800.00
销售	…	…	…	…	…	…			…
销售部门小计		…	…	…	…	…			…
合　计		…	…	…	…	…			303 450.00

总经理：杨明　　财务主管：李立　　制表：

（31）12 月 31 日，结转制造费用（见表 11－70）。

表 11－70

生产车间制造费用分配表

2020 年 12 月 31 日　　金额单位：元

应借记科目		生产工时	分配率（元/小时）	应分配金额
生产成本	A 产品	3 200		28 160.00
	B 产品	2 800		24 640.00
合　计		6 000	8.80	52 800.00

制表：　　审核：李立

（32）12月31日，本月投产的A、B产品全部完工，验收入库（见表11－71）；15日，A产品、B产品各入库400件（见表11－72）。要求学生填制成本计算表（见表11－73和表11－74）。

表11－71 库存商品入库汇总表

入库部门：生产车间　　2020年12月31日　　金额单位：元

月	日	产品名称	规格	实收数量（件）	等级	单位成本	总成本
12	15	A产品	2050#	400	合格	354.00	141 600.00
12	31	A产品	2050#	320	合格	354.00	113 280.00
12	31	本月合计		720			254 880.00

制表：　　审核：李立

表11－72 库存商品入库汇总表

入库部门：生产车间　　2020年12月31日　　金额单位：元

月	日	产品名称	规格	实收数量（件）	等级	单位成本	总成本
12	15	B产品	2045#	400	合格	304.00	121 600.00
12	31	B产品	2045#	415	合格	304.00	126 160.00
12	31	本月合计		815			247 760.00

制表：　　审核：李立

表11－73 完工产品成本计算表

产品名称：A产品　　产量：720件

规格：2050#　　2020年12月31日　　金额单位：元

项目	成本项目			合计
	直接材料	直接人工	制造费用	
月初在产品成本				
本月生产费用				
完工产品总成本				
单位成本				

制表：　　审核：李立

表 11－74　　完工产品成本计算表

产品名称：B 产品　　产量：815 件

规格：2045#　　2020 年 12 月 31 日　　金额单位：元

项 目	成 本 项 目			合 计
	直接材料	直接人工	制造费用	
月初在产品成本				
本月生产费用				
完工产品总成本				
单位成本				

制表：　　审核：李立

（33）12 月 31 日，结转已售产品实际成本（见表 11－75）。

表 11－75　　库存商品出库汇总表

用途：销售　　2020 年 12 月 31 日　　金额单位：元

月	日	产品名称	规格	出库数量（件）	单位成本	总成本
12	31	A 产品	2050#	820	354.00	290 280.00
	31	B 产品	2045#	920	304.00	279 680.00
12	31	本月合计				569 960.00

制表：　　审核：李立

（34）12 月 31 日，结转已售丙材料成本（见表 11－76）。

表 11－76　　领　料　单

领料单位：销售科　　2020 年 12 月 31 日　　编号：120105

用　途	丙 材 料				备　注
	请领数量（kg）	实发数量（kg）	单位成本	金 额	
销售	1 000	1 000	160.00	160 000.00	
合　计	1 000	1 000		160 000.00	

第二联：财务科记账

仓库主管：王凯　　领料：于洋　　发料：李明　　制单：李明

（35）12 月 31 日，计提本月应交城市维护建设税和教育费附加（见表 11－77）。

表 11－77

增值税附加税费计算表

2020 年 12 月 1 日至 2020 年 12 月 31 日　　金额单位：元

项　　目	计税基数	适用税率②	金　额	备　注
	应交增值税①		①×②	
城市维护建设税	61 400.00	7%	4 298.00	
教育费附加	61 400.00	3%	1 842.00	
合　　计			6 140.00	

财务主管：李立　　审核：李立　　制表：

（36）12 月 31 日，计提并结转本年应交企业所得税（见表 11－78）。

表 11－78

企业所得税计算表（简表）

2020 年 12 月 1 日至 2020 年 12 月 31 日　　金额单位：元

项　　目	金　　额	备　　注
12 月利润总额	328 400.00	
应纳税所得额	328 400.00	假设无纳税调整事项
适用税率	25%	
本期应纳所得税额	82 100.00	

财务主管：李立　　审核：李立　　制表：

（37）12 月 31 日，结转损益类账户（见表 11－79 和表 11－80）。

表 11－79

内部转账单

2020 年 12 月 31 日　　金额单位：元

应借科目	应贷科目	金　　额
主营业务收入	本年利润	998 000.00
其他业务收入	本年利润	200 000.00
营业外收入	本年利润	3 000.00
合　　计		1 201 000.00

财务主管：李立　　审核：李立　　制表：

表 11 – 80

内 部 转 账 单

2020 年 12 月 31 日　　金额单位：元

应借科目	应贷科目	金　　额
本年利润	主营业务成本	569 960. 00
本年利润	其他业务成本	160 000. 00
本年利润	税金及附加	6 140. 00
本年利润	销售费用	38 982. 80
本年利润	管理费用	80 517. 20
本年利润	财务费用	7 000. 00
本年利润	营业外支出	10 000. 00
本年利润	所得税费用	82 100. 00
合　　计		954 700. 00

财务主管：李立　　审核：李立　　制表：

（38）12 月 31 日，结转本年利润。（本业务无原始凭证）

（39）12 月 31 日，按照公司会议决定进行利润分配（见表 11 – 81）。

表 11 – 81

利润分配计算表

2020 年 12 月 31 日　　金额单位：元

项　目	分配金额
一、净利润	984 300. 00
二、分配明细	
1. 提取法定盈余公积（10%）	98 430. 00
2. 提取任意盈余公积（5%）	49 215. 00
3. 向投资者分配利润（20%）	196 860. 00
其中——杨明（出资比例 80%）	157 488. 00
——长岭有限责任公司（出资比例 20%）	39 372. 00
分配小计	344 505. 00
三、未分配利润	639 795. 00

财务主管：李立　　审核：李立　　制表：